JN137833

共通教化と教育勅語

高橋陽一〔著〕

東京大学出版会

Kyotsu-kyoka (Common Leading) and Kyoiku-chokugo (The Imperial Rescript on Education)
Yoichi TAKAHASHI
University of Tokyo Press, 2019
ISBN 978-4-13-056228-7

まえがき

近代日本においては教育勅語に象徴される強固な国民統合が成立したことをめぐって、戦後日本のさまざまな学問的アプローチがなされてきた。戦後教育史学では、戦前期からの研究の蓄積に基づいて、教育勅語を焦点とした教育理念、その制度と実態に多くの研究がおこなわれ、現在に至っている。こうした事象は、歴史学や思想史学などとも共通する広範な学問分野にわたる研究課題である。

しかし、広く語られたはずの国民道徳、日本精神、「皇国ノ道」などの言葉は、必ずしも同時代に使用された意味や機能が十分に研究されず、ナショナリズムや教育勅語体制といった戦後の学問で通用された言葉との同義語として扱われがちである。次々と言葉が出ては消え、あるいは併存した実態とその意味は深く問い直されなかった。それらが教育勅語を標準としてその解釈を前提とした概念であるということや、学問、学校教育から文化全般までの標準として示されたものであるということは、もっと意識的に論じられるべきである。

本書は、明治初年の大教院がかかげた三条教則をはじめ、教育勅語、国民道徳、宗教的情操、日本精神、「皇国ノ道」という概念に焦点を当てて、それが教化の標準として機能した実態を明らかにするものである。

分析概念として、「共通教化」という言葉を使用する。これは、明治初年に国学者鈴木雅之が提起したシステムの読解をもとに、私が提起した概念である。宗教団体にせよ、学問や知識技能に関する教育機関にせよ、人材養成としての教育はその集団の目的に即して行われる。一方で、集団間には、その社会のなかの秩序づけとしての教化が成立する。この教育と教化という言葉は、従来の教育学でも多岐多様に用いられてきたが、本書では集団内の次世代養成の「教育」と集団間の秩序づけの「教化」として用いる。こうして異なる教育理念が一つの教化理念のもとに統合される共通教化という概念を解明の鍵とする。共通教化とは、異なる思想や宗教による教育を集団内で維持しつつ、国家からの教化の標準を各集団が受け入れることにより、全体の統合を実現するシステムである。

このような課題については、第1章「共通教化の概念」では本書全体の導入として、共通教化概念の有効性を述べる。第2章「残賊の神勅の解釈史」と第3章「国学における事実問題」では、明治維新までの古典解釈をめぐる学問と信仰の相克などを考察する。第4章「共通教化の析出」では、大教院を前にして鈴木雅之が提起した共通教化構想の出現を描く。第5章「東京と大教院」では東京府の大教院と学校の実態を概観し、第6章「大教院の教化基準」では三条教則を神道と仏教を通じた教化の標準とした規定を吟味し、さらに第7章「日本教育史学の成立」では、国学を前提として成立した日本教育史学の位置づけを考える。

明治初年の共通教化のシステムが宗教界を中心に成立しつつも、本格的に機能したのは一八九一（明治二四）年の教育勅語を教化の標準にすることによってである。この教育勅語というテキストは、国際環境と時代の変化によって解釈を変更せざるを得ない。中等教育の拡大による学問との関係づけを自由にしうる国民道徳論が明治末から大正期に成立する。さらに昭和初期から日本精神論と宗教的情操論が勃興する。概念としての機能上の矛盾がある宗教的情操論は期待されたほどの役割は発揮しない。社会的な流行語となった日本精神は、つねに古典や事実による論証が求められるために学問的に考究する矛盾が露呈する。こうした諸概念は教育勅語を教化の標準とする時代に浮沈しながら学校と社会の中で機能していった。多様な解釈を容認しつつも否定されがたい教育勅語を表す言葉として最終的に浮上して一九四一（昭和一六）年の国民学校令第一条に明記されたのが、「皇国ノ道」であった。こうした諸概念にかかわった哲学者の井上哲次郎と教育学者の吉田熊次は本書の全体を通じて研究の対象とする。

第8章「吉田熊次教育学の成立と教育勅語」は、吉田熊次に注目して明治・大正期に教育勅語がどのように機能したかを描く。第9章「国民道徳論と井上哲次郎不敬事件」では、井上哲次郎に注目して中等高等教育の拡大を背景として学問研究と齟齬しない教育勅語の新しい解釈の確立を描く。第10章「宗教的情操論の矛盾」では、吉田熊次をもとに宗教教育の自由化論が教育勅語へ収斂する様子を描く。第11章「日本精神論と芸術学」では、日本諸学振興委員会を舞台に古典を根拠にする伝統文化論が学問論の批判的対象となる矛盾を描く。第12章「「皇国ノ道」概念の機能と矛盾」では、吉田熊次の言説をもとに単純明快な教育勅語解釈が学問や事実の矛盾を消去する実態を描く。

本書は、一九九一（平成三）年から二〇一二（平成二四）年にかけて、学会誌・大学紀要や共著などで発表した論文により構成した。本書が対象とする国民統合の理念、とりわけ教育勅語をめぐっては、二〇一七（平成二九）年春に起こった森友学園事件と教育勅語の取扱に関する閣議決定によって現代的な問題として浮上した。この過程で、多くの研究者や報道関係者から教育勅語とその解釈についての問い合わせや関係文献の照会を受けた。このことで、現時点の研究成果をまとめて参照可能な形で公刊することが、社会と学会に基礎情報を提供する歴史研究者としての責務であると考えるに至った。

こうした経緯から初出論文をできるかぎり変更せずに、「要約」を加えて、掲載した。書籍としての統一性から、各論文間の重複や相互引用については改変した。また、「後註」の形で、初出論文の引用や検証をした論文などを明記した。

また、二〇一七（平成二九）年七月の教育史学会理事会声明とシンポジウムに基づく岩波ブックレット『教育勅語の何が問題か』同年一〇月刊行と、岩波書店編『徹底検証　教育勅語』同年一一月刊行に掲載した論文、二〇一九年に太郎次郎社エディタスから刊行した『くわしすぎる教育勅語』は、本書が対象とする教育勅語そのものについて論述したものであるが、広く参照可能な市販書籍であるから、本書には収録していない。

さらに、教育と教化の関係について、教育実践論として提起した造形ワークショップについて書籍で発表した論述については収録しなかった。これらは、ともに武蔵野美術大学出版局から監修共著の『ワークショップ実践研究』二〇〇二年、単著の『美術と福祉とワークショップ』二〇〇九年、編著の『造形ワークショップの広がり』二〇一一年、単著の『造形ワークショップを支える　ファシリテータのちから』二〇一二年、編著の『造形ワークショップ入門』二〇一五年、単著の『ファシリテーションの技法　アクティブ・ラーニングとしての造形ワークショップ』二〇一九年として公刊した。これらは美術教育の実践論であるが、「反教化的教化」という本書のテーマと連結する概念を提起している。

本書全体は、前半は共通教化概念と近代国学と諸宗教の動向、後半は教育勅語に基づく諸概念と教育政策と教育学の動向が中心となっている。ゆえに書名を『共通教化と教育勅語』としたが、全体を通じて一貫したモチーフを持っていることは、強調しておきたい。この書が、教育と歴史をめぐる学問研究と教育の自由なあり方と発展の議論に寄与するところがあれば幸いである。

二〇一八年一二月一日

高橋陽一

共通教化と教育勅語——目次

初出一覧

まえがき（書き下ろし）

第1章　共通教化の概念

＊「共通教化の基礎仮説――近代日本の国民統合の解明のために」『東京大学大学院教育学研究科教育学研究室紀要』第二二巻、一九九六年、二一―二八頁

第2章　残賊の神勅の解釈史

＊「日本書紀一書の残賊の神勅――孟子と国学をめぐる解釈史」『日本教育史学会紀要』第三巻、二〇一二年一二月、三四―六一頁

第3章　国学における事実問題

＊「国学における『事実』問題の展開と教化」寺﨑昌男・編集委員会編『近代日本における知の配分と国民統合』第一法規出版、一九九三年

第4章　共通教化の析出

＊「維新期の国学における共通教化の析出――鈴木雅之の教育・教化論」『日本の教育史学』第三四集、一九九一

年一〇月、二二―三四頁

第5章　東京と大教院

＊「宣教使・大教院と民衆教化」『東京都教育史　第一巻』東京都立教育研究所、一九九四年

第6章　大教院の教化基準

＊「大教院の教化基準――教典訓法章程と教害編輯条例を中心に」『明治聖徳記念学会紀要』復刊第五号、一九九一年一〇月、二一―四二頁

第7章　日本教育史学の成立

＊「日本教育史学の成立と国学――日本教育史略、文芸類纂、古事類苑、日本教育史の関係」『明治聖徳記念学会紀要』復刊第四七号、二〇一〇年一一月、一〇四―一一九頁

第8章　吉田熊次教育学の成立と教育勅語

＊「吉田熊次教育学の成立と教育勅語」『明治聖徳記念学会紀要』復刊四二巻、二〇〇五年一二月、五七―六八頁

第9章　国民道徳論と井上哲次郎不敬事件

＊「井上哲次郎不敬事件再考」寺﨑昌男・編集委員会編『近代日本における知の配分と国民統合』第一法規出版、一九九三年

第10章　宗教的情操論の矛盾

＊「宗教的情操の涵養に関する文部次官通牒をめぐって――吉田熊次の批判と関与を軸として『武蔵野美術大学研究紀要』第二九巻、一九九八年、二七―三六頁。辻本雅史監修『論集　現代日本の教育史5　公共性・ナショナリズムと教育』日本図書センター、二〇一四年に再録。

第11章　日本精神論と芸術学

＊「芸術学会」「おわりに」から。駒込武・川村肇・奈須恵子編『戦時下学問の統制と動員――日本諸学振興委員会の研究』東京大学出版会、二〇一一年。

第12章　「皇国ノ道」概念の機能と矛盾

＊「「皇国ノ道」概念の機能と矛盾――吉田熊次教育学と教育勅語解釈の転変」『日本教育史研究』第一六号、一九九七年、一―二三頁

凡　例

一　各章の構成

各章ごとに、「初出」と「要約」と「後註」を記した。タイトルは本書のもので、「初出」に初出の論文タイトル等の書誌情報を明示した。本文は、初出論文に従い、誤植訂正や本書内の重複等の加筆訂正に止めた。各章のとびらの裏に、短い「要約」を付した。また「後註」として本文の註の末尾に、初出論文公表以後の関連する著書・論文や、他の研究者が引用や批判を行った主要な論文などを明示した。

二　用字など

常用漢字のある正字・異体字は、常用漢字に直した。ただし、人名やヿ《こと》、〆《して》などの合字は、正字・異体字のままにした。

三　暦年の表記

本文では原則として西暦（和暦）年の順で併記して、重出する場合は和暦を省略した。一八七二（明治五）年の新暦導入前も、和暦の年のみを西暦に置き換えて一八六八（明治元）年と表示して、月日は旧暦のままとした。

第1章　共通教化の概念

〔初出〕「共通教化の基礎仮説——近代日本の国民統合の解明のために」『東京大学大学院教育学研究科教育学研究室紀要』第二二巻、一九九六年六月、二一—二八頁。

〔要約〕第1章は、「共通教化」という概念を、「個々の集団の教育の独自性を前提にしながら、それを一つの標準のもとの教化に組み込むこと」と定義して、近代日本の教育史研究の仮説として提起するものである。この前提として、「教育」を『孟子』の用例を踏まえて「集団内の次世代の育成」と定義し、「教化」を『日本書紀』の崇神天皇十年の条を踏まえて「集団間の秩序的な関係づけ」と定義する。また、「集団」は、社会的に明確な人間集団に限らず、理念としての宗教にも適用する。

「共通教化」を提示した人物として、明治維新期の国学者である鈴木雅之に注目する。一八七二（明治五）年の大教院による神仏合同布教がこの構想を実現するものとなり、三条教則などが「標準」となった。この大教院が崩壊するなかで、近代日本の共通教化の標準は、一八九〇（明治二三）年の教育勅語が成立し、内村鑑三不敬事件などを通じて学校教育のみならず、各宗教を共通教化のなかに包摂した。この教育勅語が時代の変化に即応して、主要な解釈が変化して、大正期の国民道徳論や、昭和期の日本精神論、一九四一（昭和一六）年の国民学校令による「皇国ノ道」へと変遷する。こうした変遷にもかかわらず、教育勅語を標準とする共通教化が近代日本において機能したという仮説をここで提起する。

はじめに

近代日本の国民統合の問題を考えるために、従来から天皇制が果たした役割についての多くの研究がなされてきた。日本教育史における天皇制に関わる研究は、それを大きな壁として描き出してきたが、近年ではさらに実態と構想における動揺や矛盾を丁寧に検討する段階へと進んでいるように思われる。しかし、この国民統合の全体像を検討するためには、それをつらぬくシステムの解明が必要である。「天皇制」概念自体もかかる分析のためつかわれてきたが、それが政治的・経済的な概念としては有用なものであっても、教育と思想をめぐる場面における国民統合のシステムを十全に説明しうる概念とはなりえていない。

本章は、この近代日本の国民統合のシステムとして、個々の集団の教育の独自性を前提にしながら一つの標準のもとの教化に組込む共通教化と呼ぶシステムを仮説として提示することを目的とする。そのために、まず第一節では分析概念としての教育と教化という言葉を定義し、さらに第二節と第三節で近代日本の共通教化の析出と変容についての仮説を叙述的な形で提起する。

本章は、個別の現象を史料に基づいて検証することを目的とせず、いままで検討してきた事象をもとに、仮説としての共通教化を提示することを目指している。かかる方法論をとるのは、本来的に史料からの帰納的論証を行なう教育史学においても、一つの歴史の全体像を構想していくためには、一つの仮説を提示した演繹的な作業を経なければならないと考えるからである。もちろんその作業は、理論による史料と事実の隠蔽であってはならないのであって、史料との往還のなかで批判・検証されるべき仮説の提示として意味をもつと考える。なお本論の性格から、第二節、第三節の叙述にあたって示した実例は、注で示した既発表の論文に依拠するため、個々の典拠などはそれらに譲って省略してあることを断っておく。

第一節　定義と原像

1　現在のイメージ

本節では、「教育」と「教化」という言葉を、分析概念として定義し、その概念の示す内容を原像として提示する。従って本節の目的は、教育や教化という言葉についての語源や用法の研究ではない。本節を読む者がすでに自己の教育と教化のイメージを持っているように、日常的な言葉としても、学術的な用語としても、これらの言葉については多くの異なるイメージが付与されてきた。第一には、教化という語が仏教で「きょうけ」あるいは「きょうげ」と発音されて広く用いられてきたことであり[1]、今日も教化は宗教に関する言葉としてイメージされている。第二には、近代になってから多用された教育という言葉が学校教育に限定されてイメージされるなか、教化がそれ以外の社会での行為を指すものとして対比される傾向である。たとえば文部省宗教局は一九二五（大正一四）年に宗教家の各種の事業の統計を作成したが、事業を「教育事業」と「教化事業」の二つに区分し、「教育事業」には「学校」、「幼稚園」、「雑」を分類し、「教化事業」には「矯風並生活改善」、「免囚保護」、「児童教化」、「民衆教化」を分類した[2]。宗教局はこの統計で省内の管轄の異なる中等・高等教育を「教育事業」の統計から外しているのだが、学校に関するものを教育と呼び、それ以外を教化とする二分論が端的に現れている。この学校教育以外の部分は「社会教育」と呼ばれるものが多いが、実際に文部省の社会教育局は一九四二（昭和一七）年一一月の改組で宗教局と合併して教化局と名付けられるのである。このイメージは行政上の区分だけではない。たとえば海後《かいご》宗臣《ときおみ》は、近代学校の営みを陶冶、家や職場での育成を形成と呼び、一方直接に教師の現れない博物館や映画などを例に教化と呼んで教育の概念を説明しようとした。(3)それは生徒、教材、教師の関係性からのミクロなモデルによる定義ではあるにしても、社会教育を教化と考えるイメージに沿ったものとなっている。さらに第三の傾向としては、教育を理想化し教化を否定の対象とする戦後の言説に多く見られるイメージである。ある国語辞典は端的に教化の説明として、「教育が科学的、合理的な内容を含むのに対して、これらを欠いたものとして対比して用いられることがある」(4)と述べている。これは一般の用法だけでなく、教育学の分野でも同じ傾向にあり、道徳教育研究者の藤田昌士は教育学の事典の説明として、教化を「今日否定されるべきある種の教育の質をいうものと理解される」と述べて、「教化としての道徳教育は、教育を国民の基本的人権としてとらえる立場から、根底的に批判・克服されなければならない」(5)と結んでいる。

すなわち教育と教化のイメージの間には、世俗と宗教、学校教育と社会教育、理想の対象と否定の対象という位相の異なる三つの対が存在しているのである。本節はこれらのイメージを批判することを目的としないが、またそれに依拠することもしない。これとは異なるもう一つの位相の検討を以下に試みたい。

2　漢字の二つのイメージ

まず教育と教化をめぐる個々の漢字のイメージについて考えてみよう。「教」や「育」という漢字に子育ての意味があるということは、よく言われるところである。甲骨・金文の文字の研究は字形からの推定と類推によるものであるから多くの解釈の違いが存在しうるにしても、今日の研究から、(6)「教」には甲骨文字と金文の字体の多くに「子」を含み、「育」も「子」と母体を表す「月」を含み、「育」の異体の「毓」もまた「子」と「母」を含むことは、確実なものと考えられる。一方、「化」の文字については、左右二人の人の形が表された文字であるから、変化の意味は表されても直接に子育ての意味は含まれない。

漢の許慎《きょしん》の『説文解字』は、甲骨文字や金文の研究からは批判の的となるが、その解釈が古代から持った流通力は決して無視しえない。許慎の「育」の解釈は、(7) 以下の通りである（訓読は高橋）。

養子、使作善也。

子を養ひ、善をなさしむるなり。

ここでは子育てのイメージが語られており、甲骨文字と金文からの解釈と繋がるものである。これに対して、「教」の解釈は大きく異なっている。

上所施、下所効也。

上の施すところ、下のならふ所なり。

ここでは「教」の解釈として上下の図式が出されている。これは子育ての親子関係だけでなく、一般的に人間の上下関係を述べているものである。さらに、「化」の解釈は次の通りである。

教行也。从匕人。

教へ行ふなり。匕と人に従ふ。

許慎は「化」が「匕」と「人」からなると認識しており、「匕」の箇所では「変」であると解釈しているから、それは甲骨文字と金文の解釈とも通じるものである。しかし、意味は「教行」であると述べており、「化」の解釈を「教」の解釈に近づけたのである。清の段玉裁《だんぎょくさい》はこの解釈を継承して、「化」を次のように注釈する。

教行於上。則化成於下。

上匕之、而下従匕、謂之化。

教、上に行はれれば、則ち化、下に成る。

上、之を匕して、しかして下、匕に従ふ、これを化と謂ふ。

段玉裁の「化」の注釈は、許慎の「教」の解釈を下敷にして、上下関係の図式を取り入れていることがわかる。

このようにみると、「教」と「育」と「化」という漢字の解釈を通じて、二つのイメージが存在することがわかる。

一つは、甲骨文字や金文における「教」と「育」、さらに『説文』の「育」の解釈に通じる子育てのイメージであり、母などの親と子どもの関係を前提に育て教えるものである。もう一つは、『説文』の「教」と「化」の解釈に現れた上下関係を前提にしたものであり、上から施され下がならうという、固定化された秩序に依拠した関係である。

3　教育と教化の用例

次に二つの文章を検討したい。まず、「教育」の語源として広く知られているのは、『孟子』尽心章句上にあらわれた次の箇所である。(8)

得天下英才而教育之、三楽也。
天下の英才を得て之を教育するは、三の楽なり。

孟子は君子に三つの楽しみがあるとして、第三に「教育」を挙げている。孟子のいう教育は、君子が優れた英才を見つけ出し、それを育成して次世代の指導者にしようというのだから、先に見た子育てのイメージとは異なる政治的な事業である。しかし、それは君子による次世代の新しい君子の教育であり、君子と教育される英才との間には『説文』の「教」や「化」のような固定的な上下関係は措定されていない。それは、王道をめざす老若の君子たちの集団がイメージされており、次世代の育成という意味では子育てのイメージに通じるものをもつのである。

「教化」の用例は、『日本書紀』の崇《す》神《じん》天皇十年の条から検討したい。(9)

十年秋七月丙戌朔己酉、詔群卿曰、導民之本、在於教化也。今既礼神祇、災害皆耗。然遠荒人等、猶不受正朔、是未習王化耳、其選群卿、遣于四方、令知朕憲。
十年の秋七月丙戌《ふみづきひのえいぬ》の朔己酉《ついたちつちのとのとりのひ》に、群卿《まへつきみたち》に詔《みことのり》して曰《のたまは》く、「民《おほみたから》を導くの本は教化《をしえおもぶ》くるに在り。今既に神祇《あまつかみくにつかみ》を礼《ゐやま》ひて、災害《わざはひ》皆耗《つ》きぬ。然れども遠荒《とほきくに》の人等《ひとども》、猶正朔《のり》を受けず。是れ未だ王化《きみのおもぶけ》に習はざればか。其れ群卿《まへつきみたち》を選びて、四方《よも》に遣して、朕が憲《のり》を知らしめよ」とのたまふ。

崇神天皇が従わない辺境の人々に四道将軍を遣わそうとしたという神話である。登場人物には、二つの集団がある。すなわち、一つは支配の主体となる天皇とその臣下である群卿《まへつきみたち》たちであり、もう一つは支配の客体となる民《おほみたから》や遠《とほき》荒人《くにのひとども》である。この二つの集団の間に形成されようとしている関係の内容は、暦から法令を意味する正朔《のり》や朕憲《わがのり》である。そしてこの関係づけが、教化《をしえおもぶけ》や王化《きみのおもぶけ》と呼ばれる行為である。

この神話は、『説文』の「教」や「化」の説明に現れた上下関係の図式に極めて類似している。天皇と群卿たちの集団と、民や遠荒人の集団との関係は、上と下である。この関係は王化・教化されて、正朔・憲に従うことによって維持されるが、両方の集団の関係は上下関係として固定化されるのである。

4　定義と原像

「教」と「育」と「化」、あるいは「教育」と「教化」について、二つの対となる行為を見ることができた。一つは、子育てや君子の育成といったある集団の内の次世代の養成であり、それは教育である。もう一つは、上と下の間の関係づけであり、それは異なる集団の間の関係づけであって、次世代の養成とは異なる固定化をめざす教化である。子や英才は教育されて次の世代の親や君子になるが、民や遠荒人は教化されても天皇や群卿になるのではない。

こうした事例を本章では教育と教化の原像とみなし、教育を「集団内の次世代の育成」と定義し、教化を「集団間の秩序的な関係づけ」と定義する。

この原像はもちろん、字句解釈や理想像や神話を語るなかで現れたイメージであり、それが歴史的に実在したことを証明するものではない。また、ここでみた用例が異なる意味をもつ他の用例よりも本質的なものであることを意味するものでもない。たとえば、仏教で使われる教化という言葉は、「転無上法輪、教化諸菩薩」（無上の法輪を転じて、もろもろの菩薩を教化すべし・『妙法蓮華経』）という用例を見れば、仏やその弟子が次世代の菩薩を育成するのが教化であるということになり、むしろ『孟子』のいう君子の育成としての教育と同じ構造になっていることに注目したい。

また、定義に使用した「集団」とは、実際の歴史においては、重層的かつ流動的に現れるものである。たとえば、崇神天皇十年の神話においては、天皇と群卿を一つの集団として読解したが、さらに集団を分解すれば、実際には天皇と群卿は別の集団であり、その集団間にも教化が存在するはずである。さらに近代になれば、個々の人間は多種な属性をもって教育されるのであり、家族という集団の教育、地域社会の学校の教育、その後の職業集団の教育、信仰する宗教団体の教育が、重層的に存在する。

集団の再生産が教育であるにしても、それは生物としての人間がその集団メンバーから生まれるとは限らない。孟子の教育の理想像も多分に天下からの英才のリクルートという要素を含んでいるが、近代社会ではかかる集団間の移動が頻繁に行なわれるようになるだろう。また集団は、本来的には特定の人間の集合であるが、さらには、国家や企業という法人として自然人とは別個に存在しうる。その中では、上下の秩序的な関係づけを意味する教化も、かならずしも上下に特定の人間集団の関係を前提にするわけではない。平等な人間を前提にした「民主主義」においても、国家や企業に対して個人が教化の関係を結ぶことがありうるのである。さらに上下関係が否定されるべきものであると一般に認識される集団では、そこでの教化は隠された形態をとることになるであろう。

自然人の存在を集団の前提としないことは、法人だけでなく、宗教に関しても起こりうる。特定の人間集団がたとえば氏神を祭る宗教集団と同じ集団を指すことは古代においてはおこりうるが、一つの人間の集団に多数の宗教が混在したり、まったく利害の異なる人間の集団が同じ宗教を奉じることは珍しくない。それらは、宗教が直接的な人間集団から離れた理念として、独自に仮想された集団のように存在しうることを示している。また、在来の神と外来の仏の上下関係という日本の宗教史をつらぬく複雑な論争が、神と仏の間の教化の関係として現れるが、この宗教的な理念間の秩序的な関係づけは、宗教理念を奉じる集団が実際の人間の集団として存在する中では同時にその集団間の関係づけとして現象する。

また、教育と教化という対になる概念についても、実際には混在して存在する。教育と教化という行為の前提となる集団の存在が、重層的かつ流動的であるから、上位の集団とそれに包括される下位の集団を考えると、上位の集団にとっては教育であっても、そのなかに下位の集団の間の教化が存在しうる。たとえば、宗教理念を奉じる集団が次世代の宗教者の育成を行うのは教育であるが、その下位に存在する職業的宗教者と一般信徒という異なる集団が存在すれば、その秩序的な関係付けを固定する教化としての意味を含むことになりうる。また国民という集団を考えれば、その次世代を育成することは「国民教育」であるが、国民を法人たる国家と個人という集団に分けて考えれば、それは同時に「国民教化」を含むものともなるのである。

人間の集団が維持されていくためには教育は不可欠であるが、複数の集団が存在してもその間が必ずしも教化の関係を結ぶかどうかは必然ではない。複数の集団が相互に言語や物資などを交通している限りでは、その関係は教化を前提としていない。また教化の関係にある複数の集団の間も、その関係が動揺し、関係が遮断し、あるいは教化関係が逆転することもありえるだろう。

このように重層的かつ流動的な、あるいは法人や理念という現実の人間から離れて仮構される側面も含む集団を前提にして教育や教化という現象をみるのであり、それは原像のように明確な形をもって現象しないのが通例である。

第二節　共通教化の析出

近世の日本では、教育と教化の関係が重層的かつ流動的に各種の集団に機能していた。武士と庶民の間には目に見える教化の関係が存在し、諸共同体の教育も営まれ、神仏の秩序も神仏混淆のスタイルで広く定着していた。

明治維新は、かかる教育と教化の秩序を根底から揺るがした。もちろん、従来の教育機構の改革の上に新しい学校教育システムが置かれることになるし、従来の秩序的な関係づけのすべてが無効になったわけではない。しかし、神仏分離による諸宗教の秩序の崩壊は、単に廃仏毀釈と上知による社寺の経済の動揺だけではなく、諸宗教による国家の鎮護のシステムを低下させた。もちろん、祭政一致が維新政府の旗印となり、神祇官の復興が行われたが、混在する宗教に関係を持たない新たな国家宗教の樹立の企ては有効に機能しうるものではなかった。

1　鈴木雅之の共通教化構想

こうした混乱と模索の様子を端的に語り、共通教化と呼べる構想を出したのが、下総の国学者・鈴木雅之（一八三七―七一）である。彼の構想についての詳述は別稿にゆずり(10)、ここではその概要を述べる。幕末の鈴木は、『撞賢木《つきさかき》』で「天神の生成の道」として、神代においては道はもともと人にそなわるのであるから「ことさらに教へ導くにハ及ばぬものなり」と述べていた。つまり、特定の秩序を与えなくても神代の社会が成立し、人々が暮していたという教化なき教育の理想を夢見ていたのである。しかし、彼は後世においては「異端邪説」が多いので「教」が必要であると、教化の必要を論じてもいる。こうして維新期に彼は『民政要論』『民政要論略篇』などの農村復興プランを現し、建白するのだが、論書には次第に「根本学」（『治安策巻之一別記』）を制定し僧侶を動員して道徳や天皇の有難さを講説させるという構想があらわれてくることになる。

教育の理想と教化の必要の狭間にいた鈴木であるが、この二つの行為の違いについてはまだ自覚的ではなかった。彼は昌平黌を接収した維新政府の高等教育機関である大学校・大学に一八六九（明治二）年に就職するが、天皇の徳などを称えた「人倫一日も闕くべからざる書」の制定などを具申して教化を強調する一方、儒学者と国学者がほぼ同数の大学校・大学にあって、孟子批判の『弁孟書』の建白など儒者との論争を行うことになる。テキストも方法も異なる儒学の教育と国学の教育の独自性を無視して教化のもとに同一のカリキュラムを制定しようとする構想であり、それは国漢学双方にとって合意されうるものではなく、実際この大学校・大学は機能不全となり閉止されるのである。

国漢学の論争を体験した雅之は一八七〇（明治三）年三月に、神祇官の宣教使の中講義生に異動する。ここで彼は、国学者たちを大教宣布のために集めた宣教使においてさえ、神や古典の解釈から論争が噴出し機能不全となっていることを知る。実は雅之自身、後に注目されたように極めてユニークな神論を持ち、再び論争の一極たりえたのであるが、彼はこの失敗を繰り返すことなく、「講官ノ標準目的」としての「教書」の選定を建白することになる。つまり、国学各派の集団が独自に教育していた方法や宗教論は宣教使とは直接関係のないものとして、宣教使としてはそれとは別個に教化の標準を作るという構想である。これは、一方では、それぞれの集団の教育を温存することであり、他方では教化に関しては一律に標準を受入れて行動するというシステムとなる。かかるシステムは国学各派の動員を可能にするだけでなく、すでに彼が構想していた僧侶の動員をも可能にするものであった。この段階の雅之の構想を共通教化と名付けることができる。

彼は一八七一（明治四）年四月若くして逝去する。次に述べる大教院は、まさにこの共通教化の現実化なのであるが、それは実際の政治過程において彼の建白が政府を動かしたことを意味しない。しかし、大教院以前の共通教化の構想としては、彼の試行錯誤と構想が極めて明瞭な言説として提示されているのである。

2　大教院の試行の意義

大教院による神仏合同布教は、共通教化の典型的なスタイルを示す。すなわち、一八七二（明治五）年四月二五日に定められた教導職には神仏双方の宗教者が任命され、諸宗教が政府の下に能動的に組込まれた。この教導職は一八七五（明治八）年の段階で七二四七人とされ、各地の社寺が教院として機能することが求められた。教導職の標準は、極めて明瞭に、三条教則にまとめられた。すなわち、「敬神愛国ノ旨ヲ体スヘキ事」、「天理人道ヲ明ラカニスヘキ事」、「皇上ヲ奉戴シ朝旨ヲ遵守セシムヘキ事」で、その標準をそれぞれの独自の教育組織と人材を動員して、それぞれの解釈を添加しながら共通に教化したのである。出版の部門では、数年間の内に、百種を軽く越える三条教則と二十八兼題の解説書が出版されている。キリスト教はこの構造の埒外に置かれたが、名だたる僧侶・神官はもとより、幕藩体制下ではややもすると危険視されていた各種講組織のリーダーたちもが異口同音に三条教則を体して天皇を頂点とする新政府の権威を認めて説教したことは、その体制があらゆる宗教によって認められるものであることを印象づけた。

この体制は、神仏双方の宗教者の持つ豊富な人材と影響力を、各宗教の公認と独自性の温存と引き換えに国家に調達できる体制であった。しかし、共通教化の条件である教化と教育の分離については、大きな混乱が存在した。それは、神仏合同布教の組織として中央に大教院を設置し、各府県に中教院を設置したことである。これらは神仏双方の代表者による合議制であり、共通教化の調整機関としては必要なものであった。しかし、この機関に政府から教導職の教育と試験の権限など実務が委譲されていくと、僧侶が神式の儀式を行うなど、大きな矛盾をもつことになった。その混乱は神道側の代表者による「教典訓法章程」と「教書編輯条例」により、神道家・国学者の間でさえ論争のある古典の読み方や世界の生成と構造などまでが教化の標準として公表されたことに端的に現れている。(11) しかし、管轄官庁である教部省は、この混乱に対して教部省の任務を「此レ教義ヲ掌ルニ非スシテ、教義ニ関スルノ政ヲ掌ル」(12)と限定する姿勢で乗切り、出版検閲に関する権限を持ちながら、異説についても三条教則に矛盾しない限りは干渉せずに刊行させる姿勢を貫いた。また、講組織による派手な祭礼について「悪習」と決めつけて排除をもとめる東京府の開化的な姿勢に対しても、一八七三（明治六）年六月に教部省は「人民ノ自由」という表現を使って弊害のない限り

は宗教独自の活動に干渉しない立場を明らかにしている。(13)

神仏合同布教は、信教自由論の立場から西本願寺派の島地《しまじ》黙雷《もくらい》が積極的な建白運動を展開するなか、一八七五(明治八)年一月には真宗の分離が認められ、五月三日には神仏合併教院の停止が教部省より達された。しかしこの達書第四号に「猶厚三条ノ教則ヲ遵奉シ、自今各自教院取設」と述べられたように、教化の標準たる三条教則はなお有効であることが宣言されたし、それはのちの宗教系私立大学の基礎となる各宗派の教院による職業的宗教者の養成システムへと引継がれたことを意味した。もちろん、その後の三条教則というテキストの影響力は、教派神道以外はかならずしも明示的ではない。しかし、大教院のシステムの停止は、諸宗教の教育の独自性の重視を意味しても、教化のシステムの停止を意味するものではない。大教院のような華々しい合同布教はその後の日本では現れることはなかったが、三条教則の遵奉の経験として神仏各派を組込んだ共通教化のシステム自体はその後も機能したのである。

第三節　共通教化の変容

1　教育勅語

一八九〇(明治二三)年一一月三〇日に渙発された教育ニ関スル勅語は、今日からみれば「皇祖皇宗」や「天壌無窮」という表現に皇室を中心とした神道の色彩が感じられるが、神道、仏教、儒教などの諸思想・宗教に特殊な表現を持込まないように工夫がなされていた。

この教育勅語の渙発時のもっとも大きな事件は、翌年一月九日の第一高等中学校倫理講堂の教育勅語奉読式における内村鑑三不敬事件と、それに連動する一八九二(明治二五)年以降の教育と宗教の衝突論争である。これらの事件は、帝国憲法下の宗教の自由の問題を語るものとして周知であるが、単純な宗教弾圧事件とみることはできない。騒ぎを大きくしたのは一高の学生や、ジャーナリズムや、井上哲次郎であり、政府の直接の干渉は植村正久やリギョールの新聞・著書の発禁に限定されている。井上らのキリスト教排撃の主張をもってそのままこの時の政府の方針と見ることはできないであろう。そして事態は井上の主張とは全く逆の方向に進んでいる。井上の批判に沈黙していた内村鑑三が反論のなかで述べた重要な論点は、「儀式に勝る敬礼」という主張であり、これを「勅語の実行」と呼んでいる。[14] ちょうど島地黙雷が大教院の儀式に反撥しながらも三条教則を受け入れたように、内村は教育勅語にまつわる儀式性には反撥を感じながらも、勅語それ自体の教化を実行する立場であることを宣言したのであった。こうした傾向は内村一人にとどまるものではなく、同時期に進行するキリスト教の外国ミッションからの独立傾向や、一八九四（明治二七）年七月の『日本の花嫁』を著した田村直臣に対する日本基督教会の免職決議など、論争の一方で進んだキリスト教の日本の体制への接近とあわせて検討する必要があるであろう。神仏諸宗の共通教化への組込みが大教院であるなら、キリスト教はこの事件を一つの画期として組込まれたと仮説することが可能である。学校教育への教育勅語の定着を単純にみることはできないにしても、教育勅語の思想的・宗教的な支持を神仏基の三教が与えることによって、西洋的な文化と宗教からも支持されるものとして教育勅語が教化される基盤が形成されたのである。

2　国民道徳

明治中期より教育勅語が共通教化の標準となったが、中等教育が普及し、宗教のみでない各種の思想が広く論じられる大正期になると、明治末の神仏基の三教会同が大した成果をもたらさなかったように、従来の教化のあり方では対応ができなくなってくる。すなわち教育勅語やその解釈や修身談を納得しただけでは対応できない複雑な現実と思想状況のなかに、広範な知識を習得した個人が能動的に対応することが共通教化の新しい課題となった。

この課題に対応する概念が国民道徳である。[15] 一九〇九（明治四二）年の文部省の中等教員検定試験の修身科で出題された以来、一九一六（大正五）年には「国民道徳要領」という必修受験科目となった。さらに一九一八（大正七）年には高等学校令第一条に「国民道徳ノ充実」が盛りこまれ、翌年の中学校令や高等女学校令改正でも第一条に「国民道徳ノ養成」が盛りこまれることによって、この概念は中等教育の教育目的として法制的な力をもったのである。

国民道徳の内実は、結局は教育勅語である。しかしこの概念が意味を持つのは、その結論でなく過程であり、教育勅語の暗記や儀式とは異なる研究的性格にある。それは国民道徳の代表的な解説者である井上哲次郎が解説書『増訂国民道徳概論』（一九一八年）や『我が国体と国民道徳』（一九二五年）で、道徳や歴史を対象として「研究」することを強調し、その研究法まで指導していることからも明らかである。つまり儀式や暗記で納得するだけでなく、対象として批判的に検討するプロセスを通じて、能動的な形で理解することが語られているのである。それは中等学校の教育にみられる学問的な色彩までも含みこんで共通教化の枠内に入れることを意味する。教育勅語を国民道徳という概念を新たに設定して変容させたことは、宗教の権威だけでは納得できなくなった大正期の思想の複雑さのなかで機能しうる共通教化への変化であり、諸宗教や諸思想を自由に彷徨する個人に適応する教化のスタイルの創設であった。

もちろん、国民道徳は批判という契機を内在するがゆえに、危険な側面をも併せもった。井上哲次郎が大学の講壇で行った三種の神器の喪失などの国民道徳批判は、学生たちに「秘密な真相を君たちだけには教える」[16]というものと映ったし、その「真相」が一般の目に触れた時には、不敬事件として作り上げられ、彼は一九二六（大正一五）年に公職を辞することになるのである。

3 「皇国ノ道」

井上哲次郎の失職後も国民道徳は中等教育の教育目的として法制的に残り続けた。しかし、さらに広範な国民の教化と動員が目指された戦中の昭和期には、特定の教育段階に限定されない広い共通教化の標準たる概念が要請されるようになる。

一九三一（昭和六）年ごろから流行しはじめた概念に、日本精神がある。[17]『日本精神叢書』は文部省の思想局とその後身の教学局から一九三五年より六七冊も発行され続け、さらに文庫版まで刊行されるなど、この概念の普及に政府が積極的に取り組んだ。しかし、この概念が広く国民全般への教化の標準となることは不可能であった。なぜなら、第一に、日本の文化や思想に歴史的に実在したものを対象にして日本精神を論証するのであるから、それはかかるテーマに興味と読解力をもつ者しかアプローチできないものとなる。この叢書の表紙の裏には「広く国民をして」と書かれているにもかかわらず、文部省の内部文書には「特ニ高等学校程度ノ学校ノ古典関係教科ノ演習用テキストトシテ」編集すると明記されているのである。[18]第二に、国民道徳の研究的性格と同じく、この日本精神も文献とそれを読解する学問に依拠するため、かならずしも共通教化の目的と沿わないことが起こりうるのである。たとえば叢書の第一〇冊は海後宗臣が『翁問答と日本教育論』（一九三六年）として執筆したが、中江藤樹の人生を語ると、母の下に帰郷するために脱藩するという不忠な事件を美談として叙述することになる。さらに「一は則ち父母、二は則ち祖父母、三は則ち君」と主君が三番目に登場する藤樹の言葉を紹介するが、この忠も主君への忠であって天皇への忠は出てこないのである。このように日本精神は、国民道徳の古典版としての機能は果たせるにしても、決して共通教化の対象を広げることはできなかった。

実際に国民道徳に取って代わったのは、「皇国ノ道」概念である。[19]この概念は、一九三七（昭和一二）年三月二七日の文部省訓令第七号の高等学校高等科修身科教授要目で、「皇国ノ道ニ徹セシメ」という表現であらわれた。しかしこの概念はすぐには注目されず、教育審議会の一九三八年七月二九日の整理委員会で初等教育の幹事試案として「皇国ノ道」という表現が出ることによって注目を集めることになる。この概念は、教育審議会の答申に次々と盛りこまれ、一九四一年の国民学校令第一条、一九四三年の中等学校令と高等学校令と師範教育令の第一条にも次々と盛りこまれた。つまり国民学校で新たな目的規定として登場し、さらに中等学校などで従来の国民道徳概念と交代に登場し、国民学校から高等学校までの学校を「皇国ノ道」の概念のもとに置いたことになる。

この概念は、公式の解釈として教育勅語の「斯ノ道」を指すものであると繰り返し説明された。しかし、それならば、従来の国民道徳と交代する必要はないはずである。そして吉田熊次はこれを教育勅語を軽んじるものとして批判し、概念の曖昧さは教育審議会でも枢密院でも大いに議論されることになった。この曖昧さを長田新《おさだあらた》は「生成発展して行くものでなくてはならぬから、漠然と皇国の道とした事は矢張りいゝ事だね[20]」と肯定的に評価した。このことは、「皇国ノ道」概念の共通教化の標準としての新しい性格を端的にあらわしている。つまり、この概念は、国民道徳のもった研究的性格から自由であり、日本精神のように古典からの制約を受けることもない。また、教育勅語の「斯ノ道」を指示内容としながらも、実際には教育勅語の個々の文言からも自由さを持っている。それゆえに、この概念のもとに極めて広範な集団と個人をまとめることが可能なのであり、思想や宗教のみでなく、科学までも含めた動員が課題となる時代に適合した概念であった。さらに中等教育や高等教育を受けるものだけを対象とする国民道徳や日本精神と異なり、国民学校を基本に広く国民全体をその共通教化の対象とすることが可能となったのである。

おわりに

本論文は、教育と教化の分析概念の設定を行ない、作業のために共通教化概念を設定して近代日本の国民統合の分析のための仮説を提示することを目的とした。第二節、第三節は、直接の歴史的検証を目的とする叙述ではなく、今までの検討を踏まえて共通教化の析出と変容についての当面の仮説を描き出すことを目的とした。

共通教化とは、個々の集団の教育の独自性を前提にしながら、それを一つの標準のもとの教化に組込むことである。

もちろん、近代以前にも教化に組込まれる集団が複数であることは珍しくないのであるから、共通教化を近代特有のものということはできないだろう。しかし、近代においてはその諸集団が密接に関係し合い、あるいは一人の人間が複数の集団に関係することが常態であるため、共通教化は一人の人間から見ると同じ教化が複数のルートで行なわれることを意味している。種々雑多な思想や宗教の混在する近代において、異なる理念を持つはずの異なる集団から標準に沿った同じ内容が教化されることで、共通教化は大きな威力を持った教化となりうるのである。共通教化は個々の集団や理念により標準が解釈されることで多様な色彩をもつが、その多様性に共通する標準が存在することによってその効力をもつのである。さらに共通教化は、近代社会の進展とともに従来の集団が解体しあるいは権威を失うなかでも、種々の理念が共通に認めるものとして、個人に対してその教化の有効性を保持しうるシステムたりうるのである。

近代日本についての共通教化の変遷は、明治維新の混乱のなかから共通教化の構想が析出し、一八七二（明治五）年の大教院をもって全国的に試行されることになる。ここで近世以来の宗教が、天皇を頂点とする維新政府を戴く共通教化の枠組みに組込まれ、三条教則をそれぞれに解釈し説教した。独自の教育の保持という共通教化の前提に矛盾した大教院の制度は崩壊するが、システムは維持され、そして一八九〇（明治二三）年の教育勅語の発表を経て、キリスト教と学校教育を教育勅語という明文化された標準をもつ共通教化の枠組みに組込む方向が確立した。しかし、宗教の権威の低下と多くの思想が力をもつなかで、従来の明文化された標準だけでは、増大する中等教育をうけた個人に通用しなくなる。かくして学問的思索をもその方法論に含みこんだ国民道徳が登場し、個人が批判を経てより能動的に共通教化の枠組みに組込まれることになった。さらに、いっそう具体的に国民の動員が課題となる昭和戦中期にはより広範な国民を包みこむ「皇国ノ道」概念が成立し、極めて漠然とした標準であるがゆえにより通用力のある共通教化の標準たる概念として機能したのである。

こうした叙述は仮説であり、論者は実際の史料に基づく実態と思想の検討のなかで、仮説を検証し、あるいは仮説を改変しなければならない。そのためには、共通教化の実際の標準の解釈を示す三条教則・二十八兼題解説書群や教育勅語衍義書群の検討が不可欠であろう。また近代日本を論じるためには、宗教とともに宗教以外の諸思想と運動もまた検討の対象とされなくてはならない。さらに本論が対象としなかった日本と植民地・占領地との関係は、駒込武が「同化政策」概念の再検討を課題として研究しているように(21)、共通教化問題のさらに広範なフィールドを提示しているように思われる。

こうした問題を今後の課題としつつ、仮説的な共通教化論の提示としての本論を終えたい。

〔後註〕本論文は、本書第4章の論文「維新期の国学における共通教化の析出」などを公刊後に発表したものであるが、内容的には本書全体の課題提起となり、本書の各章の前提となるものとして集録した。

ここで述べた「教育」と「教化」の定義については、教育概念の基礎理解として不可欠の概念と考える立場から、大学テキストにおいて繰り返して説明した。高橋陽一『教育通義』（武蔵野美術大学出版局、二〇一三年）の「第7章　教育という言葉」及び同書の改訂版である高橋陽一『新しい教育通義』（武蔵野美術大学出版局、二〇一八年）の「第6章　教育という言葉」において概説した。また、この延長線上で、高橋陽一監修『ワークショップ実践研究』（武蔵野美術大学出版局、二〇〇二年）において「ワークショップは、海後宗臣のいう「教化」だったのだ」という説明を行い、さらに敷衍して、高橋陽一『美術と福祉とワークショップ』（武蔵野美術大学出版局、二〇〇九年）においてワークショップは海後宗臣のいう教化でありながら、秩序づけとしての教化ではないという「反教化的教化」という概念を提起した。この議論は、その後も高橋陽一編『造形ワークショップの広がり』（武蔵野美術大学出版局、二〇一〇年）、高橋陽一『造形ワークショップを支える』（武蔵野美術大学出版局、二〇一二年）、高橋陽一編『造形ワークショップ入門』（武蔵野美術大学出版局、二〇一五年）においても、ワークショップの実践論またはファシリテーション論として強調した。

また「共通教化」については、本書集録の論文のほかには、教育史学会編『教育史研究の最前線』（日本図書センター、二〇〇七年）の「第1章　公教育と宗教」のなかで記述した。また、学界の通説を紹介するという課題から共通教化概念の説明には至っていないが、教育史学会編『教育勅語の何が問題か』（岩波ブックレット九四七号、二〇一七年）の高橋陽一「第1章　教育勅語の構造と解釈」と岩波書店編集部編『教育勅語と日本社会』（岩波書店、二〇一七年）において、教育勅語解釈の歴史として、国民道徳論・日本精神論・「皇国ノ道」という沿革を概説した。

ここで提起された諸概念について注目した研究としては、高野秀晴『教化に臨む近世学問――石門心学の立場』

（ぺりかん社、二〇一五年）があり、石門心学の態様の分析として本論文との同異を批判的に検証している。さらに、藤本夕衣・古川雄嗣・渡邉浩一編『反「大学改革」論』（ナカニシヤ出版、二〇一七年）の高野秀晴「第5章　教化の場としての大学」において、前掲のワークショップ論と関係させて大学教育の実践的分析のなかで本論を踏まえて論じている。また、藤田大誠『近代国学の研究（久伊豆神社小教院叢書）』（弘文堂、二〇〇七年）においても、近代国学の研究動向として本論を紹介している。

（1）石川謙「教化」『教育学事典』第一巻、岩波書店、一九三六年。
（2）文部省宗教局『宗教家ノ経営ニ関ル教化事業等ニ関スル調べ』一九二五年（野間教育研究所所蔵『宗教教育関係資料綴』所収）。
（3）海後宗臣『教育編成論』、一九四八年。
（4）日本大辞典刊行会編『日本国語大辞典』縮刷版第三巻、小学館、一九七三年（縮刷版一九八〇年）、七九三頁。
（5）藤田昌士「教化」『新教育学大事典』第二巻、第一法規出版、一九九〇年。
（6）水上静夫『甲骨金文辞典』上下巻、雄山閣、一九九五年。
（7）許慎撰・段玉裁注『説文解字注』一八一五年（上海古籍出版社復刻、一九八一年）。
（8）『孟子』（『十三経注疏』中華書局復刻、一九八〇年、二七六六頁）。
（9）坂本太郎ほか校注『日本古典文学体系　日本書紀　上』岩波書店、一九六七年、二四二―二四三頁。
（10）本書第4章と本書第6章参照。
（11）高橋陽一「大教院の教化基準」『明治聖徳記念学会紀要』復刊第五号、一九九一年。
（12）門脇重綾『教部要説』（東京大学附属総合図書館所蔵『陽春蘆蒐集録』第二冊所収、一八七四年一二月写本）。
（13）本書第5章参照。

(14) 内村鑑三「文学博士井上哲次郎君に呈する公開状」『教育時論』一八九三年三月一五日号。
(15) 本書第9章参照。
(16) 出隆『出隆著作集7　出隆自伝』一九六三年、八二—八三頁。
(17) 高橋陽一「「日本精神」概念の発想形式」戦時下教育学説史研究会編『日本諸学振興委員会の研究』一九九一年。本書第11章参照。
(18) 文部省教学局『第八十一回帝国議会説明材料』一九四二年、一八一頁。
(19) 本書第12章参照。
(20) 小原国芳編『国民学校研究叢書Ⅱ　皇国の道と教育』一九四〇年、二九〇—二九一頁。
(21) 駒込武『植民地帝国日本の文化統合』岩波書店、一九九六年。

第2章 残賊の神勅の解釈史

〔初出〕「日本書紀一書の残賊の神勅——孟子と国学をめぐる解釈史」『日本教育史学会紀要』第三巻、二〇一二年一二月、三四—六一頁。

〔要約〕第2章は、天照大神が発した『日本書紀』一書にある「残賊の神勅」が、革命思想の典型例とされる、殷の紂王を「残賊」とした『孟子』の一節を出典とするという古典解釈史を論じる。

天照大神による「天壌無窮の神勅」は教育勅語をはじめ言及が繰り返され、教育史上も思想史上も研究や言及が多いが、「残賊の神勅」が独自の研究対象とされることはなかった。ここでは、『日本書紀』解釈でも、中世の一条兼良らの解釈では『孟子』引用は前提とされ、近世国学では出典を明示するものが多いが、近代国学では明治初年の大学校・大学の『孟子』排斥論の急先峰であった鈴木雅之が引用関係を明示しなくなる。この『孟子』引用の忘却という問題を、漢文を文体として日本の神を語るという、『日本書紀』から教育勅語に通底する問題として指摘するものである。

はじめに

本章では、『日本書紀』一書にみられる、天照大神《あまてらすおおかみ》が天稚彦《あめのわかひこ》へ下した「残賊強暴横悪《ざんぞくきょうぼうおうあく》」という文言のある神勅を残賊の神勅と呼んで、その解釈史を論じるものである。この神勅に直接に連続する教育勅語に引用された天壌無窮の神勅が、「漢文」であるという津田左右吉《つだそうきち》の評価(1)は戦後学界に定着したが、一方で「残賊の神勅」の研究の意義や解釈史は研究されないままの状況が続いている。ここでは、古代から国学に至る注釈書を対象に『孟子』との関連に注目することで、日本教育史上の教育理念の解明を目的として、基盤的な解釈史研究を行うものである。

第一節　漢文訓読の隘路

一九四五（昭和二〇）年二月刊行の『日本教育史学会紀要』第一巻が「漢字漢文教育史」を特輯するにあたって、吉田熊次と海後宗臣が日本学術振興会補助を受けた研究であることを会長の石川謙が特筆したように(2)、総力戦下の教育史研究の組織化という点からも注目するべき動向であるが、その筆頭論文で吉田熊次が漢文訓読を論じたことが象徴的である(3)。吉田は、音読や訓読の歴史を概観しつつ、漢文訓読を現在まで貫通する特殊な文学形式として、「漢文とも国文ともつかぬもの」という言葉で表現している。吉田は「漢文教育上閑却すべからざる重要問題」と締めくくるが、訓読が漢文教育だけに限定された「重要問題」ではないことは、一九三九（昭和一四）年に文部省に置かれた「聖訓ノ述義ニ関スル協議会」で論陣を張った吉田熊次自身が経験していた。

錚々たる学者を集めたこの協議会の最大の焦点は、国民学校令第一条の「皇国ノ道」につながる教育勅語解釈の確定であったが、[4]『教育勅語釈義全書』[5]をはじめ、東京高等師範学校教授の地位にあって教育勅語解釈の総括役と目される亘理章三郎《わたりしょうざぶろう》が活躍しようとしたのも、この漢文訓読問題である。彼は当初の検討課題にない教育勅語の「一旦緩急アレハ」の解釈を議論することを求めて、これが漢文訓読の「レバ則」であると主張して、同意を国語学者の山田《やまだ》孝雄《よしお》に求める。山田は、平安朝の文法ならば「アラバ」であるが、教室では生徒の質問には詔勅についての議論をすることは是認しないと穏当に原則論を述べる。それに亘理が食い下がったために、「それは、日本文法に熟せぬ漢学者が誤つて読んだのだ」との一喝を山田に言わしめたのである。[6] 批判された漢学者とは、その会議に居並んだ諸橋轍次《もろはしてつじ》ら漢文学研究者のことではなく、教育勅語の起草にあたった元田永孚や井上毅であろう。つまり教育勅語こそが吉田の言う「漢文とも国文ともつかぬもの」なのだ。[7]

第二節　天壌無窮の神勅の前提としての残賊の神勅

このように漢文訓読は一歩間違うと教育理念の根幹への批判を惹起するものだが、亘理章三郎は翌年一一月に『天壌無窮の神勅』と題して本文五七五頁の書籍を送り出す。この書は、天壌無窮の神勅の呼称と訓読と語句解釈で一冊を構成したものである。本書の眼目は、古来の訓読を踏まえつつ神勅を固有の国語の語格で表現して、「古典的な荘重と雅馴とを備へ、十分に神勅の尊厳を仰ぐやうにしたい」という訓読確定の提唱である。[8] この見解は、本人の意図とはかかわりなく攻撃的である。なぜならば、天壌無窮の神勅を大和言葉で訓読すれば、そのまま「天壌無窮ノ皇運ヲ扶翼スヘシ」という漢文訓読調の教育勅語を批判することにつながるからである。そして彼は神勅の呼称は「天壌無窮の神勅」で「テンジヤウムキユウのシンチヨク」と漢音の読みだとわざわざ主張する。[9] たしかに、『日本書紀』のすべてを雅語によって訓読するという試みが無駄なことなのかもしれない。

この天壌無窮の神勅は、現在もっとも普及している岩波『日本古典文学大系』のテキストでは次のようになる。なお、他の引用でも常用漢字があるものは置き換えて、漢文は句読点のみとして返り点と訓を付さずに、訓読は歴史的仮名遣いで記し、引用テキストの句読点や傍訓は尊重しつつ、注釈記号や合字などは適宜改める。

葦原千五百秋之瑞穂国、是吾子孫可王之地也。宜爾皇孫、就而治焉。行焉。宝祚之隆、当与天壌無窮者矣。
（葦原の千五百秋《ちいほあき》の瑞穂《みずほ》の国は、是《これ》、吾《わ》が子孫《うみのこ》の王《きみ》たるべき地《くに》なり。爾皇孫《いましすめみま》、就《い》でまして治《し》らせ。行《さきくませ》矣。宝祚《あまつひつぎ》の隆《さか》えまさむこと、当《まさ》に天壌《あめつち》と窮《きはま》り無《な》けむ。(10)）

この本文の異本や訓読の多様さは、本論文の焦点ではない。ここでは、日本書紀が大和言葉を記述の前提としながらも漢文で記すには、中国の古典を引用して作文するという当然の作法が貫かれることを確認したい。この神勅が、近代の教育勅語に引用されたのは「天壌無窮」という文言であり、「あめつち」「きはまりなけむ」と読めば大和言葉に思えるが、「天壌」や「無窮」などの語句をはじめこの神勅が漢文として荘厳に書かれたものであることは、すでに津田左右吉や家永三郎らが指摘してきたことである(11)。

本論文が注目したいことは、この天壌無窮の神勅が登場する文脈である。『日本書紀』の神代を記す神代紀二巻の構造は、『古事記』のように神話が本文で一つのストーリーとして展開するのではなく、ストーリーをなす本文のあとに「一書曰」と次々と一書が割り込んで異説が挿入される重層構造で編纂されている。こうした構造の読解は、三品彰英(12)をはじめ多くの研究の蓄積のある分野であり、天壌無窮の神勅が登場するのは、本文ではなく、本文に対応する八つの一書のうちの、第一番目の一書である。さらに本文と一書の相互関係については、近世の国学者・鈴木重胤の省略説に注目して三宅和朗が論じたように、一書は、一書の原本を編者が本文や他の一書との関係で省略したものであることを前提として読解されるべきである(13)。

天壌無窮の神勅が登場する一書は、巻第二の神代下の最初の本文に対応するものである。本文は高皇産霊尊《たかみむすびのみこと》が天津《あまつ》彦彦火瓊《ひこひこほのに》瓊杵尊《にぎのみこと》を葦原中国の主にするために、まず天稚彦を派遣するが地上で籠絡され、次に経津主神《ふつぬしのかみ》と武甕槌神《たけみかづちのかみ》を派遣して大己貴神《おおあなむちのかみ》らの駆逐に成功し、ついに天津彦彦火瓊瓊杵尊を天下りさせて、続く海彦山彦神話の主人公が生まれたところで区切られる箇所であり、天孫降臨の顚末を記載している。一書では、高天原の主人公は高皇産霊尊に代わって天照大神となり、天稚彦に神勅を下して派遣するが籠絡され、武甕槌神と経津主神を派遣して大己貴神らを駆逐し、そして天津彦彦火瓊瓊杵尊に三種の宝物や眷属を添えて天下らせるときに天壌無窮の神勅を発して、その下向途中での天鈿女《あまのうずめ》や猿田彦神の説話で終わる。後続する一書では、第六の一書のみが天稚彦の説話を載せている。

この一書の冒頭は、岩波『日本古典文学大系』のテキストでは次のようになる。(14)

一書曰、天照大神、勅天稚彦曰、豊葦原中国、是吾児可王之地也。然慮、有残賊強暴横悪之神者。故汝先往平之。
（一書《あるふみ》に曰はく、天照大神《あまてらすおほみかみ》、天稚彦《あめわかひこ》に勅《みことのり》して曰《のたま》はく、「豊葦原中国《とよあしはらのなかつくに》は、是吾《これわ》が児《みこ》の王《きみ》たるべき地《くに》なり。然《しか》れども慮《おもひみ》るに、残《ち》賊強暴横《はやぶる》悪《あ》しき神者《かみども》有《あ》り。故《かれ》、汝《いまし》先づ往《ゆ》きて平《む》けよ」とのたまふ。）

本章で残賊の神勅と呼んで注目するこの文言は、豊葦原中国は天照大神の子である天津彦彦火瓊瓊杵尊が王たるべき地であるのに、「残賊強暴横悪」の神々がいるので、天稚彦が先駆けとなって平定せよというものである。この神勅は豊葦原中国の支配権が、天津彦彦火瓊瓊杵尊にあることを主張する。この神々の支配権をめぐる争いは、本文にも一書にも籠絡と軍事をめぐる政治的ストーリーとして描かれる。さらに政治的ストーリーとともに注目できるのは、本文の「然《しか》も彼《か》の地《くに》に、多《さは》に蛍火《ほたるび》の光《かかや》く神《かみ》、及《およ》び蠅声《さばへな》す邪《あや》しき神有《あ》り。復草木咸《またくさきことごとく》に能《よ》く言語《ものいふこと》有り」という自然の脅威についての表現である。つまり天孫降臨の理由として自然の脅威の克服を挙げているのである。自然との戦いという神話的モチーフは、久木幸男が論じたように古代の宗教のテーマであるし、(15) 天孫降臨神話を儀式として要約した大祓祝詞においても「語問《こととひ》し磐根《いはね》木《き》根《ね》立《たち》、草之《くさの》垣葉《かきは》をも語止《ことやめ》て」と言うように、(16) その後も再確認され続けた神話的モチーフである。

さらに「残賊強暴横悪」について検討しよう。岩波『日本古典文学大系』の採用した「ちはやぶるあしき」という訓は、訓読として順当な説であろう。ただし『日本書紀』が原文で特定の言葉に大和言葉での読みを指定してある箇所のような、最初から確定した訓読ではなく、古写本等に訓点が振られて流布した訓読である。杉浦克己による神代書紀の訓読の六つの善本の照合調査では、「残賊強暴」は「チハヤフル」(鴨脚本、弘安本、乾元本、水戸本、寛文版本)と「チハヤル」(丹鶴本)、「横悪」は「アシキ」という訓である。(17)『国史大系』では他に「横悪」を「アヤシキ」とする吉田兼方《かねかた》自筆本の訓も併記している。(18)「ちはやぶる」といえば神にかかる枕詞であるから特定の意味をもたなくなるようだが、(19)記紀神話は漢文で書かれているのだから「残賊強暴横悪」という強烈なイメージを与える六文字を無視することはできない。この文字が現れる文脈は政治的な支配権と自然の脅威をめぐる二つの争いが存在するが、その文脈がこの六文字に反映している。

天孫降臨の本文では「残賊強暴横悪」に類似する語句は見えないが、一書の第六番目には、天津《あまつ》彦根《ひこね》火《ほ》瓊《の》瓊《の》杵根《にぎねの》尊《みこと》を天下らせる段階で、高皇産霊尊が「葦原中国《あしはらのなかつくに》は、磐根《いはね》・木株《このもと》・草葉《くさのかきは》も、猶能《なほよ》く言語《ものい》ふ。夜《よる》は熛火《ほほ》の若《もころ》に喿響《おとな》ひ、昼《ひる》は五月蠅《さばへ》如《な》す沸《わ》き騰《あが》る」と「勅《みことのり》」を神々に下す場面があるが、直後に「云々《しかしかいふ》」と省略があり、続いて高皇産霊が地上に降りた天稚彦の様子を推測する言葉に「蓋《けだ》し是国神《これくにつかみ》、強禦之者有《いむかふものあ》りてか」と表現される。「強禦」は、単なる防禦ではなく「わるづよくて善を退ける」という意味が含まれる。(20)

また、天孫降臨の直前にあたる巻第一の神代上の最後には、本文に素戔嗚尊《すさのおのみこと》の八岐大蛇《やまたのおろち》退治の神話があり、この本文に対する一書の第六番目には、大国主神と少彦名命《すくなびこなのみこと》の国土経営の神話がある。ここで大国主神は「夫《そ》れ葦原中国《あしはらのなかつくに》は、本《もと》より荒芒《あら》びたり。磐石《いは》草木《くさき》に至及《いた》るまでに、咸《ことごとく》に強暴《あしか》る。」という。この自然の脅威を指して「強暴」という表現は、「残賊強暴横悪」の「強暴」と呼応している。つまり「ちはやぶる」と軽く枕詞として置いたのではなく、自然の脅威を意味する漢語として記されたのである。地上の神の属性とされた「残賊強暴横悪」の六文字は、自然の脅威が含まれていることが明白である。

この構造は、神話として並行する『古事記』でも呼応している。天孫降臨の神話では、天照大御神《あまてらすおおみかみ》が正勝吾《まさかつあ》勝々速《かつかちはや》日天忍穂耳命《ひあめのおしほみみのみこと》を天下らせるが、彼が「伊多久佐夜藝弖有那理」（いたくさやぎて有りなり）と地上の不穏を報告して断念し、次に天菩比神《あめのほひのかみ》を天下らせるときに「以為於此国道速振荒振国神等之多在」（此の国に道速振荒振国神等《ちはやぶるあらぶるくにつかみども》の多《さは》に在るとおもほす）[21]と述べて派遣するがまた失敗して、さらに天若日子《あめのわかひこ》を派遣するというものである。話の前後や神名の表記は記紀で微妙に異なるが、天菩比神に述べた「道速振荒振国神等」は、『日本書紀』一書で天稚彦に述べた「残賊強暴横悪之神」と訓においてもほぼ対応している。ただ、「ちはやぶるあらぶる」の漢字に「残賊強暴横悪」という漢字を当てずに、訓に近い漢字を当てている点は異なっており、逆に言えば、「残賊強暴横悪」という漢字が『日本書紀』一書で使われている意味が注目されるのである。

このように『日本書紀』と『古事記』を確認すると、残賊の神勅は天壌無窮の神勅に先行して出されたという『日本書紀』一書の神話の文脈上の一貫性とともに、その文言の「ちはやぶる」という大和言葉と「残賊強暴横悪」という漢文が重なる点に注目して検討する必要がある。

第三節　残賊をめぐって

「残賊」の文字は神代巻には他に見当たらない。四書五経のなかでは、『詩経』と『春秋公羊伝』と『孟子』に登場する。『詩経』の「四月」の詩に「廃為残賊。莫知其尤。」（廃して残賊と為す。其の尤（尤）《とが》を知る莫《な》し。）という詩句がある。これらは恨みを吐露した詩であり、「四月」は前漢の毛亨《もうこう》が「大夫刺幽王也。在位貪残。下国構禍。怨乱並起焉。」（大夫、幽王を刺す。位に在りて貪残なれば、下は国に禍を構ひ、怨と乱は並び起こらん。）と解題して褒姒《ほうじ》の逸話で知られる西周最後の幽王のこととし、後漢の鄭玄《じょうげん》はこの句を「尢過也。言在位者貪残為民之害、無白知其行之過者、言大於悪。」（尢（尤）は過なり。位に在る者の貪残にして民の害を為し、其の行ひの過ぐるを白らかに知る無き者は、悪よりも大なりと言ふ。）と解釈した(22)。つまり、残賊という言葉は、古くから残虐な君主を弑逆する詩に登場して、その悪行を強調する言葉として理解されていたのである。

『春秋公羊伝』では宣公十八年に、「秋七月。邾婁人戕鄫子于鄫。戕鄫子于鄫何。残賊而殺之也。」とある。つまり、『春秋』の本文で「秋七月、邾婁《ちゅろう》人、鄫子《かいし》を鄫に戕《しょう》す。」とあり、これに前漢の公羊寿《こうようじゅ》が「鄫子を鄫に戕すとは何ぞ。残賊にして之を殺すなり。」と解釈し、さらに後漢の何休《かきゅう》は「支解節断之故変殺言戕。戕則残賊悪無道也。」（支解節断の故に変殺を戕と言ふ。戕は則ち残賊にして悪無道なり。）と注釈した(23)。つまり『春秋』の解釈者である公羊寿は、邾（邾婁）の国が鄫の国の子爵をもつ君主を殺したことを「戕」と書いた理由が「残賊」であったからだという説明を行い、何休は四肢切断によって変殺するから「戕」であり、これが「残賊」であると解釈した。なお『公羊伝』と並行する『春秋左氏伝』では、周の左丘明とされる伝で「凡自内虐其君曰弑。自外曰戕。」（凡そ内より其の君を虐するを弑と曰ひ、外よりするは戕と曰ふ。）として、君主殺害は国内勢力によれば「弑」で、外国勢力によれば「戕」であると区別するにとどまるが、これを受けて晋の杜預《どよ》は「弑戕皆殺也。所以別内外之名。弑者積微而起、所以相測量非一朝一夕之漸、戕者卒暴之名。」（弑と戕とは皆な殺なり。内外の名を別する所以は、弑とは微の積りて起り、相い測量するに一朝一夕の漸には非ざる所以なるに、戕は卒暴の名なり。）とする(24)。つまり弑と戕は君主殺害の主体が国の内と外の別だとした伝に対して、杜預はさらに国内は一朝一夕ではない蓄積により、国外は卒暴によると解釈した。破竹の勢いという成句を残して呉を滅ぼした晋の名将が言う「卒暴」には説得力があるが、それよりも杜預の言葉には三国時代に注釈書作成が流行した『易経』を下敷きにしていることに注目したい。すなわち孔子に仮託される「文言伝」の「積善之家。必有余慶。積不善之家。必有余殃。臣弑其君。子弑其父。非一朝一夕之故。」（善を積む家は必ず余慶あり。不善を積む家は必ず余殃《よおう》あり。臣にして其の君を弑し、子にして其の父を弑するは、一朝一夕の故に非らざるなり。）という文言である。[25] つまり、杜預の説は一朝一夕ではない不積善の君主はついに弑逆の対象となるという『易経』の政治論を踏まえているのである。

最後に『孟子』を見よう。『孟子』は、朱熹による四書集注が定着して地位が確立されるまでは『詩経』や『春秋』などと異なって、古代の「学令」でも大学寮で学ぶべき経典としては扱われていないが、[26] 趙岐《ちょうき》注釈本など『日本国見在書目録』でも確認され、[27]『日本書紀』にも引用されている。[28]「残賊」の説かれる箇所は、巻二の梁恵王《りょうけいおう》章句下である。

> 斉宣王問曰、湯放桀、武王伐紂、有諸、孟子対曰、於伝有之、曰、臣弑其君可乎、曰、賊仁者謂之賊、賊義者謂之残、残賊之人謂之一夫、聞誅一夫紂矣、未聞弑君也、
>
> （斉の宣王問ひて曰く、湯・桀《けつ》を放ち、武王・紂《ちゅう》を伐てること、諸《これ》有りや、孟子対《こた》へて曰く、伝に於てこれ有り、曰く、臣にして其の君を弑す、可ならんや、曰く、仁を賊《そこな》ふ者之を賊と謂い、義を賊ふ者之を残と謂ふ。残賊の人は、之を一夫と謂ふ。一夫紂を誅せるを聞けるも、未だ君を弑せるを聞かざるなり）。[29]

戦国時代において燕の占領も行った斉の君主の前で語られる残賊についての議論は、歴史解釈にとどまらず、政治論としての迫力を持つ。歴史としては、夏の桀王を殷の湯王が、殷の紂王を周の武王が放伐したという事象であり、これを臣による君の弑逆として、その理由が語られる。ここで孟子は仁をそこなう者が賊であり、義をそこなうものが残であるという、彼の倫理上の概念である仁義の反対物としての残賊を措定し、残賊は君主ではなく一夫に過ぎないから君主の弑逆に当たらないという合理化を行う。

『孟子』は古注と呼ばれる後漢の趙岐の注釈が尊重される。趙岐の解釈は、「言残賊仁義之道者、雖位在王公将、必降為匹夫。故謂之一夫也。但聞武王誅一夫紂耳、不聞弑君也。書云、独夫紂此之謂也。」（仁義の道を残賊する者は、位、王公将にあると雖も、必ず降ろして匹夫と為す。故に之を一夫と謂ふなり。但だ武王の一夫たる紂を誅するを聞くのみにして、君を弑するとは聞かざるなり。書に云はく、独夫紂とは、此の謂ひなり。）である。[30] つまり、仁義の道をそこなう残賊の者は、

王位などにあっても一夫に降格されるのだから、孟子が「未だ君を弑せるを聞かざるなり」というのは合理的だということになる。趙岐が引用する『書経』の言葉は、周の武王の作に仮託されて古くから偽書と疑われた「泰誓下」にあり[31]、趙岐には書経の一部として見ることのできたテキストである。「独夫受《じゅ》。洪惟作威。乃汝世讎。」（独夫の受〔紂王のこと〕は、洪《おほ》いに惟れ威を作す。乃ち汝らの世の讎《あだ》なり。）とあり、後漢の孔安国の注釈は、「言独夫失君道也。大作威殺無辜。乃是汝累世之讎明不可不誅。」（独夫の君道を失するを言ふなり。大いに威を作して無辜を殺す。乃ち是れ汝ら累世の讎なること明らかにして、誅せざるべからざるなり。）と言を極める[32]。

時代は下るが、宋の朱熹による新注も、次のように肯定する。

賊。害也。残。傷也。害仁者。凶暴淫虐。絶滅天理。故謂之賊。害義者。顚倒錯乱。傷敗彝倫。故謂之残。一夫。謂衆叛親離。不復以為君也。書曰。独夫紂。蓋四海帰之。則為天子。天下叛之。則為独夫。所以深警宣王。垂戒後世也。

（賊は害なり。残は傷なり。仁を害なふ者は、凶暴淫虐にして天理を絶滅す。故に之を賊と謂ふ。義を害なふ者は顚倒錯乱にして彝倫を傷敗す。故に之を残と謂ふ。一夫は衆の叛き親の離るるの謂ひなり。復た以て君と為さざるなり。書に曰く、独夫紂なりと。蓋《けだ》し四海の之に帰するは則ち天子と為し、天下の之に叛くは則ち独夫と為す。深く宣王に警する所以なり。戒を後世に垂るるものなり。）

さらに朱熹は王勉の解釈として「斯言也。惟在下者有湯武之仁。而在上者有桀紂之暴則可。不然。是未免於簒弑之罪也。」（斯言なり。惟だ下に在る者に湯武の仁有り、而も上に在る者に桀紂の暴あらば則ち可なり。然らざれば、是れ未だ簒弑の罪を免れざるなり。）と引用する[33]。天理などの朱熹らしい術語のほかは、書経の引用に至るまで趙岐の古注と大差がない。王勉の説は簒弑の罪が強調されているようだが、これも放伐の条件の明確化であり、朱熹がいうように孟子の言は斉の宣王への警句であり後世への垂範としての意味をもつ。

大づかみにいえば、儒教が周代を理想化する思想であるかぎりは武王の放伐を歴史論として肯定するのは当然であり、それが君子・士大夫の自戒となるように論理が構成されている。そして漢文を記述言語とした古代の日本は、同時に古典としてこうした論理をも移入することになる。したがって「残賊」とは、これら古典が共通に意味する放伐革命を踏まえなければ理解できないのである。すなわち「残賊強暴横悪」の神々とは、伐たれるべき問題を持った神々を意味することになる。ところが『日本書紀』本文でも一書でも、そうした地上の神々の問題は記述されていない。たしかに高天原での素戔嗚尊の粗暴は記述されるが、これは「大祓祝詞」で解釈されたように「天津罪」であって放伐対象の残賊とするには無理がある。[34] そうすると、「残賊」の言葉が用いられた理由は、この神勅の文脈から明らかなように、支配権を求める争いであるという政治的な理由と、自然の脅威という本文で言明された理由とにほかならない。

『詩経』に怨嗟の声で歌われ、『書経』で高らかに宣言され、『孟子』により論理的に解釈された「残賊」という言葉は、自然の脅威を体現する神々への放伐として天孫降臨の神話を構成するなかで、使用される必然性があったのである。

第四節　孟子問題をめぐって

井上順理《まさみち》の『本邦中世までにおける孟子受容史の研究』は、本章にとっての最も重要な先行研究と言える。井上は「放伐革命を是認する説や極端な民本思想等」とする孟子批判の事実を古代に遡る広汎な史料調査によって検討して、『孟子』が「君主や為政者に対する鑑戒の教として、極めて平明率直に受容されていて、いわれるような批判とか忌避の事実はもちろんまったく存在しなかったし、またそのような噂や伝説（例えば孟子舶載転覆説の如き）等も全然当方にはなかったのである」ということを明確にした。[35] 孟子舶載転覆説とは明末の謝肇淛《しゃちょうせい》の『五雑組《ござつそ》』にあるもので、[36]

近世には藤原貞幹《さだもと》らが孟子は古代から存在することから転覆説を批判していたことなどを紹介している。『孟子』の禁忌は江戸時代からであるとした井上の業績を基盤として、近世から近代にかけての『孟子』の受容と批判を論じたのが野口武彦の『王道と革命の間』であり、近世漢学者の孟子論について詳細に分析している。[37]

井上順理は、『日本書紀』の孟子引用については、作文に活用された唐の欧陽詢の『芸文類聚』などの類書からの孫引きの可能性に留意しつつ、先行研究の指摘を参考に、直接の引用や孟子的語句を慎重に吟味して允恭紀、斉明紀などの引用文を確認している。しかし、神代については、「神代紀にももちろん夥しい出典語が使用されてあるが、孟子的語句として取り上げるべき資料は先ずない。注釈上（意義注解上）の出典指摘としても、特に問題となるものはないようである。[38]」と引用はもちろん影響を持つ語句の存在さえ否定している。

井上の慎重な検討方法の例として、たとえば河村秀根《ひでね》らが『書紀集解』[39]で神代紀の傷ついた五瀬命《いつせのみこと》の「慨哉大丈夫哉」（慨《うれたきか》や、大丈夫《ますらを》にして）という言葉を、『孟子』滕文公章句下で孟子に景春が質問した「公孫衍張儀豈不誠大丈夫哉」（公孫衍と張儀は豈に誠の大丈夫ならずや）からだとする見解に対して、「孟子的用語」ではあっても「頻用」されているものは出典語とすることはできないという判断などは、賛同できる。

しかしながら、「残賊強暴横悪」の「残賊」については、単純に外すことはできない。たしかに『孟子』は唯一の出典ではなく『詩経』と『春秋公羊伝』も挙げるべきであるが、ともに桀王紂王や幽王という亡国の君主が指弾され、放伐の文脈で語られているのである。その後の用例としては、清の『佩文韻府《はいぶんいんぷ》』[40]と諸橋轍次『大漢和辞典』に挙げる例で見ると、[41]『荀子』致士篇の「残賊加累之譖、君子不用」[42]（残賊加累の譖《そし》りを、君子は用ゐず）や、『淮南子』兵略訓の「残賊天下、万人騒動、莫寧其所」[43]（天下を残賊すれば、万人騒動して、其の所に寧んずる所なし）の残賊は一般論として述べるが、『漢書』高帝紀上の「吾以義兵、従諸侯、誅残賊」[44]（吾義兵を以て、諸侯を従へて、残賊を誅せん）では残賊は劉邦にとっての項羽を指し、『漢書』路《ろ》温舒《おんじょ》伝の「獄吏専為深刻、残賊而亡極、媮為一切」[45]（獄吏専ら深刻を為して、残賊にして亡極なること、一切を踰《ぬす》み為す）は秦の苛政を例示しての獄吏への批判などが続いていく。時代が下れば秦以後の権力者や一般的なものを指すことになるが、放伐との組み合わせで語られる緊張感のある言葉なのである。なお、『日本書紀』に孫引きされた『芸文類聚』には、孟子は引用されるが「残賊」の箇所は見当たらない[46]。

漢籍の知識がある限り、「残賊」の二文字を古典で共通にイメージされる放伐革命を意識せずに使うことは不可能であろう。そして、「残賊強暴横悪」の文字は、天孫降臨に先立つ天稚彦の先遣にあたって発せられたのであり、それは放伐である。つづいて、古代からの『日本書紀』の注釈者、さらに『五雑組』の孟子舶載転覆説などを知って儒学批判や孟子批判を行う立場になる国学者たちの注釈をみていこう。

第五節　中世までの「残賊」の解釈

『日本書紀』の注釈書は膨大であり到底すべてのものを対象とすることは難しいが[47]、近年も和語と漢語をめぐる国学での受容史を中心にした渡邉卓の優れた研究[48]をはじめとして諸分野の研究が進んでいる。ここでは「残賊強暴横悪」の文言について言及のあるものに限定して検討を行う。そして吉田熊次が「漢文とも国文ともつかぬもの」と述べた視点、つまり、問題のテキストを漢文として意味に注目して注釈したのか、大和言葉として注釈したのかという論点を、明確にしていきたい。

平安期の日本書紀講義のための博士の手控えである日本書紀私記類では、黒板勝美が『日本書紀私記（乙本）』と名付けたものに重要な文言の抜き書きと訓読があり、「残賊強暴」に「知波衣布留」（ちはやぶる）、「横悪之神者」に「与古之万奈安之岐加三」（よこしまなるあしきかみ）と割注をつけたものが注目される[49]。この大和言葉の訓読にも、「横悪」を「よこしまなる」として漢字の意味を採ろうとしたことがうかがえる。

中世の解釈書では、一二七四（文永一一）年以後に卜部兼文が行った講義を子の兼方がまとめた『釈日本紀』において、「残賊強暴横悪之神」について「私記曰。問。此四字訓読。其義如何。答。」とある。(50) 参考にした先行する私記から引用して、「残賊強暴」の「四字」を訓読して、その意味は何かと書いて、「答。」と書いて止まっている。他の「私記曰」の箇所は「問」と「答」が続くので、疑問のある記述だが、「答。未詳。」とする項目もあるので、「ちはやぶる」の意味を未詳としたと解釈できる。同書の「秘訓」の箇所では、文字どおり秘密の読み方と、「不可不読」とする死などのタブーの用語を列記するが、そこには「残賊強暴」は出てこない。つまり、訓読が重視されて、漢文としての注釈には至っていないのである。

一三六七（貞治六）年の忌部正通による『神代巻口訣』では「残賊強暴横悪如字」(51) とあるのみだが、「字の如し」とは訓読よりも漢字そのものの意味をもって解釈するという注釈上の主張を意味する。

康正年間（一四五五―五七）成立とされる一条兼良《かねよし》（一四〇二―八一）の『日本書紀纂疏』は、儒佛各説が入り込んだ解釈書である。「残賊」についても「残賊強暴横悪之神、謂諸悪鬼神、奪一切三種精気者、又謂陰陽五行戻気、作災害者。」（残賊強暴横悪の神とは、諸悪鬼神の一切三種精気を奪ふ者を謂ひ、又た陰陽五行の気に戻り、災害を作す者を謂ふ。(52)）と陰陽道を前提に解釈をして、「諸悪鬼神」と悪しき神として意味を述べる。

卜部氏の流れでは唯一神道を唱えた吉田兼倶《かねとも》（一四三五―一五一一）の『日本書紀神代抄』では、「残賊強暴《チワヤフル》」について講説口調で説明が残されており、「残賊ハ、アシキ也、神ト、云ワントテ、チワヤフルト皆云ソ、万葉ニハ、千磐座ト、カイタソ、総《ソウ》ニハ、悪神ヲ、残賊強暴ト云ソ、又ハ協力武勇トモ、カイタソ、マタ神道人ノ衣ヲ、チワヤノ袖ト云ハ、清浄ノ衣也、ソレニ、ツイテ、チワヤフルト歌ニ、読ソ、襁襌《チワヤ》トモ、カイタソ(53)」とある。残賊は「アシキ」神の枕詞として、万葉集の用例や神職の衣を例で説明している。

この吉田兼倶《かねとも》の三男として生まれて、明経道を家学とする清原家を継いで経典の講義などを行った清原宣賢《のぶかた》（一四七五―一五五〇）は、小林千草が示すように多くの日本書紀の抄物を残している。(54) 一五〇九（永正七）年と翌年に一条兼良《かねよし》の『日本書紀纂疏』を写本した彼には、(55) 一五二六（大永六）年と翌年にできあがった『日本書紀抄』が自筆の稿本として伝わっている。ここで「残賊強暴横悪之神」については、次のように記す。

残賊強暴横悪之神。謂諸悪鬼神。奪一切三種精気者也。又謂陰陽五行戻気。作災害者。チハヤフルトハ。神ト云ハントテノ枕辞也。或ハ千《チ》磐破《ハヤフル》トカキ。或ハ千《チ》葉破《ハヤフル》トカキ。或ハ釈《チ》褌振《ハヤフル》トモカクハ。字ニ心ハナシ。語ヲ借リテカク也。只神ト云ハンタメ也。此書ニ残賊強暴ト云ハ悪神ノ心也。(56)

冒頭は『日本書紀纂疏』とほぼ同じ語句であり、引用に続いて先に見た父の兼倶の説明を増幅させたように、枕詞の説明で歌学的な知識や神官の衣服などの故実の知識が述べられている。一条兼良が「諸悪鬼神」だと述べた否定的ニュアンスに対して、枕詞であることを強調して「字ニ心ハナシ」と無内容化するようにも読める。このあとは吉田兼倶の注釈より詳しく神官の衣装などの例を挙げて、再び「此書ニテハ悪神ノ心也」との結論に至る。

これは一条兼良の影響と吉田家出身の背景を感じさせる説明であるが、清原宣賢は家学の明経道の講義に従事して孟子も講じ、古注新注を踏まえて近世の家学の基礎としたことは井上順理が漢籍の抄物などの記録から明らかにしたところである。(57)

さて清原宣賢が『日本書紀抄』を成立させた直後にあたる一五二八（大永八）年に講義を聴いた者の記録として『日本書紀抄』（建仁寺両足院所蔵『神代上下抄』）の写本が伝わっている。

残賊―仁義ヲヤフル者ヲ、残賊ト云タソ　人ノコハクアシイヲ、強暴ト云タソ　アラケナイ方ソ　歌道ニハ、神ト云ウ為チヤヨ　枕詞ソ　千磐破トモカキ、千葉破トモカキ候　或襷褌振《キヨヒツシン》ト書テモ同ヨミソ　字ニ心ハナイ、詞ヲ借マテソ(58)

清原宣賢が前掲の稿本『日本書紀抄』を手元に置いて講義をして、聴講者がこの『神代上下抄』の原本を速記したのであろう。この引用のあとに挙げられた説や実例はほぼ前掲の自筆稿本と同じであるが、明確に異なるのが冒頭の

「仁義ヲヤフル者ヲ、残賊ト云タソ」と「人ノコハクアシイヲ、強暴ト云タソ」という説明である。「仁義ヲヤフル者」という「残賊」の定義が、『孟子』本文の「賊仁者謂之賊、賊義者謂之残」をもとにして、趙岐《ちょうき》の「言残賊仁義之道者」という表現を前提にしていることは明白である。『孟子』を経典に含まなかった古代大学寮の明経道ではなく、宋学の新注をも前提とした明経道の家学を背負う彼にとっては、『孟子』の本文は他のテキストを述べるときに、たとえ手控えの講義ノートになくても口をついて出なければならない教養だったと言える。

念のために言うが、この現象を残賊の出典を孟子とみることが口伝や秘伝であると読み取ることは、通常の講義筆記で語句説明として述べられた一言なのだから、成立しない。井上順理が清原宣賢の孟子講義に即して明らかにしたように「単に死葬に関する字句のみが禁忌せられたのであって（そしてその点においては別に孟子だけに限られたことではない）、思想や内容等に関する禁忌は全然なかった(59)」のであり、ここでも孟子の放伐革命の箇所から神勅が説明されているのである。

第六節　近世における「残賊」の解釈

一五九九（慶長四）年に、清原宣賢の曾孫である国賢《くにかた》（一五四四―一六一四）が天壌無窮の神勅と重なる「保瑞穂之地千五百秋」という言葉を載せた跋をつけて『日本書紀』勅版が刊行され、その後も近世には多くの『日本書紀』の刊本と注釈書が続くことになる。

荷田春満（一六六九―一七三六）は、日本書紀注釈書を写本の形で残した。『日本書紀神代巻劄記』では次のように記している。

有残賊強暴横悪之神者　「イハヤフル」と云ふは、「チハヤフル」と云ふ義也。古今此訓義誤ある也。先「チハヤフル」と清音にて「フル」と訓ぬが本義也。濁音に「ブル」と訓むが善き也。荒けすさみ弓強《(マヽ)》の岩屋をも破るほどの悪き神と云ふ義也。すでに文字に残賊強暴と云う文字を被用たる也。奇怪不思議をなす如き荒び荒けたる神と云ふ義也。上代の歌にも「チハヤブル神」と続けたるには、大方悪しき神のことを続けてある也。〔在原〕業平の歌にちはやぶる神代もきかず龍田河と云ふ歌も、神代の不測奇妙の代にも不聞と云ひて、是等は本義に叶ひたること也。(60)

ここでは枕詞としての「ちはやぶる」の「ぶ」が濁音であることを主張して、さらに枕詞の意味として「荒けすさみ弓強の岩屋をも破るほどの」を解釈して、さらに「残賊強暴と云う文字」と重ね合わせている。荷田春満はこの漢語の出典や定義は述べていないが、漢文と大和言葉を重ねて解釈していることは明確である。

また、『神代聞書』では次のような解釈を聴講者が記録する。

残賦《(ママ)》 ― トハ、神ト云ハンタメノ冠辞也。チハヤフルハ、イワヤフルト云コトニテ、コレ悪キコトヲ云ンカタメニ、イワヤヲヤフルホトノアシキ神ノコトニテ、故ニ、サンソクキヤウホヲノ四字ヲ以テカ、セ玉フナリ。(61)

この引用のあとは冠辞（枕詞）として「チハヤフル」と濁音の「チハヤブル」の使い分けを論じるが、重要なことは、無意味な枕詞ではなく、「悪キコト」をいうために「サンソクキヤウホヲノ四字」を用いたという解釈である。

また『師伝神代巻聞書　下』では次のように荷田春満の聴講記録がなされた。

有残賊《チハヤフル》 ― 此ハ元、キハヤフルトモ読ム。イトチト通音也故ニ同シコト也。千早振ト読テ、イハヤブルト心得ルコト也。イハヤブルト云義ハ石破ト云コトニテ、悪キ神ト云ハントテ、イハヤフルト云発語《ハツコ》ナリ。此ノ親王、残賊強暮《(ママ)》ノ文字ヲ記シ玉フハ、文字ノ上ニテモ悪キコト見ユルコト也。残賊ハ、害シソコナフ義、強暮《(ママ)》ハ、荒ク強キコト也。故ニ、アラク強クスサミタル邪神ノ枕詞ト見ルコト也。(62)

「親王、残賊強暴ノ文字ヲ記シ玉フ」という文言は、天照大神は「ちやはふる」といい、編纂者の舎人親王が「残賊強暴」という文字を当てはめたという成立に関する解釈を述べたことになる。つまり「残賊強暴」が、意味を勘案した当て字であるということであり、「残賊強暴」という文字自体への関心が「文字ノ上ニテモ悪キコト見ユルコト也」という以上には深化しない。「残賊ハ、害シソコナフ義」は、清原宣賢の「仁義ヲヤフル者ヲ、残賊ト云タソ」という解釈に一見類似しているが、『孟子』に遡ることなく語句説明に止まった点で異なるものである。さきに見た聞書と大きな差はなく、枕詞に込められた善悪の議論が強調されているが、岩をも砕く神がそのまま邪悪な神とされる論理である。なお、春満が『日本書紀』の用語を辞書形式で解説した『日本書紀神代巻訓釈伝類語』では、関係語句について「強暴　アシカル」や、「残賊強暴チハヤフル　フ濁音　伝云チハヤフルハチハハイハ（岩）也。チトイト音通也。ヤフルハ破也。」という解釈を記している。(63)

賀茂真淵（一六九七―一七六九）は、日本書紀の悉皆的注釈書は残してないが、一七五七（宝暦七）年初版後も版を重ねた『冠辞考』では「ちはやぶる」の解説を行うなかで、『万葉集』の和歌の例を引きつつ、前にみた『古事記』の「道速振荒振国神等」と『日本書紀』一書の「残賊強暴横悪之神」の箇所を明示して、「この同し事を古事記には借字にて道速云々とかき、紀には理《コトワリ》をもて残賊云々と書たり、この二つを相むかへて、ちはやぶるあらぶるかみとよみ来れる也」という。真淵は、「横悪」の訓を「アラブル」としているので、枕詞の「ちはやぶる」と次の「あらぶる」も『古事記』の天菩比神への神勅も、『日本書紀』一書の天稚彦への残賊の神勅も、同じ表現であるとの解釈であり、その違いは『古事記』の「借字」に対して『日本書紀』一書の「理」という点、つまりは訓読が容易な「道速振荒振」という漢字を借りて当てはめたのではなく、意味上の「理」が当てはまるものとして「残賊強暴横悪」という漢字を使用したという説である。しかし焦点となる「残賊強暴横悪」の「理」はここには説明がない。しかし、さらに『万葉集』巻二の柿本人麻呂の高市皇子追悼の長歌を例示した箇所で、(64)再び次のように残賊の神勅を引用する。

こは神代に残賊強暴横悪神《チハヤブルアラブルカミ》を和《ナゴ》し平《ムケ》給へるに同しく、官軍《ミイクサ》にそむく人をいへれば、すなはちいちはやぶる人とつゞけたる也、神武の御時に、まつろはぬものを八十建《ヤソタケル》といひし類ひ也、凡神代にては神といひ、人代にては人といふのみ、其神代には神に此語を冠らせたるに泥みて、人とも宇治ともつゞけたるを疑ふ様に成たれど、何にてもたけくたゝしきもには冠らする也、(65)

枕詞研究史上、画期をなしたこの著作において、真淵は「残賊強暴横悪」が意味上の「理」を表現したと解釈しているのだが、その「理」は、「残賊強暴横悪神を和し平給へるに同しく、官軍にそむく人をいへれば」、さらに「まつろはぬもの」という表現に尽くされている。政治的に対立する神や人であるから「残賊強暴横悪」なのである。ここで人麻呂が謳ったのは高市皇子の壬申の乱での軍功であるから、まさに内乱なのであり、大海人皇子にとって大友皇子が「残賊」だったのである。真淵は「残賊」という言葉が政治的な放伐で使うべき言葉であることは説明しないが、単なる強さや悪さではなく、「官軍にそむく」、「まつろはぬ」という政治的意義を確認した点で、特筆すべき解釈である。

谷川士清《ことすが》（一七〇九―七六）は『和訓栞』で知られる該博な国学者だが、一七五一（宝暦元）年成立の『日本書紀通証』では、一条兼良の『日本書紀纂疏』などの注釈書をさらに注疏する漢文体で叙述される。山崎闇斎門下で秦山《じんざん》と号した谷重遠《しげとお》（一六六三―一七一八）の『神代巻塩土伝』から、「重遠曰、残賊強暴此云千磐石謂逆威之盛也。」（重遠曰く、残賊強暴とは此に千磐破と云ひ、逆威の盛んなるを謂ふ。）と引き、さらに、「今按」として士清の解釈を述べていくが、ちはやぶるの例として、『万葉集』、『旧事記』、『倭姫世紀』、「鎮火祭祝詞」、「欽明紀」などと列記しながら「ちはやぶる」と濁音になることを説明した。さらに次のように述べる。

又残賊強暴之神代猶言草木言語之世也。或転為明衣振之義、祝言歌詠之取清浄之意也。孟子曰、賊仁者謂之賊賊義者謂之残残賊之人謂之一夫。類書纂要曰、強暴、強剛強也、暴卒遽無漸也。(66)

（又た残賊強暴の神代は猶ほ草木も言語するの世と言ふなり。或は転じて明衣振《チハヤ》の義と為し、祝言の歌に之を詠み清浄の意に取るなり。孟子曰く、仁を賊なふ者は之を賊と謂ひ、義を賊する者は之を残と謂ふ。残賊の人は之を一夫と謂ふ。類書纂要に曰く、強暴とは強は剛強なり。暴は卒遽にして漸なきなり。）

明記はしていないが「明衣振」という神官衣装の話題は清原宣賢らの説の影響をみることができる。そして宣賢よりもはっきりと『孟子』の「残賊」の定義を直接に引用している。漢文体のこの注釈書では、「ちはやぶる」は訓読をめぐる議論であり、テキスト解釈としてはこの孟子の引用に明確な位置が与えられているのである。なお引用された『類書纂要』は日本でも翻刻された明代の語彙集である。[67]

名古屋の国学者、河村秀根（一七二三―九二）と子の益根《ますね》（一七五六―一八一九）による『書紀集解』については稿本類なども含めて阿部秋生の詳細な解説があり、[68]没後の幕末から明治期まで版行されたテキストを見ることができる。この浩瀚な注釈書は、文意を示すことよりも漢籍の出典を明示する意図に貫かれている。ここでは「有残賊強暴横悪之神者」とテキストを記して「残賊強暴」に右訓は「イハヤフル」、左訓は「チハヤフル」とし、「横悪之神者」に右訓は「アシキカミトモ」、左訓は「ヨコシマナアシキカミ」として、割注で注釈として出典を記す。「毛詩小雅四月曰、廃為残賊莫知其尤○荀子致仕篇曰残賊加累之譖君子不用。楊倞曰残賊謂残害人也」[69]（毛詩の小雅の四月に曰く、廃して残賊と為す。其の尤《とが》を知る莫《な》しと。荀子の致仕篇に曰く、残賊加累の譖《そし》りを君子は用ゐず。楊倞《けい》曰く、残賊は残害の人を謂ふなり。）とある。つまり残賊の用例としてすでに本論文でみた『毛詩』の「小雅」の「谷風之什」の「四月」と、『荀子』の致仕篇と、唐の楊倞《ようけい》の注釈を引用している。つまり、毛詩と荀子の間にある孟子を飛ばして出典として、楊倞までくだって説明を行うので、かなり不自然である。阿部秋生が紹介したように、秀根は徳川宗春《むねはる》の謹慎を小姓として経験し、一七七七（安永六）年に幕府への謀反の讒訴による投獄と無罪放免を親子で経験した、いわば放伐事件の当事者であるので、漢学者が議論していた孟子の放伐論の典拠を意識的に無視してもおかしくないが、それも推測に過ぎず、単に多くある出典のうちの二つを挙げたという意識かもしれない。

平田篤胤（一七七六―一八四三）は、記紀などから取捨選択して一八一一（文化八）年に執筆し、一八一八（文政元）年に刊行した『古史成文』で、天稚彦の神話を取り上げるが、残賊の神勅は収録されない。[70]『古史成文』の自注である『古史伝』では、「道《チ》速振《ハヤブル》荒振《アラブル》国神《クニツカミ》」という本文を解釈する箇所で、『冠辞考』を引用して枕詞を説明しながら、

「古事記に、道速振荒振国神とある同じ事を、神代紀に、残賊強暴横悪之神《チハヤブルアラブルカミ》と書たるを、相対へて知るべし。古事記に道速振と書ケるは借字、神代紀に、残賊強暴とかけるは、義を以て書キたり。[71]」とある。ここでは残賊の神勅が引用して、「残賊強暴」が「ちはやぶる」の「義」つまり意味を表現していると解釈しているが、それ以上は述べられていない。

橘守部（一七八一―一八四九）の『稜威道《いつのち》別《わき》』では、次のとおりである。

> 残賊強暴横悪之神者　残賊ハ孟子。強暴ハ類書纂要ニ云。強剛也。強也。暴ハ卒遽无漸也。と有り。此文字どもは、彼ノ蛍火光神、如五月蠅邪神等に当たるにて、知波夜夫流《チハヤブル》と云語の意には非ざる事、言別に弁へおけり。世にちはやぶると云枕辞の意と、此《コヽ》のやうにちはやぶる暴ぶる神と云文とを、一に心得て云る説あれば、ことわりおくなり。[72]

きわめて明瞭に、大和言葉の枕詞の訓ではなく、漢字の意味を採用することを明示し、谷川士清と同様に、その出典たる『孟子』を明確にした注釈である。文中に「言別に弁へおけり」とは『稜威言別』で、『古事記』の大山守命の和歌の解釈を指し、「本ト悪神に係し枕詞なるが、後に転じて、善神にも申すなるは畏しきわざなり[73]」として、テキスト自体を「ちはやぶる」を「ちはやびと」に改めた箇所を指す。ちなみにこの和歌も応神天皇死去後の内乱で、大山守命が謀殺されるという場面で歌われている。

平田篤胤の養子の鉄胤から破門され幕末に暗殺された鈴木重胤（一八一二―六三）は、未完の『日本書紀伝』において、日本書紀一書の一連のストーリーに矛盾があると「錯乱」を指摘したうえで、「残賊強暴横悪之神」の解釈に多くの紙幅を割いている。「ちはやぶる」の用例を大量に列記したうえでの善悪の意義の解釈の結論は、「故思ふに此に謂ゆる残賊強暴横悪之神の如きは邪神と雖も甚々一速びて可畏き者なりければ、其凶悪の義をとらずして、凡そ神の御稜威をば可畏み奉る義に取りて発語と為るなれば、強に非事とは云ふべからざる者なンめり[74]」とする。つまり、善悪を問わず神一般の枕詞だとする。

さらに「偖此字は、通証に孟子曰、賊仁者謂之賊、賊義者謂之残、残賊之人謂之一夫、類書纂要曰、強暴強剛強也、暴卒遽無漸也とあるが如し、但其字は然る事なれども、語の本は稜威速振にて善にも悪にも健く叏利き事に云へるを、終に邪神の称の如くには成れる者なンめり」[75]と述べている。ここで重胤は、谷川士清の『日本書紀通証』を引いて、出典としての『孟子』を明示した。つまり、「善にも悪にも健《たけ》く叏利《さと》き事」とした枕詞としての「ちはやぶる」に対して、漢字としての残賊は邪悪な意味を持つということを付け加えている。

このように重胤は自説としての「ちはやぶる」の意味を強調しつつ、先行する注釈を踏まえて、残賊の出典としての『孟子』をも適正に指摘する。廃帝の故事の調査が彼の暗殺の理由であったかという話題をここで論じる必要はないだろう。

第七節　鈴木雅之と孟子

『孟子』をめぐる近世の論争は、中世までの井上順理の説と対照させつつ、野口武彦が漢学者に即して詳細に論じてきたので再論しないが、その湯武の放伐革命が論じるに価するものとして漢学者に多様に解釈されていた。

ここに明治初年の大学校・大学をめぐる国漢学の対立という教育史上の問題が展開される。すでに、大久保利謙[76]の研究ののち、阪本是丸[77]や、熊澤恵理子[78]らの貴重な研究が蓄積されている。政治と学問、カリキュラムをめぐる対立点はこれらの研究により描き出されているが、焦点の一つとしての孟子については、国学者の側や御用掛の丸山作楽らの主張として論述される以上には、必ずしも明確ではない。

明治初年の大学校・大学の国学の教官であった小中村清矩（一八二一―九五）や鈴木雅之（一八三七―七一）が漢籍を教授していたことは、彼らの残した試験成績記録と和歌からすでに明らかである[79]。もちろん、そこでは、清矩が漢籍に『孟子』を含めなかったことも確認できる。ここで鈴木雅之は『弁孟』を提出して、それが奏功したという。しかし、『弁孟』の内容は[80]、大学寮テキストに採用されていないことや『五雑組』に依拠しつつ、個々の論点は近世の漢学者の孟子批判に重なっている。

『孟子』批判を国漢学の対立の中で明確にしなければならない雅之であるが、彼が問題の残賊の神勅にどのような立場で臨んだかは必ずしも明らかでない。彼は写本の形で『日本書紀』の語彙集作成のための抜き書きをのこしているが[81]、ここでは「残賊強暴横悪之神」を「チハヤブル」「アシキ」「カミ」との訓読をするだけに止まっている。

おわりに

天壌無窮の神勅が教育勅語の根幹をなすものとして論じられてきたが、それが登場する『日本書紀』一書において最初に出る残賊の神勅が検討の対象となっていないこと、そして近世から近代にかけて忌避されてきた『孟子』の放伐革命論がその残賊の神勅の中心になっていることが、この論文の解明するべき課題であった。

吉田熊次のいう「漢文とも国文ともつかぬもの」の典型というべき、「残賊強暴横悪之神」と「ちはやぶるあしきかみ」の併存がテキストとその注釈史を複雑にしている。しかし、『孟子』の湯武による桀紂の放伐の箇所を残賊の神勅の出典としたものとして、清原宣賢、谷川士清、橘守部、鈴木重胤が挙げられる。そこでは『孟子』を挙げなかった河村秀根・益根の注釈の不自然さが目立つほどである。また出典としての孟子を明示しない場合も、「残賊強暴横悪」の悪しき神の意味を強調した荷田春満、壬申の乱などを例示して政治的意味を明示した賀茂真淵など、自然の脅威と政治的な争いを述べた文脈に即して意義が理解されていた。つまり残賊の神勅は、大和言葉の枕詞たる「ちはやぶる」という無内容性によって理解されたのではなく、放伐革命を述べた『孟子』の延長上で理解されていたのである。

このように考えると、井上順理の孟子受容史研究が中世まで明らかにした孟子忌避の不在は、残賊の神勅と孟子の放伐革命論との関係においては、幕末の国学までは肯定できることになる。もちろん、近世からの孟子批判は、明治初年の大学校・大学の国漢学の争いにおいて終盤を迎えるのであるが、それはまた残賊の神勅の忘却にもつながっていくものとなったと言えよう。

井上順理は『日本書紀』神代巻に『孟子』の引用はないとしたが、すくなくとも清原宣賢以来の注釈者たちは『孟子』の放伐革命の箇所をもって出典とする解釈を重ねてきた。そして「残賊」を『詩経』などの引用とする解釈をとったとしても、放伐論の意味からは離れることができない。

『日本書紀』一書の天壌無窮の神勅は、教育勅語において解釈されたように神武天皇以降の地上支配の永続性を宣言するものであるが、問題はその永続性の起点においては、自然の脅威を体現した地上のちはやぶる神々への政治的な放伐を呼号することが必要だったのであり、それが残賊の神勅なのである。

近代以降の記紀神話の解釈史、とりわけ教育勅語解釈において、残賊の神勅への言及や解釈の有無が改めて解明されなければならないことを述べて本論文を終える。

〔後註〕本章の初出は、戦時下に構想されて戦後直後に刊行された『日本教育史学会紀要』がながらく休刊となり、その再刊にあたって日本教育史学会理事メンバーがそれぞれ準備した論文である。『日本書紀』が基本を漢文として記述して中国古典を引用していることは常識であり、教育勅語に引用された「天壌無窮の神勅」の性格も多く論じられている。しかしこの「残賊の神勅」は、近代以後の言及と研究が少なく、教育史上も位置づけがなされていなかった。本論文をめぐっては、明確に批判や引用した論文等は発表されていない。本論文の構想については、久木幸男から論文をまとめるようにとのアドバイスがあったが、一方で、教育史研究者から「神勅研究が教育史研究と言いうるのか」と率直な疑問をいただいたが、むしろ古典と解釈史の解明に教育史研究が寄与すべきだと考えて発表したことを記しておく。

(1) 津田左右吉『上代日本の社会及び思想』岩波書店、一九三三年、六四頁。
(2) 石川謙「日本教育史学会紀要発刊の辞」日本教育史学会編『日本教育史学会紀要』第一巻、大日本雄弁会講談社、一九四五年二月(表紙は「昭和十九年」と記載)。
(3) 吉田熊次「和読の起源及び普及」前掲『日本教育史学会紀要』第一巻。
(4) 本書第12章参照。
(5) 亘理章三郎『教育勅語釈義全書』中文館書店、一九三四年。
(6) 文部省『聖訓ノ述義ニ関スル協議会報告』一九四〇年二月、六四頁、七九—八〇頁。同書は佐藤秀夫編『続・現代史資料九 教育 御真影と教育勅語二』みすず書房、一九九五年、三八五頁、三九一—三九二頁。
(7) 近年では「漢文脈」と呼称する研究(齋藤希史『漢文脈と近代日本』日本放送出版協会、二〇〇七年、ほか)も注目されるが、ここでは「漢文訓読」等の従来からの表現を用いる。

(8) 亘理章三郎『天壌無窮の神勅』理想社、一九四〇年、五四頁。

(9) 亘理章三郎前掲『天壌無窮の神勅』、二〇頁。

(10) 坂本太郎・家永三郎・井上光貞・大野晋『日本書紀　上　日本古典文学大系六七』岩波書店、一九六七年、一四六―一四七頁。

(11) 津田左右吉前掲書及び家永三郎『津田左右吉の思想史的研究』岩波書店、一九七二年。家永三郎「所謂天壌無窮の神勅文の成立について」人文科学委員会『人文』第二巻第一号、一九四八年二月。福井康順「天孫降臨の神勅について」日本宗教学会『宗教研究』第一三三号、一九五二年一二月。

(12) 三品彰英『建国神話の諸問題　三品彰英論文集』第二巻、平凡社、一九七一年。

(13) 三宅和朗「神代紀の基礎的考察」三田史学会『史学』第四八巻第二号、一九七七年六月。三宅和夫「神代紀「一書」をめぐる諸問題」三田史学会『史学』第四八巻第三号、一九七七年一〇月。

(14) 坂本太郎他校注前掲書、一四二―一四三頁。

(15) 久木幸男『日本の宗教』サイマル出版会、一九八六年、二三―二五頁。

(16) 高橋陽一「「大祓祝詞」にみる道徳」『新版道徳教育講義』武蔵野美術大学出版局、二〇一二年、五七―七六頁。

(17) 杉浦克己『六種対照　日本書紀神代巻和訓研究索引』武蔵野書院、一九九五年、一一頁、二九八頁。

(18) 『新訂増補国史大系第一部一　日本書紀前編』吉川弘文館、一九六一年、六六頁。

(19) 坂本太郎他校注前掲書一四三頁の注で「チハヤブルは、風（チ）速ブルの意と千磐（チイハ）破ル意と両方の意味を表わしうる語」との解釈を示している。

(20) 諸橋轍次『大漢和辞典第六巻』大修館書店、一九八五年修訂版、四一六三頁。

(21) 青木和夫・石母田正・小林芳規・佐伯有清校注『古事記　日本思想体系一』岩波書店、一九八二年、八〇―八三頁。なお本文訓読の甲類乙類の区別は無視した。

(22) 「毛詩正義」阮元校刻『十三経注疏　附校勘記　上冊』中華書局、一九八〇年、四六二頁。目加田誠訳『中国古典文学大

系第一五巻　詩経・楚辞』平凡社、一九六九年、一七五頁。
(23)「春秋公羊伝注疏」阮元校刻前掲『十三経注疏　下冊』、二二八八頁。
(24)「春秋左氏伝正義」阮元校刻前掲『十三経注疏　下冊』、一八九〇頁。
(25)「周易正義」阮元校刻前掲『十三経注疏　上冊』、一九頁。
(26)井上光貞ほか校注『律令　日本思想体系』岩波書店、一九七六年（新装版一九九四年）、二六三頁。
(27)矢島玄亮『日本国見在書目録——集証と研究』汲古書院、一九八四年、一一六—一一七頁。
(28)井上順理『本邦中世までにおける孟子受容史の研究』風間書房、一九七二年、六二—七〇頁、一四八—一五五頁。
(29)小林勝人訳注『孟子　上』岩波書店、一九六八年、八八—八九頁。訓読を一部改めた。
(30)趙岐注・孫奭疏「孟子注疏」阮元校刻前掲『十三経注疏　下冊』二六七九—二六八〇頁。
(31)吉川幸次郎『尚書正義　第一冊』岩波書店、一九四〇年、一八—二〇頁。同『第三冊』一九四一年、四六—四七頁。小野沢精一『書経　下　新釈漢文大系第二六巻』明治書院、一九八五年、四五七—四五九頁、四六八—四七〇頁。
(32)孔安国伝・孔穎達正義「尚書正義」阮元校刻前掲『十三経注疏　上冊』一八二頁。
(33)朱熹「孟子章句集註」『四書五経』上冊、古籍書店、一九八〇年、孟子集註巻二・一四頁。
(34)高橋陽一前掲「「大祓祝詞」にみる道徳」。
(35)井上順理前掲『本邦中世までにおける孟子受容史の研究』、三—五頁、六〇六—六一〇頁。
(36)謝肇淛『五雑組　附索隠一』（一六〇八年の影印）新興書局、一九七一年、三六五頁。謝肇淛著・岩城秀夫訳注『五雑組二　東洋文庫六一〇』平凡社、一九九七年、二七四頁。なお、近世では書名が『五雑俎』と改題され孟子舶載転覆説の箇所が削除されて翻刻されたものが多いが、長澤規矩也が翻刻した『和刻本漢籍随筆集第一集』（古典研究会、一九七二年、九二頁）所載の一六六一年版のように原典どおりの復刻もある。
(37)野口武彦『王道と革命の間——日本思想と孟子問題』筑摩書房、一九八六年。
(38)井上順理前掲『本邦中世までにおける孟子受容史の研究』、一四八頁。

(39)　小島憲之補注・河村秀根・益根編『書紀集解二』臨川書店、一九六九年、二六八頁。
(40)　張玉書等編『佩文韻府三』上海書店、一九八三年、四〇九八頁。『詩経』小雅四月、『春秋公羊伝』宣公十八年七月、『漢書』高帝紀上、『漢書』食貨志、「董仲舒策」を挙げる。
(41)　諸橋轍次前掲『大漢和辞典第六巻』、六四六六頁。『詩経』小雅四月、『春秋公羊伝』宣公十八年七月、『孟子』梁恵王章句下、『荀子』致士篇、『淮南子』兵略訓、『史記』陳余伝、『漢書』高帝紀上、『漢書』路温舒伝を挙げる。
(42)　藤井専英『荀子　上　新釈漢文大系第五巻』明治書院、一九六六年、三九〇―三九一頁。
(43)　楠山春樹『淮南子　下　新釈漢文体系第六二巻』明治書院、一九八八年、八一七頁。他に兵略訓「而反為残賊、是為虎伝翼」八二〇頁と泰族訓「雖残賊天下、弗能禁也」一二〇四頁。
(44)　班固撰・顔推古注『漢書　第一冊』中華書局、一九六二年、四四頁。
(45)　班固撰・顔推古注『漢書　第八冊』中華書局、一九六二年、二三七〇頁。
(46)　汪紹楹校・欧陽詢『芸文類聚　附索引』上海古籍出版社、一九六五年。
(47)　杉浦克己前掲『六種対照　日本書紀神代巻和訓研究索引』は「研究篇」として『日本書紀』諸本と主要な注釈書を解説する。他に、渡辺正人「日本思想史における『日本書紀』――『日本書紀』注釈史をめぐって」『聖学院大学総合研究所紀要』第一七号、二〇〇〇年三月。
(48)　渡邉卓『『日本書紀』受容史研究　国学における方法』笠間書店、二〇一二年。
(49)　黒板勝美編輯『新訂増補国史大系　第八巻　日本書紀私記　釈日本紀　日本逸史』吉川弘文館、一九三二年（一九九九年新装版）、九五頁。
(50)　黒板勝美編輯前掲書、一一七頁。
(51)　清原国賢編『日本書紀神代巻合解』全一二冊、一六六四年のうち『日本書紀巻第九』一丁ウ―二丁ウ。河野省三編『日本精神文献叢書第三巻』大東出版社、一九三九年、一七五頁。なお『神代巻口訣』のテキストをめぐっては、谷省吾「山崎闇斎によつて校刊された『神代巻口訣』」『神道史研究』第二四巻第三号、一九七六年五月を参照。

(52)『天理図書館善本叢書和書之部第二七巻　日本書紀纂疏　日本書紀抄』八木書店、一九七七年、一二二頁。
(53)吉田兼倶『日本書紀神代抄　国民精神文献二〇』国民精神文化研究所、一九三八年、一〇六頁。前掲清原国賢編『日本書紀巻第九』一丁ウ—二丁ウの吉田兼倶引用もほぼ同文。
(54)小林千草『清原宣賢講「日本書紀抄」本文と研究』勉誠堂出版、二〇〇三年。
(55)前掲『天理図書館善本叢書和書之部第二七巻』はその天理図書館書所蔵の影印である。
(56)前掲『天理図書館善本叢書和書之部第二七巻』、三七八頁。前掲清原国賢編『日本書紀巻第九』一丁ウ—二丁ウの環翠(清原宣賢)の引用と一丁オの頭注もほぼ同文。
(57)井上順理「清家の孟子学について」前掲『本邦中世までにおける孟子受容史の研究』、五一七—五四一頁。
(58)小林千草前掲『清原宣賢講「日本書紀抄」本文と研究』、一六五—一六六頁。
(59)井上順理前掲『本邦中世までにおける孟子受容史の研究』、六〇九頁。
(60)官幣大社稲荷神社『荷田全集第六巻』吉川弘文館、一九三一年、八八頁。
(61)新編荷田春満全集編集委員会『新編荷田春満全集第二巻　日本書紀・祝詞』おうふう、二〇〇四年、一二一頁。
(62)前掲『新編荷田春満全集第二巻』、一七二頁。
(63)新編荷田春満全集編集委員会『新編荷田春満全集第三巻　日本書紀・風土記』おうふう、二〇〇五年、一六一頁、二七五頁。
(64)「高市皇子尊の城上の殯宮の時に、柿本人麻呂の作りし歌一首」『万葉集一　新日本古典文学大系一』岩波書店、一九九九年、一四四—一四八頁。
(65)久松潜一監修『賀茂真淵全集第八巻』続群書類従完成会、一九七八年、一六四—一六七頁。
(66)谷川士清『国民精神文化文献一五　日本書紀通証第二巻』国民精神文化研究所、一九三九年、三九頁。
(67)長澤規矩也編『和刻本類書集成第五輯』汲古書院、一九七六年に明・璩崑玉編『古今類書纂要』の一六六九年の翻刻が影印されている。

(68) 阿部秋生「書紀集解開題」小島憲之補注『書紀集解一』臨川書店、一九六九年。
(69) 前掲『書紀集解二』、一七六頁。
(70) 上田万年・山本信哉・平田盛胤編『平田篤胤全集第一巻』内外書籍、一九三二年。
(71) 前掲『平田篤胤全集第三巻』内外書籍、一九三三年、四八頁。
(72) 橘純一編輯『橘守部全集第一巻』国書刊行会、一九二一年、二六九頁。
(73) 橘純一編輯『橘守部全集第三巻』国書刊行会、一九二一年、二〇九頁。
(74) 鈴木重胤著・門人秋野庸彦校訂『日本書紀伝七』皇典講究所國學院大學発行図書販売所、一九一一年、五六五―五六六頁。
(75) 鈴木重胤前掲『日本書紀伝七』、五六六―五六七頁。
(76) 大久保利謙『明治維新と教育　大久保利謙歴史著作集第四巻』吉川弘文館、一九八七年。
(77) 阪本是丸『明治維新と国学者』大明堂、一九九三年、『国家神道形成過程の研究』岩波書店、一九九四年。
(78) 熊澤恵里子『幕末維新期における教育の近代化に関する研究　近代学校教育の生成過程』風間書房、二〇〇七年。
(79) 高橋陽一「大学校・大学における国学系教官の動向 ―― 小中村清矩と鈴木雅之の史料から」『東京大学史紀要』第一〇号、一九九二年三月。
(80) 鈴木雅之『弁孟上巻』(成田山仏教図書館所蔵写本『鈴木雅之全集』には一八六四年と一八六六年の二つの写本が含まれる)。
(81) 鈴木雅之『名物正訓稿本巻之一』(成田山仏教図書館所蔵写本『鈴木雅之全集』)、二〇丁オ。

第3章　国学における事実問題

〔初出〕「国学における『事実』問題の展開と教化」寺﨑昌男・編集委員会編『近代日本における知の配分と国民統合』第一法規出版、一九九三年、三三―五一頁。

〔要約〕第3章は、近世国学における「事実」の概念と、近代国学に至る教化への志向を論じたものである。

古典研究として名高い本居宣長の『古事記伝』に、服部中庸の『三大考』が集録されたことに端を発する三大考論争は有名だが、古典のテキストに対して科学や常識を適応して解釈するためのキーワードとしての平田篤胤のいう「事実」に注目する。この問題は西洋近代の科学と常識が公式に学校教育の内容となる明治維新後に、国学者にとって、国産みの神話などとの整合性を論じるべき難問として現れる。こうしたなかで、政府内の考証事務や東京大学の古典講習を引き受ける小中村清矩のようにテキストと歴史の研究として教育を位置づける実例と、説教家としての教化と自派の学説の教化を区分する堀秀成の実例がみられ、国民の常識に働きかける共通教化に関する国学者の対応を示している。

はじめに

近世の国学が、単純に「国家神道」や「天皇制」の思想的基盤になったという議論は、実際には国学者が維新後に不遇であった事実をみても単純には頷けない。しかし、近代日本の知の統合を果たすための多くの言説が、国学抜きで理解できないこともまた事実であり、その変容の過程が問題にされなくてはならない。

この論考では、国学が教育と教化の現実にどういう関わりをもったのかを、「事実」という概念を踏まえて検討するものである。幕末・維新と増大していく新しい知識の受容と、国民統合のための実践的課題の前に、国学がいかなる対応をしたかを焦点としたい。もちろん、極めて多種多様で論争的な国学の全貌をこの小論で概括することはできないが、あえて近世末から明治初期の長い期間を対象に設定して、その態様の一面を摘出したいと考える。

第一節　「事実」の方法論とその矛盾

１　平田篤胤における「事実」概念

一七九一（寛政三）年に本居宣長の門人である服部中庸《なかつね》は『三大考』を著して、記紀神話から「天」（高天原）と「地」と「泉」（予美）がそれぞれ太陽と地球と月に当たるという解釈を示した。これは記紀神話の解釈にとどまらず、一〇の図を使って宇宙の発生論的解釈を試みたものであり、幽界の神の所在を検討する点において、極めて宗教的な意義をもつものである。この書は、本居宣長の『古事記伝』の十七之巻の附巻として一七九六（寛政八）年に刊行された(1)。宣長のライフワークといえる『古事記伝』に、門人とはいえ他者の著作を加えたことは、注目すべきことである。『古事記伝』本文との解釈の違いは指摘されてきたが、西川順土《まさたみ》が草稿段階の宣長の関与に注目したように(2)、ひとつの共同著作とみてもよかろう。中庸は、中国古典と仏教の宇宙の生成の説を批判するが、「遥《ハルカ》の西国の人」の説は「測算《ハカリワザ》の及ぶ限《リ》」において「はるかに勝《マサ》れる」と肯定する。そして地球から太陽と月が生まれたとする説明をして「天も泉も、地を中におきて、恒《ツネ》に相旋《アヒメグ》る」と天動説に立ちながらも、最後には「遥《ハルカ》なる西国《ノ》の説に、此大地《ノ》も、恒《ツネ》に旋《メグ》転ると云説ありとかや、すべて西国《ノ》は、さるたぐひの測度《ハカリワザ》、いと精密《クハシ》ければ、さるまじきにもあらず」と西洋の科学技術の優位を認めて地動説を肯定している。この先進的な西洋天文学の受容は従来から高く評価されてきた。

宣長の没後は、この『三大考』は大きな論争の対象となる。宣長の後継者たる本居大平《おおひら》は、一八一一（文化八）年に『三大考弁』を著して、『三大考』が宣長の説と異なると批判した。大平は「神代の御典《ミフミ》の天地の始の事は、実に伝無《ツタヘナキ》事共のみにて、知れさることなれば必知すてあるへき(3)」というようにテキストを重視してそれ以外の知識による推量を否定するものであり、中庸が「外国共《トツクニトモ》に量《ハカリ》て」、つまり外国の天文学までを動員して古伝を解説したことが、方法論的逸脱を示すものであると考えたのである。一八一四年には平田篤胤が『三大考弁々』でこれに反論し、「外国人にならふとしもなけれと、量術《はかりわざ》にもあれ何にもあれ、熟々《よくゝ》古伝の趣に照し、今の現に事実《ことのあと》に合せて考へて知るゝかぎりは知べきなり(4)」という事実による推量を大胆に肯定した。論争にはさらに大平の側に植松重胤と鈴木朗が加わり、篤胤も再反論をした。この論争におけるテキスト読解の方法論的な含意は、古伝に明記されていない事項について、中庸・篤胤のように推定によって判断するか、大平らのようにそれを断念するかという問題である。この篤胤の態度は、合理主義・科学主義（小沢正夫）とも合「理」的解釈（田原嗣郎）とも呼べよう(5)。

この傾向を端的に示した篤胤の著書が『霊《たま》の真柱《みはしら》』である。一八一二（文化九）年に著されて翌年刊行されたこの書は、まだ大平の批判には接することなく著されたが、「霊《たま》の行方」を明らかにするという宗教的な目的をもって、宣長や中庸の説をも積極的に批判・継承した論争的な宇宙論である。この書のキーワードが「事実」であることは、従来も注目されているが[6]、ここでは本文に即してその用例を確認したい（テキストの頁は岩波書店版『日本思想体系五〇』による）。

管見によれば、『霊の真柱』で「事実」という言葉は一五箇所で使われている。「あはれ世の万葉集を学ぶ徒《トモガラ》、その古言のことをばあらゝゝ弁《ワキマ》へつれど、事実の学びは、なほ未《イマダ》しきぞ」（八七頁）と言うように、歌学研究との対抗を意識して自己の学をさす呼称として「事実の学び」を使っている。「そは事実の学びを委《クハシ》く為《シ》て、よく考ふれば、見分《ミワケ》らるゝものなり。心をとめて事実を考へ」（二九頁）という方法論上の主張なのである。この「事実」の指示内容について、二つの意味が考えられる。第一は、「神代の事実」（二一頁・一〇三頁・一〇四頁二例）や「古伝の趣に灼然《シル》く見えたる事《ノ》実」（八九頁）というように、恣意的な読解があるとしても、テキストから判断できる「事実」である。これは大平らのテキスト重視の方法と矛盾はしない。第二は、「現《ウツヽ》に観《ミ》るところの、事実」（一〇五頁）「現《ウツヽ》に見たる、事実」（一〇六頁）「事実にうとき人」（八九頁）というように、経験的に現在において確認できる「事実」である。「古伝に因《ヨ》り、現《ウツヽ》に見るところの、事実に測考《ハカリカムガ》へて」（八九頁）「神代の伝へと、事実と」（一〇四頁）「確かなる事実も、古伝も」（一〇五頁）「古伝の趣と、今の現《ウツヽ》の事実と」（一〇八頁）「正しき古伝《ノ》と、事《ノ》実と」（一三〇頁）と「古伝」と対置されるように、第一の意味とは異なるものである。

ただし、篤胤の二つの「事実」概念は、彼がテキストと経験的事実を単純に区別したことを意味するものではない。たとえば、天地泉が三つの天体として分離して回転していることについては、彼は「古伝の趣《キ》」（八八頁）というテキストの根拠から論じているが、これを「今の現《ウツヽ》に見るが如し」と天体を観察することによる経験的な「現《ウツヽ》に見るところの、事実」からも説明している。さらに「予《オノ》がこの天《ツ》日は動かで、地と月とは、旋《メグ》るという説《コト》を、外《ツ》国人の説《コト》に因れりなどな思ひそよ。」とわざわざ西洋の地動説に言及して、西洋天文学より古伝が根本だと説明しているが、逆に言えば西洋科学をも「事実」としているのである。さらにこうした考察が、「古伝の趣に灼然《シル》く見えたる事《ノ》実」と呼ばれるのであり、二つの「事実」概念が同時に登場して補いあうのである。つまり、テキストの内容と経験的事実は、合致しなくてはならない構造なのである。

さて、「事実」はいかにして「事実」たりうるかという問題について考えると、「現に見るところの事実」というように、今日において一般に認識可能でなくてはいけないという前提があるとみてよい。それゆえ、読者の常識にその成否が担われているのである。このことは、テキスト読解と比べて、受け手の常識が変化すれば、また説も変化せざるをえないという不安定性をもっている。そして、篤胤がその説の支持基盤としたはずの西洋科学についての常識が彼の説と矛盾する形で浸透すれば、逆に説の根拠がゆるがざるをえない構造をもつのである。

2　科学的常識による疑問の発生

武蔵野国多摩郡駒木野の関守の家に、落合直亮《なおあき》、直澄《なおずみ》、直言《なおこと》らの兄弟が生まれ、音義説の国学者である堀秀成に国学を学び、倒幕側の政治運動にもたずさわるようになる。直澄に、篤胤批判の立場の『三大考』に関する著述があることは従来から知られているが、(7) ここでは篤胤の時代よりいっそう天文についての科学的常識が浸透する幕末ゆえの刻印に注目したい。

一八六六（慶応二）年に直澄の『新三大考』と『三大考后弁』が刊行される。(8)『三大考后弁』の序には彼がこの書を著すに至った経緯が書かれている。一八四〇（天保一一）年生まれの直澄が一六、七歳で兄の直亮の指導で国学を学んだとき、『三大考』を初めて読み、これを疑わなかった。二二歳で諸国を遊学するなかでそれを反論する人々の存在を知るが、これは「世間《ヨノナカ》には頑　心《カタクナゴヽロ》の人」が多いからだと思っていた。しかし、伊勢に行ったときに「或翁」を訪ね、「天ハ虚空《ソラ》の上にあり。泉《ヨミ》は地《ノ》下にある国にて三大考の説ハ信《ウベナ》ハれず」という言葉を聞く。この「或翁」は、自筆写本の『今説弁抄』により伊勢神宮の御巫清直《みかなぎきよなお》のこととわかる。(9) そして伊勢神宮に詣でて、帰路に再び翁にいろいろと尋ね、ついに『三大考』を疑うに至ったと言う。つまり、彼が批判を抱く動機には、御巫ら『三大考』を批判する国学者と、「世間の頑心」の人々の存在がある。

　彼が表現する宇宙論では、天は地球表面の大気の上に存在しており、泉は地下に存在している。これは御巫の説と同じであり、従来の『三大考』批判から見ても新説ではない。しかし、『三大考后弁』をみると、以下のような緊張関係をみることができる。彼は、師の説も誤りならば訂正するという、いわば国学の清新な伝統を確認した上で、「誤られたる説ハ一時も早く改めおかざれバ、若《シ》外国の学者《マナビスルヒト》どもにさしこまれし時に至りて、一言の答《ヘ》もならざること出来《イデキ》たらむにハ、古学者《イニシヘマナビスルモノ》の恥《ハヂ》、これに過きたることハなく、遂《ツヒ》にハ道の立がたきもとにもなりゆくめれば」と述べる。中庸や篤胤の頃は外在的に参照していたにすぎない西洋の科学は、洋学の興隆のなかで具体的な批判者として立ち現れ、彼らに論破されることが「道の立がたきもと」という国学の根本的な危機として認識されているのである。

　また、『新三大考』は『三大考』のように図示によって宇宙の生成を説明するが、第八図は「今の世の天文説」による自転と公転の説明である。『三大考后弁』は、一四箇条で批判を展開するが、その第一で、天が太陽でなく地球の外郭にあることを説明する。ここでは、天に昼夜の別があるという神話を根拠にするが、同時に「此地球の自転して日に向ふ方昼となり、日に背《ソム》く方夜となることハ人の知れるが如くなる」と自転による昼夜の別を根拠にしている。ここで注目したいのは「人の知れるがごとく」という世間一般の常識の存在を意識していることである。また第八では、「近世発明《チカゴロヒラケ》たる天文説にかなはざる事」と西洋天文説との整合性自体が当否の判断とされている。ここで「三大考の説ハもと西洋天文説によりて考へつかれしことゝ見ゆる」と『三大考』の先進的な天文学の受容を評価しながら、「猶天文説にかなへりとも思《ハ》れず」と述べる。ここでは、「地心に大引力ある」という引力説により、泉は月でなく地心だと述べている。また「日球は遊星の中央《ミナカ》」という地動説から、『三大考』のように地球から太陽が生まれたというのはおかしいと述べ、さらに「日球の地球に倍すること一百三十万倍」という情報でこれを補足している。つまり、『三大考』ではまだ西洋天文学の受容が不十分だという批判なのである。

直澄の立場は、結果的には『三大考』を批判する本居大平らの流れにありながら、方法的には科学と世間の常識を考慮した篤胤の「事実」論の延長上にある。しかし、知識ある世間の常識として現れた西洋天文学は、「事実」として『三大考』を否定したのである。

第二節　明治国学における教育と教化

1　「共通教化」の析出

『三大考』への態度に現れたように、国学は多様な思想と方法を含み、内部に真剣な論争を含むものであった。しかし、明治維新をむかえるなかで、「事実」としての世間の常識は環境としてのみでなく、教化により働きかける対象として現れてくる(10)。

維新による祭政一致の方針は、国学者に登場の舞台を与えた。たとえば、国学者の平田鉄胤《かねたね》・玉松操《たままつみさお》・矢野玄道による学校構想である学舎制は、皇祖天神社と本教学を筆頭においたものであった。ここに、従来からの国学者たちの教育と、新たに対象になる異なる思想的影響下の人たちをも含めた教化とが、同時に発想されている。こうした教育と教化の混同は、一八六九（明治二）年にできた大学校・大学が、国学者と漢学者の対立の中で機能不全に陥り閉止されたように、現実の多様な思想状況を反映しないものであった。

このことは、国学と漢学といった思想間の問題だけでなく、国学内でも起こる現象である。神祇官の教化組織として一八六九年にできた宣教使は、多くの国学者を擁したが、具体的な教化活動を展開できず、内部に多様な学派的対立を抱えていた。こうしたなかで、宣教使の中講義生である鈴木雅之は建白書を作成した(11)。彼は、国学者は学派により教育されてきた内容が異なるのだから、自然と見解が異なるという「通弊」を論じ、この対策として、説教の標準目的としての「教書」を作成する必要を論じた。つまり、政府によって共通に教化しなければならない基準が作成されることにより、従来の教育と学説に直接の関係なく教化の実を挙げられるとする構想である。

この共通教化構想は、雅之だけのものではない。同じく神祇官・宣教使にいた彼の師匠の伊能穎則《いのうひでのり》も、「高天原・夜見等之所在、使中之議論もいまた確定仕兼」と『三大考』の論争に引きずられる宣教使の混乱を述べて、対策として標準の「講録」の作成を建白している(12)。もう一度『三大考』論争の文脈をふりかえると、それは論争に何らかの内容的決着を与えようとするものでなく、多様な見解を持ち越したままで標準を定めて教化しようとするものである。

そして、実際の政治過程は、神祇官の神祇省への格下げに続いて、真宗の働きかけもあって、一八七二（明治五）年には神仏諸宗を管轄する教部省が成立し、神仏合同の大教院が成立し、神官・国学者も僧侶も同一の称号をもつ教導職として合同布教を実践することになる。そこでは敬神愛国・天理人道・皇上奉戴朝旨遵守を掲げる三条教則が基準となり、この解説のために膨大な教書が出版された。この試みは一八七五（明治八）年には崩壊するが、この共通教化の実践は、次に見るように国学に大きな課題を与えることとなった。

2　新しい神学の形成

大教院は、神道関係者と仏教関係者の双方から責任者が出ているが、『教典訓法章程・教書編輯条例』には「右ノ通今般合議ノ上相定候者也。明治六年七月。大教院詰神道教導職管長」とあり、大教院の神道グループによる規則である。このうち教書編輯条例では、『三大考』以来の論争的な課題についての決着が図られようとした(13)。

ここでは、天については、第二条で「阿米《アメ》ハ天中マタ日界ヲ云フ。『天地泉《アメツチヨミ》ノ説』ニ依ルヘキ事。」と定められている。『天地泉ノ説』という書は未見であるが、天を、地球表面と考えうる「天中」と太陽と考えうる「日界」と並列して定義したことは、従来からの両説を認めたことになる。第三条では「予美《ヨミ》ハ月界ヲ云フ。『予美考証』マタ本居・平田二氏ノ説ニ依ルベキ事。」と定めている。ここでは矢野玄道《はるみち》の『予美考証』により予美を地中とする説は否定されるが、宣長と篤胤の説を双方とも認める以上は矛盾を保持することになる。この二つの条項についての「矛盾」を指摘して「神学に関する論争は決してその時代のみで解決せりとすることは出来ない性質のものであった」とした西川順土の卓見を支持したい。[14]

しかし、この条例は対立の調停と保持に留まるものではない。第四条では、「二神国土生成ハ『国魂《クニタマノ》神ノ説』ニ依ルヘキ事。」という規定がある。これは伊奘諾・伊奘冉による国産みについての規定だが、『国魂神ノ説』は国学者の久保季茲が大教院時代に著した書で、写本でしか残っていない。[15]この書は、「二神ノ国ヲ生給フト云フ説、世人ノ疑フ所ニ〆《シテ》」という神話解釈への常識的疑問への対策を前提にしている。季茲には「国土海水判然タレ𪜈、若海水ヲ汲乾サンニハ海底モ此国土ト異ナルヿ無ク、高低ヲナシテ山谷ノ状ナルヘケレハ、殊ニ島嶼ヲ生ムト云フ説、甚実理ニ合ヒ難ク」という科学的な地理の常識があり、それゆえ篤胤等の説を概説しつつ「強テコノ説ヲ張ラハ反テ人ヲシテ古伝ヲ疑ハシムルニ至ラン」と述べる。さらに季茲は「抑万物ノ生成スルハソノモト必ス窮理家ノ所謂元素ノ相聚ルニヨレリ」と元素説を説明する。そして、二神の産んだのは「元素国魂」であると説明し、これが国土を国土たらしめる元素であると説明するのである。

季茲の説は、すでに文明開化のすすむ一八七三年ごろの話としては、余りに科学知識の付け焼き刃の受容であり、滑稽かもしれない。しかし、これは、第七条に「但古人ノ成説ト雖モ教義上ニ障礙アリテ改正セサルヲ得サル事件ハ、大教院ニ就テ論弁ノ上更ニ当否ヲ定ムヘシ。」という教義の改正の姿勢や、第八条に「凡テ外国ノ古伝ハ皇国ノ正伝ノ転訛ナレハ、我ノ正伝ヲ本トシ、之ヲ質正シ、我ニ符合スル説ノミヲ採用スヘキ事。」とあり西洋知識の受容の姿勢を端的に示すものである。すでに検討した篤胤の「事実」概念と直澄の批判の延長上にこの問題は定位している。季茲の姿勢は、科学への適合を求めた直澄の姿勢を発展させ、科学をそのまま教義として新たに再編するところまで至っているのである。

桂島宣弘氏は、伊能穎則の宣教使の時期の著作『大教典』や明治四年の『天祖所生一説』に久保季茲の元素説の影響があることを指摘しており、該当箇所は直接『国魂神ノ説』の書名は挙げないが、この説が宣教使における新たな教化の準備として策定された過程を示す事例として注目したい。[16] ただし、この試みがどこまで普及したかは疑問である。『国魂神ノ説』の写本の一八七四（明治七）年九月づけの跋には「聞三往々有二不レ信者一、夫此考之未レ足以為二定説一也。固矣雖レ然、或有二未レ見レ之而議者一、此不レ為レ無レ憾。」と季茲が記しているように、十分に支持されず、その説を直接読むものも少なかったというのが現実であろう。

そしてこの条例自体は、大教院の神道グループの内規としての有効性をもちながらも、実際に教書の出版統制にあった教部省の考証課は、三条教則のみを基準とする立場であった。それゆえ、天台宗の多田孝泉の『略解古事記』について、大教院の神道の教正より改正を求める「弁書」が提出されたとき、考証課の大録の小中村清矩は、教書編輯条例を「教院ノ政」として、「本省ニ裁断アルヘキ事トモ覚エサル也」という態度をとったのである。[17]

3　小中村清矩による合理的教化

さて、大教院の神道グループの試みに対立した教部省の考証課は、けっして近代的な官僚の集まりではない。教部省内の分課の人員配置は明らかではないが、一八七三（明治六）年の『日要新聞附録　教官必携』によると、大録の田中頼庸《よりつね》、後《ご》醍院《だいいん》真柱《みはしら》、権大録の井上頼圀《よりくに》などを擁する錚々たる国学者の集団であることがわかる。つまり、教化に向けての「事実」の再解釈による教義の合理化が大教院神道グループにみられるとすれば、教化に向けての三条教則重視という効果における合理的な流れ、つまり共通教化の流れが教部省考証課にみられるのである。この考証課で先導的な役割を果たした小中村清矩について検討する。

清矩は一八二一（文政四）年、江戸の町人に生まれ、伊能穎則や本居内遠《うちとお》に師事して、一八五七（安政四）年には紀伊藩の古学館の教師となり、また一八六三（文久三）年には幕府の和学講談所でも教授している。このころ、彼が国学の教育のために記した学則類は、一八六一（文久元）年の『或問稿』[18]と一八六七（慶応三）年の『学則稿』[19]をみることができる。前者では、「上ツ代の事の学ひ、歴代の事の学ひ、歌文言詞の学ひ」の三科目、後者では古学と中古学と朝儀と諜牒を含む「事実学」と「言詞学」の二科目に分けている。『学則稿』の最後で「右ハ、村田春海ノ『和学大概』、本居宣長の『初山踏』、足代弘訓《あじろひろのり》ノ『学則』ナトニ見エタルヲ参考シ、私説ヲ加ヘテ臆断セシ大略ヲ述ルモノ也。」と宣長から春海へと続く系統を前提にしている。この筆頭に挙げた春海の『和学大概』を参照すると、「今和学をとりたてんとするには先三科ばかりに分つべきにや、先第一に国史実録の学を一科とし、次に律令典故の学を一科とし、次に古言を解釈する学を一科とすべし[20]」と述べており、律令典故の学を独立させている点が異なるが、国史や実録の重視という点でも清矩の学則と大きく類似していると言えよう。

しかし、宣長の『初山踏』は筆頭に「神学」（神道）を挙げており[21]、清矩はこれを無視した形になっている。『或問稿』は、自己と「神道家」の違いを明言しており、そこに述べられているのは神仏混淆と神道家の頽廃への批判といった国学者一般にみられる言説であるが、神学を自己の学問に含めない清矩においてはこの言説が、神学的なものとの距離を示すものとなる。つまり、清矩の学問は、考証を中心とした歴史学と、歌文言詞の学という二つの分野から成り立つ国学であると確認できる。

次に維新期の清矩の教育論をみてみよう。清矩の『学規私言』は、すでに久松潜一が「明治元年に稿し、廿二年に訂正したもの[22]」と紹介しているが、実際には時代の異なるいくつかのテキストを見ることができる。一八六九（明治二）年二月と推定される『学規私言』の自筆原稿[23]と、一八八九（明治二二）年に荻野由之が筆写したもの[24]、さらにそれに直接清矩が加筆訂正したもの、そして久松が対象とした一八九〇（明治二三）年に『如蘭社話』で刊行されたものである[25]。このうち前の二テキストが明治初年における彼の思想を表現したものと言える。ただし、二月には大学校も創設されておらず、彼もまだ明治政府へ就職していない。ここでの内容は以前の『或問稿』や『学則稿』と考証的な歴史学重視の基本線では大きく変わらないし、共通する語句も多い。学科の構成は第一神典学、第二歴史学、第三辞章学となっている。第一の神典学は、神代の考証学的研究で、独自の神学的要素は語られていない。しかし、「尊王敬神」を掲げるなど、かなりの強調がなされている。一方、一八八九年以降の二テキストでは、神典学は歴史学に組込まれて、第一歴史学、第二法制学、第三詞学となっており、先の村田春海の『和学大概』と類似したものになっている。そして「高天原・黄泉国ノ穿鑿ニ力ヲ費ス」ことが非難され、神学の排除が目立つ。つまりこの時点では『三大考』論争それ自体への決別が表明されているのである。

以上の学則類を検討すると、維新直後の時期に神典の重視が目立つほかは、基本的には歴史と文学の線で国学を捉え続けたことがわかる。それは全体として『三大考』をめぐる論争自体に距離を持つものと考えてよかろう。

さて、国学者の育成を目的とする学則に対し、別のニュアンスを持つ議論を清矩が行っている。一つは一八七三（明治六）年七月の教部省内の次の伺である[26]。

天照大御神、皇孫命ニ神器ヲ附託シ玉ヒテ高天原ヨリ此土ニ下シ給フ。此天壌无窮・宝祚隆盛ノ始ニシテ、元始ノ官祭依テ興ル所以ナリ。然レハ、宜シク皇祖大神ヲ以、御系統ノ首トスヘシ。若シ従前ノ如ク神武天皇ヨリ御代数ヲ算スル時ハ、童蒙ノ徒、或ハ皇祖大神以下五世ヲ何タル者ト［削除］キノ御皇統ノ有无ヲ弁セサルヘシ。依テ天照大御神ヲ以、御代首トス。

皇統の代数の計算を天照大神から始めるべきだとするこの議案がどう扱われたかは不明だが、ここでは神武以前の神々を「童蒙ノ徒」に教えるにはどうすればよいかだけが判断基準になっている。つまり、現実の教化における有用性が目的となっているのである。さらに議案はこのあと神功皇后などを数に入れるかどうかを典拠や諸説の状況から簡単に説明しているが、こうした考証の緻密さと教化的目的が並存していることは、注意しておきたい。清矩の考証中心の教育的学則にみられた学問体系は、それ自体が教化的活動を補助するものとしても機能するのである。

4　堀秀成における教育と教化の分離

知識によって重用された清矩に対して、説教の技術で宣教使と大教院の教化活動の先端にいたのが堀秀成である。一八一九（文政二）年に古河藩士の長男として生まれた彼は、一八四一（天保一二）年に家督を弟に譲り各地を遊学し、富樫広蔭の影響下で独自の音義説をつくる。国学の音義説とは、言霊の思想を背景として、音自体に意味があるとする説であり、秀成は五十音図を使って母音と子音に分解してこれを説明する。古風な和歌を読むためには正確な活用語の語尾を学習によって身につけなければならなかった近世においては、活用の基本になる五十音図を身近にするこの説は有用であろう。実際、秀成はこれを各地で説明して生活したのであるが、彼の音義説はこれに宗教的な意味付けを行った。例えば、あいうえおはそれぞれ、「天」、「天の八ちまた」、「地」、「泉つ平坂」、「泉」を表している。[27] また彼が「音義学篤ク認メタル上ナラズシテ之ヲ講ルヲ禁ル」という『幽音有霊目録』には、別天神《ことあまつかみ》や伊奘諾・伊奘冉による国産みなどを五十音により解釈する説明を秘伝的に伝えている。[28] こうした解釈は、広蔭に教えを受けていたころから、地方を遊学し、維新後に宣教使・大教院に勤め、さらに神宮教院の教師となり、一八八二（明治一五）年には香川の金刀比羅宮の教師となり、一八八七（明治二〇）年に没するまで続くものであると見ることができる。つまり、『三大考』の課題を秀成は音義説によって果たし、これを保持していたのである。

秀成の音義説は極めて組織的に教授された。一八五七（安政四）年の『五十音分生図』や一八六九（明治二）年の

『五科八等図』には、学習者がどのような順番でテキストを使用して学ぶか、「語格・音義・文格・古典・有職」の五科をどう学習するかが記されている(29)。こうしたカリキュラムにより、秀成は多くの門人を育てた。たとえば、先にみた落合家の兄弟は幕末の遊学期の弟子であり、後に国文学者として名をはせる落合直文《なおふみ》（直亮の養子）は神宮教院の時代の弟子である。

さて、音義説の私塾における教育の一方で、一八七〇（明治三）年に宣教使に勤めてからは、公的な説教が彼の課題となる。彼の講義の様子は、宣教使の時期から金刀比羅宮での活動まで、多くの写本により顧みることができる(30)。金刀比羅宮所蔵の一八八〇（明治一三）年の『講録編述大意』には、「私塾の生徒、官中の講説を聴くこと得ざるを痛嘆しければ、官中に講したる毎に之を記して見せたるもの数巻に及べる」と、説教と私塾が分離している状況の中で、彼の講録が生まれたという。秀成が行った講義は、千賀家文書の『講義目標』第十三巻によれば、同『講義目標』には通計三五六編が収められている。そして、その講義の回数は二九〇五回に及ぶという。この他に七種の写本が確認されるが、それぞれ欠落を含む写本類を総合すると、明治期の秀成の説教を再現することができる。

これらを検討して確認できる重要な特徴は、この膨大な講義のなかに音義説の説明がないことである。宣教使のころと確認できるものには、題目としても言語に関するものはない。続く大教院期以降のもので言語に関するものでも、「言語」（千賀家本『講義目標』第五巻）、「言霊」（同第八巻）、「言語ハ特ニツヽシムヘキ事」（神習文庫本『講義録』、学習院本『堀氏講録』）、「言語観」（国学院本『講録』）などをテーマに掲げながら、音義説が説明されていないのである。

宣教使以降の一連の説教の講録類は、私塾で行われた講義とみずから一線を画していることがわかる。『講義目標』の頭注でわかる講義の場所は、宣教使や大教院や神社等であり、私塾のものはない。つまり、宣教使や教導職としての彼に求められた説教は、私塾の教育と場を異にするものである。説教は音義の教育のように一人前の国学者を作るものではない。もちろん、国学者や神官たちがこの講録を重宝に考えたからこれだけの写本が流布しているのだが、それは彼らにとって技術的な知識にすぎない。かかる説教は、説教する側と聴く側の絶対的な分離を前提にしており、弟子が師匠を見習って学習する音義説の教育とは明確に区別される。

すなわち、堀秀成の活動は、教育と教化の分離という厳然たる実態を提示しているのである。ここでは堀秀成独自の『三大考』の課題の解釈である音義説による教育は温存され、その保障の下で民衆への共通教化にいそしむ彼の姿がみられるのである。

おわりに

本居宣長から、服部中庸、平田篤胤と続く流れは、単に国学の宗教性を増加する流れではない。「事実」の受容という方法は、国学の知にテキストだけに縛られるのではない可能性を与えるものであった。しかし、「事実」は世間の経験的常識や科学的知識に依拠する。それゆえ「事実」は幕末、維新と増大する情報のなかで、たえず更新されねばならなかった。久保季茲らの新しい教養の策定の動きをみると、国学の中にはそれに対応できる可能性もあったと言えるであろう。しかし、明治国学に課された課題は「事実」の受容にとどまらなかった。「事実」たる世間の常識が実践の対象となるのである。そのなかで国学者は、小中村清矩のように知識を教化に提供したり、堀秀成のように自己の教育と直接関係ない説教にいそしんだりしたのであり、そうすることで常識への効率的な働きかけがなされたのである。

この概観は、国学の死滅の過程を表しているかのように思える。しかし、維新期の国学の実践的な結論である「共通教化」は、国民統合の初期の形態として、近代日本の知のあり方に一つの影響を与えていると言えよう。

〔後註〕この章は、近世から明治維新期を概観した国学者の思考を内在的に分析するために、「事実」という概念への注目を提起したものである。本書各章との関係では、第2章のテキスト解釈論や、第4章の共通教化論に輻輳して、国学が宗教的観念と古典解釈を中核とした独自の教育を行うものであるということと、その科学や常識という「事実」をめぐる環境の変化に対応するためにも教化を位置づけざるを得ないという様相を位置づけたものである。本論文をめぐっては、明治以降の国学を「近代国学」という概念で集中的に分析した藤田大誠『近代国学の研究』（弘文堂、二〇〇七年）などで言及されている。

（1）刊行年代の推定は、大野晋「解題」『本居宣長全集』第九巻、筑摩書房、一九六八年。
（2）西川順土「三大考を中心とする宇宙観の問題」『肇国文化論文集』神宮皇学館、一九四一年。西川順土「三大考の成立について」『皇学館大学紀要』第一〇輯、一九七二年。
（3）本居大平『三大考弁』一八一一年（東京大学総合図書館所蔵小中村清矩旧蔵本）。
（4）平田篤胤『三大考弁々』一八一四年（『平田篤胤全集』第二巻、一九一一年）。
（5）小沢正夫「三大考をめぐる論争」『国語と国文学』第二〇巻第五号、一九四三年。田原嗣郎『平田篤胤』吉川弘文館、一九六三年、一五四―一五八頁。
（6）例えば田原嗣郎「『霊の真柱』以降における平田篤胤の思想について」『平田篤胤・伴信友・大国隆正　日本思想体系五〇』岩波書店、一九七三年。
（7）中西正幸「三大考以後」『国学院雑誌』第七四巻第一一号、一九七三年。
（8）落合直亮閲・落合直澄著・落合直言校『三大考后弁　今説弁一之巻』名取清済刊行、一八六六年。落合直亮閲・落合直澄著『新三大考』落合家、一八六六年。
（9）落合直澄『今説弁抄』（無窮会図書館神習文庫所蔵井上頼圀旧蔵本）、年不詳。

(10) 本書第4章参照。
(11) 鈴木雅之『建白草稿』(成田山仏教図書館所蔵)、年不詳。
(12) 伊能穎則「言上書　大教宣布ノ講録ニ就イテ」(『香取群書集成』第四巻、香取神宮社務所、一九八四年所収)、年不詳。
(13) 徳重浅吉『維新政治宗教史研究』一九三五年(歴史図書社、一九七四年復刻版)、六六三頁。西田長男「大教宣布の運動とその神観」『神道史の研究』雄山閣、一九四三年。拙論「大教院の教化基準――教典訓法章程と教書編輯条例を中心に」『明治聖徳記念学会紀要』復刊第五号。
(14) 前掲西川論文、一九四一年、三七〇頁。
(15) 久保季茲『囶魂神ノ説』一八七四年(無窮会図書館神習文庫所蔵『玉篚』第二一冊)。
(16) 桂島宣弘「明治初年の国学者の神秩序――思想史的考察のためのノート」(馬原鉄男・岩井忠熊編『天皇制国家の統合と支配』文理閣、一九九二年、一五三頁)。
(17) 小中村清矩「略解古事記検閲総論」『陽春蘆蒐集録』第二冊(東京大学総合図書館所蔵)。
(18) 小中村清矩『或問稿』一八五八(安政五)年草稿、一八六一(文久元)年重修(前掲『陽春蘆蒐集録』第七冊)。
(19) 小中村清矩『学則稿』一八六七(慶応三)年(前掲『陽春蘆蒐集録』第七冊)。
(20) 平(村田)春海『和学大概』、年不詳(『続々群書類従』第一〇巻、一九〇七年)。
(21) 本居宣長『初山踏』一七九八(寛政一〇)年(前掲『本居宣長全集』第一巻、三頁)。
(22) 久松潜一「小中村清矩の学問」『国語と国文学』第二〇巻第一〇号、一九四三年、九〇三頁。
(23) 小中村清矩『学規私言』(前掲『陽春蘆草稿』第四冊)。
(24) 小中村清矩『学規私言』(東京大学附属総合図書館所蔵)。これは、「明治二年三月尽日」の初稿の奥書と「明治廿二年二月」の訂正の奥書、および「明治廿二年八月」の荻野由之の識語を含む。
(25) 小中村清矩「学規私言」『如蘭社話』第十五巻、一八九〇年。
(26) 小中村清矩「御皇統御代数之義ニ付伺」明治六年七月廿四日回(前掲『陽春蘆蒐集録』第三冊)。

(27) 富樫広蔭伝・堀秀成補定『音義本末考』(東京大学総合図書館所蔵写本) 一八四八年。刊本は一八七七年。

(28) 堀秀成『幽音有霊目録』(古河郷土資料館所蔵千賀家文書)。秀成の自筆写本で、一八四九(嘉永二)年に広蔭から相伝した旨を註しているが、『霊気考』に言及しているのでこの写本の成立は一八七五(明治八)年以降であろう。

(29) 堀秀成『五十音分生図説』(東京大学総合図書館所蔵自筆写本) 一八五七年。堀秀成『五科八等図』(神習文庫所蔵) 一八六九年。

(30) 管見によれば堀秀成の講録には、『講義目標三』(館林市丸山家所蔵自筆写本)、『講義目標』第二、四—一三冊 (古河郷土資料館所蔵千賀家文書)、『講義録』(神習文庫所蔵『玉篚』第二一冊)、『堀氏講録』(学習院大学所蔵)、『講録』全八冊 (国学院大学図書館所蔵)、『講録』全一四冊 (金刀比羅宮図書館所蔵)、『雑録』(大国治助旧蔵、東京都立中央図書館井上哲次郎文庫所蔵)、『説教講録』(鎌田共済会図書館所蔵) の写本類や、秀成の編集による雑誌『神教新誌』『道の栞』一八七六—七七年、門人の編纂による活字本『説教講録』全三冊、一九〇六—〇七年がある。

第4章　共通教化の析出

〔初出〕「維新期の国学における共通教化の析出――鈴木雅之の教育・教化論」『日本の教育史学』第三四集、一九九一年、二二―三四頁。

〔要約〕第4章は、一八七一（明治四）年に死亡した国学者・鈴木雅之が提起した教育と教化の方策を描き出すとともに、「共通教化」という概念を確立するための論文である。

下総の草莽の国学者として注目されてきた鈴木雅之は、同時に大学校・大学や宣教使において政策を論じる活動を展開していた。一八六八（明治元）年までに成立した、天御中主神を重んじた神学書『撞賢木』は教化の必要を論じる前提であり、『民政要論』『民政要論略篇』『治安策』などは教育と教化を未分化に結合して強調したものであった。しかし、一八七〇（明治三）年に宣教使の中講義生となり、学者がそれぞれの教育によって異なる説を立てることに対して、「講官ノ標準目的」を作成することを提起した。これは、歴史的には宣教使から神仏合同の大教院へと移る時期にあたり、異なる教育を温存しつつも統合する共通教化の構想であると評価することができる。

第一節　鈴木雅之の位置と研究目的

近代日本の教育思想についての今までの研究の中で、教育勅語をはじめとする「天皇制と教育」の問題は様々に論じられ、「天皇制イデオロギー」と呼ばれるものや天皇制の制度的な壁は、近代日本で圧倒的な力を持ったものとして理解されている。一方、明治維新の時期について、学舎制構想をはじめとする国学者の動向は多く言及されてきたが、学制に象徴されるような教育の近代化へ、或は儒学から洋学へと繋がる卓越した諸構想にくらべて、国学者の構想は、時代錯誤的な復古主義として、つまり失敗したものとして評価されがちであった。もちろん、国学者の多くは要職を追われ、神祇官も潰され、当初の祭政一致型の教育思想は失敗したといえるであろうが、国内では普遍的ともいえる支持を調達し得た天皇制の教育思想が、かかる国学の教育思想と無関係に理解することができないことも、また事実である。

この問題は社会教育の形態をとった宣教使や大教院をめぐる研究についても現われる。宣教使の時期の神道単独の布教から大教院の合同布教への展開は、宗教史のみならず教育史上においても大きな意義を有する(1)。しかし、本章が「共通教化」として注目する神仏合同布教への国学内の傾向は、宣教使の時期については先行研究で十分に明らかにされていない。辻善之助が神仏合同布教への過程での真宗の島地黙雷らの建白運動に注目して以来、仏教側の先見性に注目するのが通説である(2)。また、大教院についての大林正昭の一連の教育史的研究でも、主に島地黙雷ら仏教側の「啓蒙」的意義が注目され(3)、宣教使期の国学側の論理的展開は十分に分析されなかった。阪本是丸による政治過程における神祇官から神祇省・教部省への変遷の詳細な研究は、大国隆正派の福羽美静《ふくばよししず》の動きに注目しており(4)、また羽賀祥二の宣教使の研究は、小野述信を中心に「天皇教権」にもとづく「神道宗門」の確立の方向を明らかにしているが(5)、国学の思想的展開の中への位置付けや支持調達との関係などまだ残された課題が多い。以上の研究を補完するためにも、宣教使以前の時期の国学思想の展開の中に合同布教への契機を検討することは、必要であると考えられる。

この章では、維新期の国学の教育構想の中に、どのような現実的な可能性にむけての展開があったかを、教育と教化をめぐる構造の中で検討する。そのために、優れた農村の国学者として従来から評価されている鈴木雅之の思想の構造と展開を対象とする。そして彼が、実績の上がらない大学校と宣教使で、何をその制度論に盛り込み、何を積極的に建白してきたかを摘出し分析する。

鈴木雅之は、一八三七（天保八）年に下総に地主クラスの農民の子として生れ、江戸歌文派の国学者・小山田与清《ともきよ》の門人である下総の田園歌人の神山魚貫《かみやまなつら》（一七八八―一八八二）や、同じく与清門人の伊能穎則（一八〇五―七五）に国学を学んだ。穎則は一八六〇（安政七＝万延元）年に全国的な神官学校制度を『愚策三則』で構想した人物であり、(6) 一八六三（文久三）年には香取神宮に神官学校の尚古館を設立した。(7) 穎則は維新後に上京し、「学校出仕」や「府県学校取調」を命じられ、さらに一八六九（明治二）年八月二日に大学校の大助教となる。そして雅之も、穎則の誘いで上京して待詔院への建白などを行なうが容れられず、一八六九（明治二）年一〇月七日に大学校の少助教となった。穎則の門人には、小中村清矩や木村正辞《まさこと》など、維新期に大学校＝大学や神祇官＝神祇省＝教部省に就職したものが多い。表のように大久保利謙が提示した大学校の国学系教官二二人と照合すると、六人も伊能穎則グループで占めており（小山田与清門人も入れれば七人）、雅之が、この文教官庁内の大きな人脈の中にいたことがわかる。その後、穎則は一〇月二四日に宣教使の権中宣教使となり、雅之も翌三月一九日には宣教使の中講義生に任ぜられる。しかし一八七一（明治四）年二月二一日夜に数え三五歳の若さで死去した。(8)

雅之の研究は従来、在村の国学者としての側面から進められてきた。最初の学術的な雅之研究を一九三〇年に発表した村岡典嗣により「農村の生んだ」国学者としての一面が強調されて、農村改良家としての像ができあがり、(9) この

大学校国学系教官

氏　　名	大学校	任命年月日	穎則系人脈	平田系人脈	そ　の　他
平田　鉄胤	大博士	1869. 7.27		篤胤後継者	
谷森　善臣	中博士	1869. 7.27			伴信友門人
権田　直助	中博士	1869. 7.27		篤胤門人	
矢野　玄道	中博士	1870. 2.24		篤胤門人	
玉松　操	中博士	1870. 3.27		大国隆正門人	
岡本　保孝	中博士	1870. 5. 3			清水浜臣など門人
山田　有年	少博士	1869. 7.27			吉田家公文
西川　吉輔	少博士	1869. 7.27		大国隆正門人	
木村　正辞	大助教	1869. 7.27	穎則門人		69年12月4日少博士
久保　季茲	大助教	1869. 8. 2			鶴峯戊申門人
伊能　穎則	大助教	1869. 8. 2	本人	篤胤没後門人	小山田与清など門人
横山　由清	中助教	1869.	穎則門人		横山桂子養子
小中村　清矩	中助教	1869.	穎則門人		本居内遠など門人
井上　頼圀	中助教	1869. 7.29		篤胤没後門人	権田直助など門人
猿渡　容盛	中助教	1869. 8.	小山田与清門人		
河野　治人	中助教				
井上　淑蔭	中助教				清水浜臣など門人
榊原　芳野	少助教		穎則門人		
塙　忠韶	少助教				塙保己一の子
大畑　春国	少助教			大国隆正門人	
黒川　真頼	少助教	1869. 8. 8			黒川春村養子。69年12月27日中助教
鈴木　雅之	少助教	1869.10. 7	穎則門人		神山魚貫門人

大久保利謙『歴史著作集4　明治維新と教育』1987年265-266頁の表を一部訂正のうえで、人脈関係の項目を付加した。

像が伊藤至郎[10]と伊東多三郎[11]らにひきつがれてテキストの読解が進められた。また鈴木秀幸は雅之の教育論の近代性を評価している。[12]しかし、維新政府内の全国的な政策提唱者としての一面は十分に分析されず、このため時期的にも幕末の思想家のように扱われがちであった。[13]また、史料的にも神習文庫の所蔵本は十分活用されなかった。[14]

また、多くの先行研究は雅之の門人・木内宗卿の伝記以来の「独学」の像を強調しているが、就職の世話までに至る頴則の影響を無視することはできない。伊能頴則グループは、平田派らが雅之ら「歌よむ者をば、歌作りとのゝしり、腰ぬけとそし」[15]ったと雅之自身が伝えるように、他の国学者と異質な集団と考えられ、かかる文脈上で維新期を行動していたのである。

なお、本章では、「教化」という語句を分析のための概念として限定的に使用する。「教化」という言葉は、教義の注入や非学校的人間形成など多くの意味で使用されているが、ここでは、集団内の「教育」に対比して、思想や地位の異なる集団間の秩序的な関係づけの場合に用いる。つまり、外部から直接的に、或は教育組織を活用して間接的に、思想と秩序を持込む集団間の教えに、この語句を使うこととする。

第二節　教育と教化の位相

雅之の主著として注目されてきた神学書『撞賢木《つきさかき》』は、一八六八（慶応四＝明治元）年に修正の上で現存の形になったものである。[16]この神学的特徴は、絶対化された天御中主ら天神の機能の主眼が「生成」に関係するものに当てられていることであり、この生成が総ての人間に内在しているという理想と、現実の荒廃との断絶は、次のように教育と教化の微妙な関係を作り出す（強調の傍線と句読点は高橋、以下同じ）。

道ハ、もとかく天神の生成の道にて、人心に具修《ツナハ》れゝば、其そなはれるまにゝゝ行ひて、甚く過つものだになくは、道といひてことさらに教へ導くにハ及ばぬものなり。是、吾御国の古に道といひ教といふことのなき義なり。人各身にそなハれることをなして、邪悪の人少く、国よく治《オサマリ》しうへは、何の為にかハ道・教を設けむ。さるを腐儒輩、やゝもすれば、古に此道といふことのなかりしをいひて、甚くいひ貶《オト》し譏り奉りしハ、あなかしこ、己《オノレ》道によりて生活しながら、其大恩を思はざるふるまひよ。罪悪の極といふべし。邪道に惑へる人の心ハ、大かた皆かくの如きものなり。懼るべしゝゝゝ（割注略）。爰に本居先生出られて、曠世の才識をふるひ、千古の正学を興されしより、真道世にあらはるゝやうに成にたるハ、実に開闢以来無比の大功といふべし。然れども、彼が教といふことを甚く排斥せられしかば、其学を奉る徒、多く詞文《ウタフミ》・風流《ミヤビ》に流れて、教といふことを嫌《キラ》ふやうになれるハ、嘆くべし。人心質直《スナホ》に敦《アツ》かりし古こそあれ、異端邪説かくの如く多く盛なる後に今にして、教なくて宜《ヨカ》らめや。且古ハ姦悪のもの少き故に教を立ざりしなれば、姦悪のもの多かる今ハ、必、道を立て教を設くべし。是、善をなし人道を尽し生徳を全くして、天神の大命を遂果《トゲハタ》す術《ミチ》なり（割注略）。されば教を嫌ふハ悪を増にて、神の御心にハかなはぬことぞかし（割注略）。

つまり、天神の生成の道は学問の根本だが、これが自然に備わっていた古代には、「教へ導く」必要がなく、ことさらに「教」・「道」ということがなかったが、今日では「異端邪説」も「姦悪」の者も多いので、生徳を全くするためには「教」が必要となったと述べる。この「教」とは、思想的集団の分散を前提に他の宗教と対抗し、「姦悪」の者を導く行為であり、つまり教化である。このように雅之の神学のなかには、内在的に道が備わる理想、すなわち教育的な理想と、対抗的な教化の必要な現実という二つの領域が設定されているのである。

制度的な改変の必要を論述した雅之の『民政要論』、『民政要論略篇』、『治安策』[17]は執筆年がはっきりしない。伊藤至郎と伊東多三郎がそれぞれ一八六八（明治元）年前後とする推定をしているが、『治安策巻之二』では神祇官や大学校の存在を前提にした表現があり、現存テキスト全体が最終的にでき上がるのは、より下って一八六九（明治二）年六月以降ではないかと考える[18]。そして諸本の相互引用と部分的な訂正を考慮すれば、単純にある年以前に書かれたという推定は困難である。

つまり、この制度論の諸テキストは、神祇制度や宗教政策が激動する維新の時期の、どの時点で成立したかが判然としないという問題をもつ。そこで読解の方法としては、一連の著作を内容的に相補的なものとみる方法も可能であろうが、それぞれの著作は制度的内容から教育機関を示す語句までも大きく違うという問題を持っているので、個別に論理を追って分析する。[19]

全面的な農村改革案として出された『民政要論』は、具体的な農村の現実の描写と身分制を批判する斬新な提起として、幾度となく紹介されてきた。このうち制度的な教育と関係するのは、「幼」の項の「治術」を述べた次の箇所である。[20]

> 幼童を能仕付るにハ、種々善術あるへけれと、天下の制度定ぬ中ハ、為かたきともあれは、先、今日のありさまにて申し試むへし。先大抵、一里四方の村々組合、是を一組として（挿入：其中に修学所を立へし。修学所ハ）（削除：組内の童子を二に分、十才以下と一十五才以下（訂正十才以上）とを二組に分、扨修）（挿入：先かり）に其村の寺を明させて住僧を他所へうつし、或は、寺内に堂などあらハそこに置、いつれにも宜しく計ひて、其寺を仮の学校とすべし。扨、組内の幼童、九歳以上十五歳以下を皆そこへ通ハして、習ハしむるへきなり。其師ハ僧俗老若に限らす、当器の人を選擢して士分の格を差免し、他事に係らす、脩学・教導を専一とすへし。扨、其師の俸米、諸雑費等は、童子の家より出さしむへし。尤、是迄とても、出入の贄料・礼料・年中五節句の祝儀・寒暑見舞料ハ出したれハ、大抵それにて宜しかるへきか。先、一組の子供、百人と見て、節句の収納米、一度に米弐升宛なれハ、年中一人分一斗、百人分十石なり。米十石あれハ、五人の食あり。先、親・妻子の養は出来るなり。寒暑其外の収納、一人分年中の附届、金弐分なれハ、百人分五十金あり。衣服料一人前、年中五両宛とすれハ、五人分廿五両引、余金廿五両あれハ、先、塩・味噌・薪料ハあるへけれハ、余ハ従者の手業にて稼なハ、師の経世ハ出来ぬへし。扨、書類等ハ組内の富家に勧化して、積金・無尽を組立、是にて買調、又貧家の子の学料なきを助成して、無利足同様に貸付て学問さすへきなり。教導ハ先、『庭訓往来』なとの書牘体を始として、天・地・人の名数・事物を教習し、算筆読書は勿論、五倫の道・綱常の理、専一に考究すべし。さて、心得置へきことあり。そハ、倫理・綱常ハ、別に一書を択て教ふへき

なり。漢土雑駁の書に就て教ふへからす。又漢学も世に多く用る計を択抜て、一に集記して伝授したきもの也。

学校を支える組織は、一里四方の村々を組合せたもので、ここに「修学所」が建てられ、当面は寺や堂に「仮の学校」を置くことも認めている。生徒は「幼童、九歳以上十五歳以下を皆」通学させる。貧しい家の児童も通えるように書籍等を裕福な家のお金で積み立てて購入し、貧しい家の子にはそのお金を無利子同様に貸付るという互助的な奨学制度を提起している。また、別の箇所では優秀な生徒を優遇して、その後「官」に就職させ、逆に武士の子も農商人にすることも述べている。教師は、「僧俗老若に限らず」抜擢して十分に取り立て、給与は児童の家の自己負担で、一組の子どもを一〇〇人と仮定して、毎年一〇石と五〇両が集ると計算する。教育内容は、後続する箇所で四書五経の素読は無益であると排され、『庭訓往来』などによる読み書きや名数事物の学習という実用的なものが強調されており、一方、「そハ、倫理ハ、綱常は別に一書を択て教ふへきなり」と道徳的教育も述べている。ただし、この「一書」の内容は具体的には書かれていない。

以上の「修学所」構想は、農村の組織を前提にした私費による教育である。そこには学校での知識による村落全体の復興や個人的な地位上昇が期待され、実用的な農村内の教育としての意味が非常に強くなっている。しかし、突如でてくる倫理綱常の「一書」については、内容は前後関係から国学色の強いものとしか推測できないが、この書について村の中でどんな合意ができるのかは言及されない。

『民政要論略篇』は従来、『民政要論』のダイジェスト版と理解され、『民政要論』との異同は十分に分析されていない。[21] しかし、次の「教師の事」の一部は、教育と教化に関しては大きな相違がある。

其脩学所ハ、先大抵、一里四方の村々組合せ、これを一組として、其宜しき場を見計らひて建べし。先、其見当の村の寺を明させ、住僧は他所へうつし、或ハ、院内に堂なとあらは、そこにおき、いつれにも宜しくはからひて、仮の小学校とすへし。さて、組内の童子、八・九才以上を皆集めて習ハしめ、其村々へハ、毎月出張し［一字虫食い］講説さすへきなり。講説の書ハ、倫理を専として、神代［三字虫食い］のぼり、天地のはしめ、［擡頭］天皇の御由緒、己々か先祖の本を明にし、生死の理をさとし、因に万国のありさまなど選述して演説すへし。此よし『策』（高橋注：『治安策巻之一別記』）に凡いへり。さて、其師の俸米ハ見計らひにて、官より賜ハるへし。諸雑費ハ童子の家より出さしむべし。

「脩学所」の当面の建物を以前は「仮の学校」と呼んでいたが、これが「仮の小学校」と上級学校を意識した名称に換えられている。そして一番大きい改変は、『民政要論』で長々と計算の根拠を示していた教師の村民の私費にもとづく給与が、「其師の俸米ハ見計らひにて、官より賜ハるへし」と官費からの支給となったことである。そして、生徒の教育のほかに、「其村々へハ、毎月出張し［一字虫食い］講説さすへきなり」と明示されている。『民政要論』であやふやだった「一書」の内容は、この巡回講説にともなって、「講説の書」として倫理一般と国学的な天皇を中心とした秩序に関するものと言明され、後述の『治安策巻之一別記』と類似のものになっている。

以上の点から、『略篇』では『民政要論』の「修学所」構想よりも中央の官との関係が強化され、巡回講説という新たな職務も提起されたことがわかる。「講説の書」は『治安策巻之一別記』の本文に中央官庁が作るものとある書に対応し、農村の教師を動員した官による農村の強化策が述べられている。

『治安策』は、巻毎に学校構想が異なるので、まず『巻之一』から検討する。ここでは「正学校立てまほしき事」の章で、[22]「正学校」を「京は勿論、諸国に」立てる全国的学校制度が提起される。しかし、「学士をめし集て真道を教示」すること以外は、具体的に説かれない。

『巻之二』は、商人の暴利に苦しむ農民を助けるために、均田制や流通管理の制度を提起していることで雅之の制度論の中で従来から有名な箇所である。[23] 郡毎の「郡司」の新設が提起され、ここに郡中の政治と経済が集中する。この郡司は教育についての権限を持ち、ここに「文武教導所を建、各其師を置、郡中有志の者を集めて諸芸教授すへし」と、地方官立の教育機関ができる。さらに、寺子屋の師匠は、「教導所の師の指図をうけ、弟子の礼をとり、時々館へ出て学ぶやうにせしむべし」とされ、その管理と扶持の支給や村目付への任命などの優遇策も述べられている。また、児童の優秀なものを大学校に進学させることも述べられている。

この「文武教導所」構想の基本をなす郡司の構想は、富豪の田畑を買上げて貧農に与えるという「均田の法」まで行なうというもので、統制的色彩が強い一方でかなりにユートピア的な性質をもつ。「天下富て後、城郭・兵甲、完からしむへし。蓄積そなふへし。学校をおこすへし。学校立て、真道明かに学術精を究めハ、人才・学徳ともにすゝむへし。天下の人、学徳才芸進ミ、城郭兵甲完く蓄積余あらハ、法制何そ正を得さらむ。苟もかくの如くならハ、海内乱おこることなし。そもそもまた何をかうれへ、何をかおそれむ。あな、たのしきかも。」というように、豊かな社会が実現することを前提として学校を構想しており、さきに見た『民政要論』と『略篇』の現実性とは異なる次元の議論となっている。もちろん雅之が考える構想を国学的教育思想のもとに実行すれば、教化が不可欠となるはずである。しかし、文脈ではその楽観性ゆえに教化が表面化しないのである。

最後に『巻之一別記』を検討する。編成上『巻之一』を補うこの巻では、『巻之一』で少ししか説明されなかった学校論が、かなりの紙幅で展開されている(24)。

文教官庁としては中央に書籍の検閲と学問の監督をする「文学の総督」や「博士」などを置き、また「学館」が置かれ、学才による学位が定められ、また優れた幼童に手当を与えて学習させるなど細かい世話もして、「人材の引立」に努力する。学校は諸国に便宜に従って作られるが、困難なときには、「町々在々の寺院」で代用し、寺子屋師匠も活用される。教育と学問の科目は、神典学を筆頭に、歴史学、律令学、歌学、儒学、仏学、蘭学、兵学、天文学、医学、占卜となっている。そしてこれらはみな、「根本学」を主とする。

この根本学は、学問的研究の根本であるだけでなく、広く民衆も学ばねばならないものとされる。また、「根本学を教示するものハ、別に一書を作り、弁舌よろしきものに講釈いたさすへし。」と述べる。その書の内容は五倫の道と国体の縁起など、儒学的な道徳と国学的な秩序観を主としている。そして、この中央で作られた「一書」を「弁舌よろしきもの」が説いて廻ることが注目される。また、諸国の学校の代用とされる寺院の僧侶も、この根本学を学んで教師になるといった仏教を動員した教化が重視されている。しかし、その支持の調達方法は本山の説得しか述べられておらず、具体性に欠けている。

本節での検討を教化に注目すると次のようにまとめが言える。すでに雅之は『撞賢木』で教育と教化の二つの領域を提示していた。しかし、『民政要論』に描かれた農村内の教育である「脩学所」構想や、『治安策巻之二』に描かれたユートピア的な「文武教導所」構想では、教化は具体的に表面化しない。ところが、「脩学所」構想に官の介入による現実化を試みた『民政要論略篇』では、官による農村への教化が表面化する。「文学の総督」をはじめとする文教官庁のもとで全国に学校を建てるため仏教を動員した『治安策巻之一別記』でも、教化が重視される。そして『略篇』と『別記』はともに、根本学からつくられた一冊の書物を教化の内容として重視しているのである。

雅之の教育構想は農村内や郡司での教育として構想されている。また、その教育内容は雅之自身の国学思想に密接に結び付いている。しかし、構想が現実化するほど、その国学的思想を簡便に徹底するには教化が不可欠のものとなってくる。しかし、この教育と教化との内容的な区別は、つけられていない。この教育と教化が内容的に未分化な構想を、「教育＝教化的構想」と呼び、次節で検討する。

第三節　教育＝教化的構想から共通教化へ

雅之は、一八六九（明治二）年に盗賊の逮捕と農村の教導を宮谷《みやざく》県令柴山文平に建白した『捕盗安民策』をはじめ[25]、いくつかの建白書を作成している。大学校のものと宣教使のものは、大体の時期がわかるので、それぞれ区別して検討する。

大学校開校の一八六九年六月前後の時期に書かれた無題の建白書（『大学校建白書』）がある。[26] ここで雅之は、「謹て按に、［闕字］皇神の大恩徳を普く世人に知しめ、［闕字］天皇の至尊・無窮の大君たるよしを、明に臆兆（ママ）に示して、人々皆［闕字］朝廷に忠義を尽し、相与に一和して、国を富し兵を強くせん大基礎を立られんにハ、必、人倫一日も闕へからさる書を選定し、本教を立て、教導せすハあるへからす。」と述べる。つまり大学校の任務として、富国強兵のためにも「人倫一日も闕へからさる書」が必要と位置付けるのである。この「書」は、別の箇所では「教書」や「教導書」とも呼ばれている。これは神代の記録のままでなく、あらたに作成するものであり、「それにつけてなほ、撰書の体裁の愚按を申さむに、古神聖の行蹟を本とし、神代諸記・諸史・雑録・註釈等により教と立へき言行を撰ひて、天地・万物生出のとをはしめ、五倫の起本・行事の得失・善悪応報・死生の理を説述、次に五常・仁の大小・義の公私・礼の本末・智の正邪・信の浅深等を詳に明し、是を国にとりて足さる時ハ、他国よりもとり用ゐ、よろつ偏固をさり、公正に順ひ、すへて人の悦服してことに是に従事するやうにえらはるへし。」というように国学的なものを中心に漢学的な道徳を含む内容である。

また『学則私議』は、大学校・大学内で「大学規則」をめぐる論争の過程で作られたもので、学科や人員構成についてのプランが示されている。[27]「学科」は倫理学、経済学（分科として律令・物産）、経世学（分科として兵学・医学・文章）となっていて、この三学は、国学的色彩の強い「倫理学」が筆頭にされているだけでなく、すべて「依経」として「神典」が定められている。また、「三学、神典ヲ依経トスルハ、先、天地アリテ人物アリ、人物アリテ事業アリ、是学アル所以也。然シテ天地・人物皆、吾［平出］天神ノ鎔造・保全スルモノ也。是故ニ神ハ万物ノ宗源、衆理ノ出ル所ナリ。故、物理皆、神典ニ具ラサルヿナシ。神典、豈百学ノ本原ニアラスヤ。是依経トスル所以也。」と依経が不可欠である理由も述べる。ここでの「神典」とはなにかは記されていないが、この神典が最先端の西洋諸科学も含めて、すべての学問の根本となりうるという発想に注目すべきであろう。

こうして『大学校建白書』と『学則私議』を併せてみると、制度論で教育の諸学科を統轄し同時に僧侶やすべての民衆の教化の基準になった「根本学」と同じ発想が出されていることがわかる。大学校が国学的な思想の教えを中心任務とし、その学術研究と教育も「依経」と結合されており、教育と教化は未分化である。つまり、これは教育＝教化的構想の建白といえるであろう。

雅之は、一八七〇（明治三）年三月に中講義生に転じ、死去するまでの一年余り在任する。この時期の雅之の文書に宣教使の講義草案や『講義録凡例艸稿』などがあり、宣教使での教書作成の作業を示している。(28)

こうした教書の意義を雅之がどう捉えていたかを示す建白の草稿がある。(29) この建白で雅之は、宣教使は、教の根本も教書の教化の方法も公正な人事もできていないと述べる。さらに諸説が乱れて、古典や人事の証明なく主張する者が宣教使内にいると述べ、神の機能や予美をめぐって諸説乱れる状況を述べる。ここで列挙される天照大神のみの礼拝の必要を語る説などは、『撞賢木』と矛盾しやすい説であり、客観的な混乱の描写というより、彼自身の批判が込められている。そしてこうした混乱から、「斯ノ如クニテハ、大教ヲ施シテ却テ世人ヲ疑ハシムルナリ。是豈、宣教ヲ設給フ［闕字］御旨意ニ叶ンヤ。故、速ニ道本ヲ定メ教体ヲ立テ、衆口一致スルヤウニナサムヘシ。」と結論する。

さらに教書について次のように述べる。

教書ヲ撰定センヿヲ論ス

大教ヲ宣布スルヿハ、必、学者ニアリ。然ルニ、学者、各師ヲ異ニシテ習フトコロ必シモ同シカラス。此故ニ、見、異ヲナシ易ク、論、ヤヽモスレハ乖ク。是皆、先入主トナリ、習慣、性ヲナスニテ、我ヲステヽ理ニ随ントスレ𪜈、オノツカラ我ニ掣レ習フトコロニ馳ルヿ、古今学者ノ通弊ナリ。是、所説人々異ニ、口々別ナル所以ナリ。

今ノ講者、定マレル目的ノ書ナキ故、多ク意ヲ以テ講録ヲカキ、私定ノ書ヲ演説シ、マタ日々講習スルトコロ、大抵、口ニ任セテ云ント欲スルヿヲ言フ故、異説シキリニ起リ、或ハ不経猥褻ニナカレ、或ハ妄ニ外国ヲ謗テ却テ国辱ニナルヿヲ忘レ、或ハ［闕字］神徳ヲ挙ルニスキテ迂遠ニオツルナト訓トナシ難キモノ最多シ。カクノ如クニテハ、却テ世人ヲ惑スナリ。イカテカ大教ヲ布ル、［闕字］御旨意ニ叶ン。故、先、此弊ヲ附《（マヽ）》キ蒼生ヲ謬ラヌヤニスヘシ。

謹テ按スルニ、教書ハ皇神ノ大道・人倫ノ規則ヲ載、惑ヲ除リ、慾ヲ遏メ、悪ノ本ヲオサヘテ、作善ノ美ヲ観ヘキ枢要ノモノニシテ、講官ノ標準目的トスルコトナレハ、尤厳正・簡雅・懇切ヲ尽シテ撰録シタキナリ。

ここでは学説が分化するのは「学者ノ通弊」として、これの対策として教書を提案している。これは教育と教化の関係を論じる上で、じつに注目すべき論理である。師から弟子への国学の教育と民衆への教化は、今までみてきたように未分化に把握されるのでなく、相互に矛盾するものとして捉えられているのである。そしてこの教化のために、「講官ノ標準目的」として「教書」をつくるべしとしているのである。

ここで提唱される「教書」は、「皇神の大道・人倫ノ規則ヲ載、惑ヲ除リ」と述べられ、今までの議論で度々出てきた教書類の延長にあるものといえよう。しかし、言明された教書の機能は、大学校の時期と比較して、大きな論理的発展がある。よく似ている国学者たちの間でも、自己の神学を直接教化の内容にすることは不可能であった。こうした現実を自覚し、教化主体の独自の理念が互いに異なるという現実を認めた上で、各人が独自に教育され・教育している神学から独立して、政府によって教化の標準たる教書が定められるという主張である。つまり、教化主体にもともと思想的・教育的な違いがあることを認めた上で、各自が共通に教化しなくてはいけない部分があると提案されたわけである。これを「共通教化構想」と名付けておく。

ここで『治安策巻之一別記』の内容を振り返ると、僧侶までも教化主体に挙げていた「一書」による教化の構想は、実際に起るであろう思想の違いによる混乱を考えていないことが照射される。しかし、宣教使内の現実の小さな混乱をもとに教書による共通教化構想が析出した段階では、『別記』の仏教動員構想をより現実的なレベルに引き上げる可能性を示すのである。

第四節　まとめ

検討した鈴木雅之の教育と教化の議論は、三つの段階[30]に整理される。第一は、ユートピア的な教育論である。天神の道が自然と行なわれる古き時代では教化の存在が否定される（『撞賢木』）。また、民衆が自主的に教育制度を運営する村落（『民政要論』）や、経済的制度が整い人間が豊かに徳をもって生活する理想の状態（『治安策巻之二』）では、教化は表面化しない。第二は、教育＝教化的構想である。国学を広く民衆も異なる思想の集団に教化するには、「教書」による教化が強調されるが、これは内容的には国学的な教育と同質の根本学に基づく。つまり、教育と教化が同一視されている（『民政要論略篇』、『治安策巻之一別記』、『大学校建白書』、『学則私議』）。第三は、共通教化構想である。国学者の諸派は独自に派内の教育を続け発達したが、これはその多様性ゆえに現実の宣教使の教化活動を阻害した。かくして、各自の教育と独立に、共通に教書を教化することが提唱されたのである。

第一段階は理想に留った。第二段階は、平田鉄胤・玉松操・矢野玄道らの起草による皇祖天神社と本教学を筆頭においた学舎制に共通するものである[31]。また、有名な大学校での国漢両派の争いも同じ発想に依拠するものであり、実際、雅之はここで伊能穎則の指導のもとに『孟子』攻撃の論陣を張った[32]。しかし、これらは十分な支持調達に致らず失敗に終わる。これに対して第三段階は実現の可能性を大いに増加させた構想である。第三の段階の意味を大教院成立を前に没した彼に即してこれ以上検証することはできないが、神道中心の宣教使から仏教と民衆宗教までを三条教則のもとに動員し得た大教院の進む方向性を、彼の論理の展開は如実に示している。つまり、この諸段階は雅之の構想が展開していく段階であるだけでなく、宣教使のもとに天皇を奉戴した新しい思想が支持を調達していく過程と即応しているわけである。

もちろん、第三の段階での共通教化の独自性さえ、まったく中性的なものになるのではなく、たえず理想的な思い入れと非主流的な思想側の反発がありうるものであろう。しかし、ここでは思想的分散状況を自覚化した上での共通化が図られたことを、天皇制への支持調達の機能の一つとして考えるべきである。そして、この第三段階の現実的展開のあとづけをさらに広範な資料にあたり検討をすることを今後の課題として、この章を終える。

〔後註〕本章は、研究が限られた鈴木雅之の建白書などを、本書第1章でのべた「教育」と「教化」に区分して再読解したものである。鈴木雅之や彼をふくむ国学者のグループ（伊能穎則グループ）などをめぐって本章は、桂島宣弘『幕末民衆思想の研究――幕末国学と民衆宗教』（文理閣、一九九二年、増補改訂版二〇〇五年）、藤田大誠『近代国学の研究』（弘文堂、二〇〇七年）などで言及された。一方で提起した「共通教化」については、第1章後註のとおりに、焦点をあてて論じた論考に乏しい。

（1）宣教使と大教院は、佐藤誠実『日本教育史』巻下、一八九一年、三五五―三五七頁などで通史的にも位置付けられ、小松周吉「明治絶対主義の教育精神」『教育学研究』第一九巻第一号、一九五二年では学制と表裏一体のものとして強調された。
（2）辻善之助『明治仏教史の問題』一九四九年、一七三―一七四頁。
（3）大林正昭「明治初期教化運動の理念」『広島大学大学院教育学研究科博士課程論文集』第二巻、一九七六年、大林正昭「教化から啓蒙への転回」井上久雄編『明治維新教育史』所収、一九八四年。このほか『広島大学教育学部紀要』掲載の論文（第二八、三一、三二、三三、三四巻）など大林氏による研究は多い。
（4）阪本是丸「教部省設置に関する一考察」『国学院大学日本文化研究所紀要』第四四号、一九七九年。阪本是丸「日本型政教関係の形成過程」井上順孝共編『日本型政教関係の誕生』一九八七年。
（5）羽賀祥二「神道国教制の形成、宣教使と天皇教権」『日本史研究』二六四号、一九八四年。
（6）伊能穎則『愚策三則』一八六〇（安政七＝万延元）年、成田山仏教図書館所蔵の小原大衛写本。伊藤泰和氏の御教示によると自筆本は香取文庫に所蔵されているが閲覧はかなわなかった。
（7）穎則に関する伝記的事項は『香取群書集成』第四巻、一九八四年、第五巻、一九八八年の翻刻史料および第五巻の伊藤泰和氏の「伊能穎則年譜」による。
（8）雅之の年譜は、伊藤至郎『伊能忠敬・鈴木雅之』一九四一年所収の木内宗卿『穂積雅之君之略伝』（現在原本不明）および伊藤至郎『鈴木雅之研究』一九七二年（一九四四年序）五三頁に所収の墓碑による。なお没日は四月二一日が通説だが、常世長胤の『神教組織物語』一八八五年（『日本近代思想体系第五巻・宗教と国家』一九八八年所収、三六九頁）と『公文録・辛未三・四月神祇官伺』の一八七一年四月二四日の神祇官伺は、二二日と記している。しかし、堀秀成の『使庁日記・明治四辛未年』（学習院大学所蔵）の三一丁オの四月二二日の条に「昨夜死去」の届があったと記しているので、二一日の夜の死亡と見なす。

（9）村岡典嗣「農村の生んだ一国学者鈴木雅之」『思想』第一〇〇号、一九三〇年。

（10）前掲の一九四一年、一九七二年の単行書のほか、伊藤至郎「鈴木雅之のこと」『伝記』第三巻第一二号、一九三六年、伊藤至郎「国学の死滅新しい出発」『文学』第一五巻第五号、一九四七年。

（11）伊東多三郎「幕末国学者の一方向」『神道研究』第三巻第三号、一九四二年、伊東多三郎「国学者鈴木雅之」『近世国体思想史論』一九四三年、伊東多三郎「民政要論の梗概」『草莽の国学』一九四五年、伊東多三郎「民政要論と治安策巻之一別記について」『史学雑誌』第六七編第六—八号、一九五八年、伊東多三郎「維新期の農村の国学者鈴木雅之の改革論」『対外関係と政治文化』第三巻、一九七四年。

（12）鈴木秀幸「『学制』前における教育者の精神構造、下総の鈴木雅之を中心として」『歴史論』第四号、一九七一年。

（13）たとえば入江宏は幕末までの諸学校構想の中に雅之を分類している（『講座日本教育史2』一九八四年、二一二頁）。

（14）雅之の文書は遺族所蔵の七八冊が『鈴木雅之全集』と名付けられて成田山仏教図書館に所蔵されている（以下、成田本）。また井上頼圀旧蔵の神習文庫（無窮会図書館）に一六点がある（以下、神習本）。神習本は成田本の写本と推定できるものが多いが、成田本にないものも含む。ただし従来、神習文庫の目録により『治教略論』が雅之の書とされてきたが、これは黒田直邦の著書である（福井久蔵編『治教秘録』一九三七年との比較による）。このほか内閣文庫所蔵の『民政要論』や、農商務省所蔵の『治安策』（小野武夫『近世地方経済史料』第五巻、一九三二年の翻刻の原本だが現在不明）がある。

（15）鈴木雅之『邪説弁』神習本三丁オ。これは宣教使期の大国隆正派の渡辺玄包への反論であり、冒頭に反論を勧める「ある人」を登場させて雅之一人の意見でないことを強調している。

(16) 鈴木雅之『撞賢木』成田本四番八丁ゥ—九丁ゥ。神習本と青柳高鞆翻刻の『やまと叢書』所収本、一八九〇年の照合では大差なし。
(17) 前掲の伊藤至郎一九七二年、一四五頁、一七三頁。前掲の伊東多三郎、一九五八年、第六七編第六号、六七頁。
(18) 鈴木雅之『治安策・稿本巻之二』成田本七四番。「神社等は神祇官のかかりなれとも」(二九丁オ)、「館より大学校へ出すへし」(三〇丁オ)という箇所がある。
(19) 鈴木秀幸は前掲の論文(二一頁)で、諸テキストを繋ぎあわせて文学総督・大学校・学館・脩学所と接続させた図を描く試みをして、「明治期の教育制度に近似し」た「学校制度の体系化」を摘出している。しかし、後述の文武教導所と学館など全く性格の異なるものを同一視することに疑問があるし、単純な学校体系の知識なら大学校教官の雅之が知っていて当然のものので独自性の検討とはならないであろう。
(20) 鈴木雅之『民政要論・稿本上』成田本七一番九丁ゥ—一〇丁ゥ。神習本との照合では大差なし。
(21) 鈴木雅之『民政要論略篇・巻之上(一)』成田本六六番、一二丁ゥ—一三丁ォ。
(22) 鈴木雅之『治安策・稿本巻之一』成田本七三番、七五番。神習本、『近世地方経済史料』本との照合では大差なし。
(23) 鈴木雅之『治安策・稿本巻之二』成田本七四番二八丁ゥ—三〇丁ゥ。神習本、『近世地方経済史料』本との照合では大差なし。
(24) 鈴木雅之『治安策・巻之一別記』成田本七六番。神習本との照合では大差なし。
(25) 鈴木雅之『捕盗安民策』一八六九年三月、成田本七七番(ただしペン字写本)。前掲の伊藤至郎、一九四一年、二九〇頁の言う平山家本は未見。
(26) 鈴木雅之『[大学校建白書]』成田本二五番。
(27) 鈴木雅之『学則私議』神習本。
(28) 『講義録凡例艸稿』成田本一六番、『[宣教使講義草案]』成田本二六番。
(29) 鈴木雅之『[建白草稿]』。ここでは成田本一五番(清書本)による。草稿本一四番と大意は同じ。この建白書はすでに藤井貞文が宣教使の混乱と教書確立の方向を示す史料として活用し（「明治国学発生の問題——宣教使を中心に」『国学院雑誌』第五二巻一号、一九五一年、「宣教使における教義確立の問題」『神道学』第五一号、一九六六年）、前掲の羽賀祥二の論文も藤井氏に依拠して小野述信の対立者として雅之を描いているが、雅之研究の中には十分に位置付けられなかった。

(30)　ここで段階というのは、雅之の言説から摘出した論理の相違する位相をさし、時間的に段階を切断するという意味ではない。しかし、引用した『撞賢木』の雅之自身の教育と教化の歴史的位置付けや、現存史料では第三段階が宣教使の混迷を経てのみ出現することなどから、この諸段階を論理の展開として観ることは、可能であると考える。

(31)　太政官編纂『復古記』、一九二九年版第三冊、一七二―一七六頁。

(32)　『弁孟』成田本二二一―二四番は一八六四（元治元）年から一八六七（慶応三）年の成立だが、『花藥集』成田本四五番四一丁ウ―四二丁オに大学校で『孟子』の議論が起こり、穎則の勧めで『弁孟』を提出して『孟子』の教科書扱いの廃止に成功したという話と歌をのせている。

第5章　東京と大教院

〔初出〕「宣教使・大教院と民衆教化」『東京都教育史 第一巻』東京都立教育研究所、一九九四年、三七一―三八五頁。

〔要約〕第5章は、明治初年の首都東京における宣教使、大教院の活動や学校の関係を概観したものである。

一八六九(明治二)年の宣教使は中央官庁として東京に置かれたが、実際の活動は低迷した。これに対して、一八七二(明治五)年の神仏合同の大教院は、その設立前から説教が開始され、浅草の浅草寺に中教院が置かれるなど、活発な活動を見せた。一方、近世からの講社を風俗取締の観点から統制しようとする東京府に対して、講社を取り込もうとする教部省が抑制をする一件があったり、実態として寺社などを学校へ転用するなど、複雑な様相があったことがわかる。

第一節　神仏分離と大教宣布

1　神仏分離と社寺行政

明治維新は、近世までの神仏混淆の宗教的秩序に代わって、天皇と日本の神々への崇拝を基礎とする秩序がつくられようとした時期である。中央の官衙では、一八六八（明治元）年一月一七日に太政官神祇科が置かれ、二月三日には神祇事務局となり、さらに三月一三日には「祭政一致」の制度に復するため、古代律令制以来の神祇官を復興して神社を管轄することが布告された。この時期の宗教政策の特徴は、三月二八日に太政官から出された神仏判然令にあらわれたように、神社と寺院を区別することであった。しかし、この区別は地方によっては仏教寺院への圧迫として行なわれ、有名な「廃仏毀釈」の様相を呈したのである。

東京では、一八六八（明治元）年五月一九日の江戸鎮台設置にともない、市政・民政・社寺の三裁判所が設置され、さらに七月一七日の東京府の設置を受けて、九月二日に市政局に社寺方が置かれた。この社寺を管轄する部局は、一八六九（明治二）年二月二九日には社寺方、七月二一日には常務局の社寺掛となり、一八七一（明治四）年八月二三日には異宗徒掛が設置されている[1]。中央では一八七〇（明治三）年一〇月二日に民部省に社寺掛がおかれ、一〇月二〇日に寺院寮と改称されるまでは、寺院を管轄する特立された部局はなかったが、東京府では神社と寺院が同一の部局で管轄されていたことがわかる。

東京の大寺院における神仏分離の状態をみると、増上寺では、山内に多くの神社を抱えていたが、稲荷社が神社として独立したことにともなって寺院内の一二社が一八六八（明治元）年ごろに同社に遷座し、一八七三（明治六）年には芝東照宮が独立した[2]。また、寛永寺は彰義隊の戦闘で多くの建物を消失していたが、付属する不忍池の弁才天堂に

鳥居があるために神社と見なされようとしたところを経典を根拠にして寺院として認めさせたといわれる。(3)

2　大教宣布と宣教使

一八六九（明治二）年三月に太政官に教導局が置かれ、七月八日には宣教使となった。九月二九日には宣教使の官員が定められ、一〇月九日には神祇官に属する部局となった。翌年一月三日には、「宣布大教詔」が出され、「惟神之大道」の宣揚のための宣教使の活動が宣言された。宣教使では、「敬神」「尊王」などのテーマで講義生等による講義が行なわれ、官員や公家の聴講者がいたことがわかるが、(4)こうした講義は直接民衆に働きかけるものではなく、「翌日講義ノ題目ハ前日ノ夕剋渡サレ」(5)という宣教使内部で模擬的に行なういわばシミュレーション的な講義であった。

一八七〇（明治三）年三月二七日に太政官が各府藩県に宣教使への人材登用の推薦を申し渡しているが、実際にはキリスト教対策のための長崎出張という例を除くと、東京においても他の地方においても、大教宣布は民衆に影響を与えるものではなかった。たとえば、六月二三日に神祇官は「在東京ノ知事参事」が毎月一度神祇官に出向いて「宣教講義」を聴くように太政官に働きかけたが、これも東京にいる地方官の参事以上の高官が一人だけ出席するという極めて限定的なものであった。(6)

宣教使の官員は国学者・神道家で占められ、神道中心の教化方針が取られているが、それでも内部では教義をめぐる論争が絶えず、教書を確定して仏教者も含めての合同布教の必要が主張されるに至るのである。(7)

3　宗門大意

東京府からの調査に応じて、仏教各宗派が四項目の回答を一八七〇（明治三）年六月に提出したことは、この時期の中央政府にみられない事象である。項目は「宗門之大意」、「弟子ニ取リ剃髪為致候次第」、「剃髪致候ヨリ昇進出世之次第」、「本末孫末寺住職進退之次第」であり、宗派の基本的な教義と出家して住職となり昇進していく僧侶のライフコースに関する事項が問われていることになる。回答は各宗派の触頭やその代理などから寄せられ、東京都公文書館所蔵の原本には三五点が収録されている(8)。また、このうち主要な宗派の一部の回答と原本にない個人からの回答を一三点集めたものが、当時書肆三友社より『諸宗大意』と題して木版本で刊行されている(9)。

こうした調査と刊行は、かならずしも後の大教院の時期のような積極的な行政による宗派の動員を意味するものではないが、教義や僧侶養成についての情報把握を進めたものとして注目される。回答においては、各宗派の伝統を皇室や朝廷との関わりの歴史から説くものが多く、従来の公式の特権や格式を剥奪されていた時期における仏教側からの働きかけをみることができる。

第二節　神仏合同布教と大教院

1　府下の説教の開始

一八七一(明治四)年八月八日に神祇官は神祇省に格下げされ、一八七二(明治五)年三月一四日には教部省に改組された。教部省は、神道と仏教の双方を管轄したが、四月二五日には教導職の制度を定めて神仏双方の宗教者がこれに任命され、「敬神愛国ノ旨ヲ体スヘキ事」「天理人道ヲ明ラカニスヘキ事」「皇上ヲ奉戴シ朝旨ヲ遵守セシムヘキ事」という「三条ノ教則」に基づいて説教することが四月二八日に任務とされた。教導職には大教正以下一四級の階級があり、明治政府に関係していた国学者や神官、各宗派の代表者などが教正クラスの位についた。また八月八日には太政官布告により神官は全て教導職に補せられ、翌年二月一〇日の教部省達では神官僧侶以外の「有志之者」も教導職になれるようになった。

教導職による説教を進めるために、東京府は早くも一八七二（明治五）年五月九日に次のように命じている。[10]

町触

今般庶民教導之為メ、教部省ニ於テ教導職補任之祠官僧侶等ヲ始メ其他説教免許之者、本月十日ゟ府下各社寺ニ於テ説教之講席被相開候ニ付、衆庶男女之別ナク随意ニ聴聞致候様、此旨可相心得事

壬申　五月九日

この町触と同じ日には、浄土真宗本願寺派は、府下の六つの大区ごとで巡回説教をすることを願い出た。

第三十八号

第一大区　十日ヨリ十二日マデ　築地本願寺
第二大区　十四日ヨリ十五日マデ　西大久保光明寺
第三大区　十六日ヨリ十八日マデ　千駄ヶ谷順正寺
第四大区　十九日ヨリ廿一日マデ　駒込西教寺
第五大区　廿二日ヨリ廿四日マデ　今戸称福寺
第六大区　廿五日ヨリ廿七日マデ　深川西念寺

右之通、説教仕候間、此段御届申上候以上

壬申五月九日　　権少教正大谷光尊

東京府御中

このような教導職各自の活動を組織化し、後継者を育成するために大教院をはじめとする教院制度が作られていく。仏教諸宗派の代表者は、五月に大教院設立の建白を行なって許可を得た。八月二七日に芝金地院に仮の大教院が開講され、さらに一一月二六日には麹町紀尾井坂元紀州藩邸に移転し、さらに一八七三（明治六）年二月七日には増上寺源流院へ移った。[11] この大教院は、神道仏教各派が設置した民間の機関ではあるが、教部省からも人員が派遣されてお

り、同年三月一四日の教部省達「大教院事務章程」では教義講究、教書編輯、教職精選、教徒学科、教社得失の五箇条が大教院の所轄とされ、七級以下の教導職や教導職試補の任免などは大教院の「専任処置」事項とされるなど半官半民の外郭団体であった。この大教院には、天御中主神、高皇産霊神、神皇産霊神、天照大神の四柱の神が祭られており、僧侶が神道儀式を行なうという無理な体制であった。

さらに一八七三（明治六）年二月には大講義以下の教導職が、神徳皇恩の説・人魂不死の説・天神造化の説・顕幽分界の説・愛国の説・神祭の説・鎮魂の説・君臣の説・父子の説・夫婦の説・大祓の説という十一兼題について講録を作成することが求められ(12)、一八七三（明治六）年一二月二八日には大教院の御用紙を兼ねる左院御用紙『日新真事誌』で、皇国国体説・道不可変説・制可随時説・王（皇）政一新説・人異畜獣説・不可不学説・不可不教説・万国交際説・国法民法説・律法沿革説・租税賦役説・富国強兵説・産物製物説・文明開化説・政体各種説・役心役形説・権利義務説という十七兼題が発表された。これらの兼題は、教導職をめざす神官僧侶の学習の課題ともなり、多くの解説書が出版されることになった。十七兼題にみられるように法律知識や文明開化を伝えるという社会教育的兼題がある一方で、十一兼題では神道に関する教義の問題が直接に盛り込まれ、神官僧侶が共通に講究する兼題としては矛盾のあるものであった。

教導職の人数は、明治八年に、神道四二〇四人、仏教三〇四三人で、合計七二四七人がいたことが知られているが(13)、東京の教導職の人数はわからない。一八七四（明治七）年の仏教の教導職の名簿から(14)、所属別に数え直すと表のようになる［次頁］。

仏教側では東京府の教導職は一五％であるが、東京におかれた大教院に上級の教正レベルの教導職が詰め、また大教院関係の書籍の発行を行なうことで、東京が教導職の運動の中心となっていた。

仏教系教導職数一覧

（単位　人）

宗派名	全国教導職数	うち東京府
天台宗	121	21
真言宗	314	12
浄土宗	435	162
臨済宗	189	17
曹洞宗	222	11
真宗	466	28
日蓮宗	217	46
時宗	29	2
融通念仏宗	1	0
合計	1,994	299

2　東京府と教部省の対立

しかし教導職の説教の活動が順調に進められたわけではない。神官や僧侶は従来専ら地方官によって監督されてきたが、彼らが教導職となっていくと政府に直属するような様相となる。東京では近世以来、社寺だけでなく富士講をはじめとする各種の講組織が幕府の取締にかかわらず民衆の間に根付いていた。この対策をめぐって、教部省との間に方針の対立を示す一連の文書が残っている[15]。

一八七三（明治六）年六月九日、東京府知事大久保一翁は、次の布達案を出す件を正院に伺うにあたって、教部省に事前に調整をしようとした。

布達案

市在区々　戸長

神仏祭礼開扉等之節、奇怪之粉飾ヲ倣シ醜態ヲ極メ候様之義致間敷上、当三月中戸長ヲ以説諭差加候得共、今以不相止哉ニ相聞、良民之難渋不少不都合之事ニ候、右ハ神武天皇御祭礼之如ク、清潔端正之其道ヲ以テ礼敬ヲ尽シ信仰尊崇可致処、府下従来之弊風ニ任セ男女粧ヲ同クシ無謂旗幟ヲ飄ス等意ニ野蛮之俗ニ陥溺シ、加之常日題目富士其他種々之講中取立、日掛月掛等出銭為致、到底無益之冗費ニ充候義、実ニ可憫之至候条、已後信仰尊崇之本意ヲ体シ従前之悪習相改メ候様可然、万一不心得之者於有之ハ取調之上処分可申付事

明治六年六月

東京府の論理は、神仏の祭礼や講組織の活動が風俗を乱し浪費を招くという理由で、取締を明示して簡素化を強調

するものである。これに対して、教部省は次のように回答した。

神仏ノ祭礼且講中之弊習ノ儀ニ付、御打合之旨致承知候、右者教義上ニ関係致シ候ニ付、追々取調、漸ヲ以相改候様致度、尤男女粧ヲ同クシ其他奇怪之粉飾ヲ傚シ候儀ハ、屹度取締可然存候得共、題目富士其外諸講中日掛月掛等出銭之儀ハ、人民ノ自由ニ任セ、将又講中一同参詣等格別弊害モ無之分ハ、是迄之通差許可然存候、此段及御回答候也

明治六年六月十四日　　宍戸《ししど》〔璣《たまき》〕教部大輔

東京府知事殿

教部省の論理は、この件が「教儀上」の問題であると断って教部省の管轄事項であることを明示した上で、男女が同じ服装をするような行為は禁止するにしても、風習を「漸ヲ以」て改めようとするものである。とくに講の活動などを「人民ノ自由」として問題ないとした判断も注目される。しかし、東京府は、大教院の神殿鎮座式に多くの民衆がつめかけた事件を受けて、警保寮に打合わせをして、六月一九日に再び教部省に回答を迫っている。これに対して教部省は翌日に、前に回答してある通りであり見ていないなら府の側の手違いであると回答している。ここでは、東京府が大教院自体の活動についても問題と考え、「対外国御外聞モ如何」「人心迷惑」と判断していることが注目される。一方教部省は、三条教則の遵守などをうたった「教会大意」が大教院から出されたことを受けて、八月二四日に地方の講組織を「教会大意」を基準として「弊風改正」を条件に許可していく方法をすすめた。東京の富士講をはじめとする講組織はこの政策のなかで公認され、教派神道を形成することになる。つまり、東京府が啓蒙的な民間信仰と風習の解体を図ったのに対して、教部省は民衆の信仰を大教院をはじめとする制度的な枠組みに取り込むことにつとめたのである。

3 学校と教院

教導職の活動の拠点となる社寺が、学制のもとで新しく建てられる小学校に転用されていることも、見逃せない。『文部省年報』の「府県公立小学校一覧表」をみると、東京府の公立小学校は、明治八年の段階で全一〇五校中四四校が寺院に置かれており、明治九年でも全一二六校中四九校が寺院に置かれ、四割が寺院の施設の借用であることがわかる。

しかし、寺院の中に学校があることは、教導職の活動と学校が結合していたことを意味しない。一八七三(明治六)年三月一八日の学制二篇追加で神官僧侶学校の規程が文部省によって作られて、神官や僧侶が学校で宗教教育をする可能性があったが、学科中の講説は五月一四日に禁止され、さらに八月二八日には学校教師と教導職の兼勤が禁止されるに至り、九月一五日には神官僧侶学校の規程そのものが削除されてしまう。

このような法令上の分離とともに、社寺の経済的基盤に打撃を与えた上地が学校設立を目的に推進されることがあった。たとえば、一八七五(明治八)年六月に東京府は小学校建設のため、湯島新花町の霊雲寺、深川西森下町の天祖神社、本所元町の回向院の三つの境内地を上地することを内務省に伺い、許可を得ている。(16)

また教導職の活動への不信は、東京の民衆の間に存在していた。北島町に住む文筆教師小島百之は一八七三(明治六)年二月に集議院に建白し、神仏の教導職の説教が神仏混淆のため「民心ヲ惑乱」しているとして、小学校の教師に付近の老若男女への説教をさせるべきだと述べている。(17)

このように華々しい大教院の活動の一方で、実際には学校を優先させる政策と意識が存在しており、ここにも教導職への評価の一面をみることができる。

4 小教院と私宅教導

地方の教導職の組織は、府県にほぼ一つの中教院と幾つかの小教院による。これらは全国に二八九か所あり、東京府には一つの中教院と六つの小教院があった。(18)

府下の小教院については、その全貌を示す史料はないが、一八七三（明治六）年一一月に浅草八幡町から浅草福井町に移転が許可された「第一号小教院」や、同月に設置が許可された築地町の小教院、三田の「三田小教院」、一八七四（明治七）年六月に許可された駒込追分町の小教院が公文書に残っている。(19) また、駒込追分町のものが「第一号小教院」と称した文書もある。(20) これらの小教院は単独の願なども多く、神仏合同でなく任意に設置されたものが多数であったと思われる。

また、教導職の養成のために、自宅で教導するものがあった。中講義の堀内教は、国学関係の教授のために「私宅教導」を行ないたいと一八七四（明治七）年一月三一日に大教院に願い出て、許可されていた。(21) しかし、本来は小学校にいくはずの児童が教院に通うという弊害の対策として、同年五月一〇日に「文部省所轄学校ト判然区別」するという教部省達書乙第二二号が出され、学齢児童が学校に就学せずに教院にのみ通うことが禁止された。これは、私塾的な性格をもつ「私宅教導」・「自宅教導」の立場をゆるがすものであり、堀内教は同年八月二五日に教部省に伺って「普通小学々課卒業年齢之者ハ教育不苦候事」という許可を受けた。この往復は九月一九日に大教院機関誌『教会新聞』第三〇号に掲載されたため、箱崎町の教導職試補亀田英も一八七五（明治八）年二月一二日に同様の許可を東京府に願い出ている。(22)

5　中教院の活動

中教院は、一八七三（明治六）年一〇月二七日の教部省回達「中教院規則」によれば、府県毎に一院ずつ管内の小教院や教務を管理するために神官僧侶が設置する機関である。東京府の中教院については、その実態は明確ではない。

麹町紀尾井坂の元紀州藩邸の教部省御用地に置かれていた大教院が増上寺に移転することを、一八七三（明治六）年二月五日に教部省が東京府に通告したさいに、「追而麹町御用地之儀ハ中教院取設候筈ニ而此段為御心得申入置候也」と付け加えられている。(23) この紀州藩邸跡の中教院の活動も困難だったようで、翌年も次のような移転の願が神仏双方の代表者の連名で出されている。(24)

伺書

府下中教院従前麹町紀尾井町教部省御用地拝借開院致来候得トモ、何分建物狭隘ニテ神官僧侶多人数出席難相成ニ付、追テ資本充実次第同所ヘ建築可仕協和申合之趣モ有之候、当分之内浅草伝法院ヲ以仮中教院ト致シ、講究事務トモ執行被申度、神道諸宗一同協議仕候、御府ニ於テ御差支無御座候哉、此段相伺候也

中教院詰

諸宗教導取締総代

権大教正石井大宣

神道教導取締総代

権大教正稲葉正邦

東京府知事

大久保一翁　殿

この届けは、一八七四（明治七）年一二月七日に東京府により聞き届けられた。

この浅草移転のころの史料を見ると、(25) 移転は一八七五（明治八）年二月一二日に行なわれ、同月二三日より三日間は「中教院開院式」が行なわれたことがわかる。三月二四日には、東京府の懲役場での説教の担当を大教院から中教院に変える願いが出され、八名の教導職が登録されて毎月一六日に説教が行なわれることになった。また同月には、浅草寺の参詣人で賑わう雷門前に「毎月七ノ日午後一時　説教　仮中教院」という建札を出す願が出され、中教院を

舞台にした民衆への定期的な説教が開始されたことになる。また、四月には、「中教院派出説教所」の公示の許可が出されている。これは、上野黒門前、両国橋際、日本橋際、四ッ谷御門外、永代橋際、芝札之辻に毎月の説教の予定を記した高札を立てるというものである。この毎月の説教は、二―五日が茅場町日枝神社、九―一〇日が四ッ谷寺町真英寺、一二―一三日が深川八幡神社、一四―一五日が深川御船蔵前町西光寺、二二―二三日が神田神社、二三―二四日が湯島霊雲寺で行なわれる。これが実現されれば都市部を巡回する定期的な説教が行なわれたことになる。こうした中教院からの書類は神仏双方の代表の教導職から出されており、神仏合同布教の形態での活動が本格的に開始されようとしたことがわかる。

第三節　合同布教の停止と独自布教

東京府下の中教院の活動は明治八年にようやく軌道に乗るが、この一方で信教の自由の立場から合同布教に反対する島地黙雷など真宗僧侶の建白活動も活発に行なわれていた。この結果、一八七五（明治八）年一月には真宗の分離の方向が明らかになり、四月三〇日には太政官から「神仏各宗合併教院」の活動を差し止める方針が出され、五月三日に教部省がそれぞれが独自に教院をつくるようにという達を出した。さらに一一月二七日には「信教自由の口達書」として知られる達が教部省から出されるに至るのである。

この合同布教の停止に対応して、神道側は三月二八日に神道事務局を設置し、仏教各宗派も独自の活動を始めた。雷門前の中教院の説教の建札にかわって、「毎月七ノ日午後一時　説教　当山」という建札を出すことが五月五日に浅草寺住職代理より願いだされ、同月八日には六か所に建てていた派出説教の建札を撤去する届けが「浅草元中教院」からだされ、五月一五日には浅草伝法院から神仏各宗が引き払った。つまり、中教院での説教も、派出説教も実際には数か月行なっただけで中止となったのである。[26]

また、大教院の解散にともない、多くの宗派は東京に宗派別の「大教院」を持つことになり、次々と東京府に届け出が出されている。[27] 五月八日には、臨済宗が届けを出して、その後一か月の内に各宗派から出された教院設立の届けは次のようになる。

宗派名	所在地	教院名称
臨済宗	芝栄町金地院	仮教院（臨済宗仮大教院　のち下谷茅町麟詳院へ移転）
真言宗	芝愛宕町	本宗大教院
時宗	浅草芝寄町日輪寺	時宗大教院
日蓮宗勝劣派	芝増上寺	日蓮宗勝劣派大教院
天台宗寺門派	芝増上寺学宣寮	天台宗寺門教務院
日蓮宗一致派	芝二本榎承教寺	日蓮宗大教院
真宗仏光寺派	下谷龍泉寺	仏光寺一派大教院
天台宗	浅草伝法院	天台宗大教院
浄土宗	芝増上寺	浄土宗大教院
曹洞宗	愛宕町青松寺	曹洞宗大教院

また、真宗四派は「真宗教務院」において教義講習をすると五月一四日に届け出ている。所在地を見ると、大教院のあった増上寺や金地院に浄土宗以外の宗派が教院を置くといった合同布教の名残りをみることができる。これらの教院は、その後宗派ごとの後継者養成機関の整備にともない、各宗派立学校へと形を変えていったことが知られる。

大教院と教導職の活動は、極めて短い期間のものであり、それが必ずしも直接的な成功をおさめていたとは言えない。しかし、ここでつくられた諸宗派を統合する枠組みは、近代日本を通じて東京で機能していくのである。

〔後註〕本章については、『東京都教育史』のなかの一節であり、発表後の論及などはみられなかった。しかし、近世江戸で重ねて取締の対象となった富士講などを、「人民ノ自由」という近代的な政策で神仏合同布教で取り込もうとする教部省の政策や、公立小学校一〇四校のうち四四校を寺院に置いていた東京府の実態は、注目されるべき事象である。ここでは地方史の研究と史料発見の段階にかんがみて、あらためて研究を行う必要があることを述べておきたい。

(1) 東京都都政史料館編『東京都職制沿革』一九六七年。
(2) 藤本了泰「増上寺に於ける神仏分離の顚末」『明治維新神仏分離史料』第一巻、名著出版、一九七〇年。
(3) 鷲尾順敬「東叡山寛永寺の神仏分離の始末」前掲『明治維新神仏分離史料』第一巻。
(4) 藤井貞文「宣教使に於ける講義」『神道宗教』第四七号、一九六七年七月。
(5) 常世長胤「神教組織物語」『日本近代思想体系』第五巻、岩波書店、一九八八年。
(6) 『庚午従五月至六月　公文録　神祇之部』国立公文書館蔵。
(7) 本書第4章参照。
(8) 『宗門大意　第一課社寺』東京都公文書館蔵。
(9) 『明治仏教思想史料集成』第二巻、同朋社、一九八〇年。
(10) 『記事類纂　未・壬申　社寺』東京都公文書館蔵。
(11) 辻善之助『明治仏教史の問題』立文書院、一九四九年。
(12) 『社寺取調類纂』第一五二冊、国立国会図書館蔵。
(13) 『太政類典　外篇　教法』国立公文書館蔵。
(14) 『各宗教導職職員録』神習文庫蔵。

(15)『社寺取調類纂』第一八九冊、国立国会図書館蔵。
(16)『東京教育史資料体系』第三巻、東京都立教育研究所。
(17)『明治建白書集成』第二巻、筑摩書房、一九九〇年。
(18)『太政類典　外篇　教法』国立公文書館蔵。
(19)『明治六年　講社配符教院遷座遙拝所私祭社堂葬儀　社寺掛』、『明治七年　講社及教院遷座遙拝私祭社堂并葬儀　社寺掛』東京都公文書館蔵。
(20)大教院『教会新聞』第一〇号、明治七年六月九日。
(21)『明治八年　講社取結教院設置説教所等私祭社堂建廃葬儀　社寺掛』東京都公文書館蔵。
(22)前掲書。
(23)『明治六年　講社配符教院遷座遙拝所私祭社堂葬儀　社寺掛』東京都公文書館蔵。
(24)『明治七年　講社及教院遷座遙拝私祭社堂并葬儀　社寺掛』東京都公文書館蔵。
(25)『明治八年　講社取結教院設置説教所等私祭社堂建廃葬儀　社寺掛』東京都公文書館蔵。
(26)前掲書。
(27)前掲書。

第6章　大教院の教化基準

〔初出〕「大教院の教化基準――教典訓法章程と教書編輯条例を中心に」『明治聖徳記念学会紀要』復刊第五号、一九九一年一〇月、二一―四二頁。

〔要約〕第6章は、一八七二（明治五）年に成立した神仏合同の大教院の教導職による活動にあたって、三条教則、十一兼題、十七兼題という教化の標準が定められたが、この解釈のための基準を論じたものである。

教典訓法章程と教書編輯条例は、一八七三（明治六）年に大教院の神道教導職管長が出したものとして知られるが、ここではその内容を精査することで、教化の標準を定めることの内実を明らかにした。それは、『古事記』や『日本書紀』などの古典を何をもって標準的な読み方にするか、宗教としての神道の論争的な課題である国産みや黄泉の所在などの解釈をどうするかに及んでいる。漢文で書かれた『日本書紀』の一部の訓読を放棄した『神代紀葦牙』を指定したり、外国の古伝を国禁の書でない限りは「転訛」として許容したり、多くの矛盾が存在する。また教書の検閲事務を教部省が行って、三条教則を基準として判定していたが、実際には宗教上の学説にまで立ち入った検閲文書が残っていることも判明した。

はじめに

大教院の活動が注目される点は、宣教使と比して、その教化主体が神道家のみならず仏教の僧侶や民間の宗教者や技能者に広く求められ、全国規模の活動が見られることにある。三条教則と十一兼題・十七兼題の解説のため膨大に著述された教則兼題解説書は、辻善之助の集計で九三点も存在し[(1)]、写本類を加えれば、もっと膨大な数になるであろう。これは「教育ニ関スル勅語」を解説した教育勅語衍義書類が五〇〇点前後あることと比べても[(2)]、教則兼題解説書の著述期間がほぼ三年間に集中する事情を考えれば、驚くべき数であることが実感できる。ただ、今日の研究の到達として、こうした多くの教書類を分析する試みは、十分には行われていない[(3)]。さらに、こうした教書が如何に多様な内容と特徴を持ち、どんな点で共通しているのかを検討するためには、まず、当時の教書を巡る法制上の統制と慣習の実態が明らかにされねばならないだろう。

この教書研究の基礎作業の一つとして、教書への大教院の統制の一つである「教典訓法章程」と「教書編輯条例」を検討したいと思う。この章程と条例は、徳重浅吉が紹介し[(4)]、さらに西田長男が条例の第一条と第四条を中心に詳細な検討をしている[(5)]。ただし、近年ではこの章程と条例は大教院研究のなかに十分には位置付けられていないようだ。おそらくこうした軽視の事情には、この章程と条例が大教院の独自の規則にとどまって法令史料に残らず、また当時から曖昧な扱いを受けてきたため周辺史料が十分にないことにあるのではないかと思われる。しかし後述のように、この文書は大教院の神道部分の混乱と工夫を知る貴重な文書であり、教部省からも特徴的な扱いを受けているのであるから、教書の統制を検討する基本的な資料と見なして差し支えない。まず第一節で章程と条例自体の内容を解説し、第二節ではその扱いと教部省の教書統制について検討する。ただし、第一節ではすでに西田が詳細に明らかにした箇所は重複を避けて簡単にした。

第一節　章程と条例の内容

教典訓法章程と教書編輯条例は四丁の冊子に合刻されている。奥書は「右ノ通今般合議ノ上相定候者也／明治六年七月／大教院詰神道教導職／管長」となっている。

まず、教書の作成のさいに引用する古典類の読み方を規定した教典訓法章程の全文を見よう（以下、断りのない限り丸数字・句読点・鍵括弧・返り点などは筆者）。

教典訓法章程

①『古事記』ハ『古訓古事記』ニ拠ルベキ事。

②「神代巻」ハ『神代巻葦牙』ニ拠ルベシ。但神名ハ『古史成文』ニ拠ルベキ事。

③「祝詞式」ハ『祝詞正訓』ニ拠ルベキ事。

④『万葉集』ハ『万葉集略解』ニ拠ルベキ事。

⑤『出雲風土記』ハ『仮名書出雲風土記』ニ拠ルベキ事。

⑥右外、都テ古書ニ徴シ訓法猥リナラヌ様ニ注意致スベキ事。(6)

①では教書類に多く引用される『古事記』の訓読を規定する。『古訓古事記』とは、本居宣長が『古事記伝』で示した大和言葉による訓読の部分を編集したものである。三巻本の『古訓古事記』として、一八〇三（享和三）年に刊行され、(7)その後も版を重ねた様子は前掲の西田論文にくわしい。

②も教書類に多く引用される「神代巻」、つまり『日本書紀』の第一―二巻の訓読を規定している。ここで『神代

巻葦牙』と挙げられているが、これは『神代紀葦牙《あしかび》』を指すのであろう。[8] これは、本居大平《おおひら》校正で、栗田土満《ひじまろ》の著書として出されたものである。更に、神の名前だけは平田篤胤の『古史成文』[9]に依拠することになっている。これは篤胤が記紀などの神代の部分を検討して編集し直したもので、篤胤の神学的な主著である。一八一八（文政元）年に三巻が刊行された。

③では祝詞の訓読を規定する。『祝詞正訓』は平田鉄胤が一八五八（安政五）年に刊行したものである。[10] 祝詞本文に仮名を振る。

④では『万葉集』の訓読を規定する。『万葉集略解』は一八一二（文化九）年に発行された橘千蔭の三〇冊に及ぶ著作である。すべての歌について万葉仮名の本文と仮名書きになおしたものを並べ、さらに解釈を述べている。[11]

⑤では『出雲風土記』の訓読を規定する。『仮名書出雲風土記』は「出雲大神宮々人」の富永芳久が諸本を校合した『出雲風土記仮字書』全三巻のことであろう。一八五六（安政三）年に本居豊穎《とよかい》らの序をつけて出版され、風土記本文に仮名を振ったものである。[12]

さらに⑥では、ここで規定されていないものも、古典に基づいて訓読することが規定されている。

さて、訓読の基準として指定された本は、以上のようにいずれも江戸時代に国学者が編集して古典に訓読を施して刊行されたものである。こうした指定書が必要となるのは、もともと記紀などの読み方に国学者たちが大いに関心を持ち、諸説を出していたからである。たとえば、②で指定された『神代紀葦牙』は、出版されたころ小山田与清が講説に使っていたが、この時の本にはびっしりと朱筆で読みが訂正されている。[13] 教典訓法章程は、こうした学的な批判を、公刊される書物に関して、中止させる効果を持つと考えられる。

また、西田も指摘するように、指定書のなかに部分的に訓読をしていないものがある。『神代紀葦牙』は『日本書紀』のなかに修飾的目的で純粋に漢文的な語句があることを指摘しており、「すべてからさまにそへられたる漢籍ごとハ、たゞからぶミよミによミてもありぬべし。故、此たぐひ次々なるも皆訓をはぶきつ。[14]」と述べ、部分的に漢文訓読調に読むように勧めている。そしてつぎに見る教書編輯条例で重視されている紀の冒頭の「『神聖生其中焉』マテノ文」は、漢文のまま放置されている。『古訓古事記』により『古事記』は全文の読みが確定したが、『日本書紀』は神代巻の純漢文的部分を除く部分しか確定しなかったことになる。

つぎに教書編輯条例を見る。まず、条例の全文を以下に記す（ルビは原文のもの）。

教書編輯条例 説教講談等モ亦比例ニ準ス

第一条

『古事記』「神世七代」[15]ノ文及ヒ「神代紀」「神聖生其中焉」マテノ文ハ、天地鎔造万物化育ノ神理ヲ知ルヘキ明文ニシテ皇道本教ノ大基礎ナレバ、一言モ増損スベカラサル事。

第二条

阿米《アメ》ハ天中マタ日界ヲ云フ。『天地泉《アメツチヨミ》ノ説』ニ依ルヘキ事。

第三条

予美《ヨミ》ハ月界ヲ云フ。『予美考証』マタ本居・平田二氏ノ説ニ依ルベキ事。

第四条

二神国土生成ハ『国魂神《クニタマノ》ノ説』ニ依ルヘキ事。

第五条

人魂及ヒ其帰着ハ『善悪報応論』ニ依ルベキ事。

第六条

神徳マタ神験ハ『神徳神験論』ニ依リテ本義ヲ暁リ、而メ之ヲ敷衍引伸スヘキ事。

第七条

神典中ノ義理ハ必ズ古人ノ成説ヲ本拠トシテ文ヲ成シ、妄ニ新説ヲ発シテ世人ノ視聴ヲ乱ルマシキ事。
　但古人ノ成説ト雖モ教義上ニ障碍アリテ改正セサルヲ得サル事件ハ、大教院ニ就テ論弁ノ上更ニ当否ヲ定ムヘシ。

第八条

凡テ外国ノ古伝ハ皇国ノ正伝ノ転訛ナレハ、我ノ正伝ヲ本トシ、之ヲ質正シ、我ニ符合スル説ノミヲ採用スヘキ事。
　但御国禁ノ書ハ此限ニ非ス。

まず、題名の下に割註で「説教講談等モ亦比例ニ準ス」と述べていることに注目したい。「教書」以外にも、説教や講談などすべての教導がこれに規定されていることになる。ここで「教書」というのは、先の「教典」が神道関係の古典を指すのに対し、現在の教導職らによって書かれた著作を指すと考えてよかろう。また行政的には、官許が文部省でなく教部省から出されたものと言えるだろう。

以下にまず、各条項が示す内容と、指定されている書物の書誌的概観を述べよう。

第一条では、「天地鎔造万物化育ノ神理ヲ知ルヘキ明文」であり、かつ「皇道本教ノ大基礎」である文章を指定している。この表現自体が、天地の創成の神話が、教化の根本におかれるということを示している。この明文のひとつの『古事記』「神世七代」の文とは、一般に、『古事記』が「神世七代」と自註している国之常立神以下伊邪那岐と伊邪那美までの七代の神の名前を列記した所である。しかし、伊邪那岐と伊邪那美の二神はともかく、途中の豊雲野神から六代はほとんど教書類では出てこないし、この箇所には「天地鎔造万物化育ノ神理」にあたる記述はない。この「『古事記』「神世七代」ノ文」という表現で、古事記冒頭の天御中主神以下の「別天神」五柱の登場の記述も含めているものとしか考えられない。もうひとつの「神代紀神聖生其中焉マテノ文」とは『日本書紀』冒頭の「古天地未剖、陰陽不分、混沌如鶏子、溟涬而含牙。及其清陽者、薄靡而為天、重濁者、淹滞而為地、精妙之合摶易、重濁之凝竭難。故天先成而地後定。然後、神聖生其中焉。」を指す。この部分が『神代紀葦牙』が「からさま」だとして訓読を放棄した所であることはすでに述べた。以上の二箇所を「一言モ増損スベカラサル事」というのだから、引用にあたっては慎重に一字一句もかかさぬようにすべきことを定めている。

第二条では、アメ（天）が、「天中」か「日界」つまり太陽の世界であると定めている。これは、天神たちの活動の舞台と関係して重要な空間である。ここで指定する『天地泉ノ説』という書は見当らない。アメとツチとヨミについての考証は、本居宣長の『古事記伝』の附録として付けられた服部中庸の『三大考』が最も有名だが、宣長はこの書の跋で、この書を「あめつちよみのかむかへ」と呼んでいる[16]。条例に記された指定書の書名が、今日みられる刊本の題名と異なる例はすでに「教書編輯条例」の②⑤の二箇所で確認した。第二条は「天地泉」を「アメツチヨミ」と読んでいるのだから、この『三大考』を指すのかもしれない。しかし、のちに見る第四条のように、写本でごく一部にしか知られていない書を指定書にする例もあるので、『天地泉ノ説』とは今日ではすでに散逸した書を指している可能性も強い。

第三条は、予美が「月界」つまり月の世界であると定めている。ここで『予美考証』というのは、矢野玄道の著作だが、管見でも三種の異本があり、ともに奥書には「明治三年といふとしの秋ふみつき東の旅やとりにて（下記でいうC本の追加：しるす）大学中博士平玄道」とあるので、検討が必要である。神習文庫にある写本の『予美考証』は全八丁の薄い本で本文は一八条と追加一条に分れている（A本）[17]。また、本居文庫本の写本は『予美考証再攷稿』という題名で、本文は二六条と追加一条で最後に図が付いている（B本）[18]。そして、木版本の『予美国考証』は大教院蔵版で、本文は二六条と追加一条に分れている（C本）[19]。このC本は、『予美国考証』と「国」の字がはいっているが、教部省の『准刻書目』第一号に「大教院刊行」として本条例とともに「予美考証、著述矢野玄道、一冊」と掲載されているものと同一であろう[20]。これによって、発行年は原本にはないが、一八七二（明治五）年九月から一八七三（明治六）年七月の准刻であり、条例と同時期の大教院からの出版ということで、本条例が指定するのはC本であろうと考えられる。

A本は、①まず九条にわたり記紀等を引いて月神（月読尊）が須佐之男であることを示し、②さらに続く六条分で月が予美国であると考証し、③さらに三条と追加一条にわたって諸説を検討している。B本では、A本に比べて考証に引用される文献等が増加している。冒頭に三条が追加されて予美国のできた始めの話や黄泉平坂が我々の住む世界と予美の境であることを述べた所が追加されている。また①須佐之男の考証は一〇条、②月の考証は一〇条になり、③諸説の検討は三条のままである。さらに「皇美麻命《すめみまのみこと》之所知上津国及月読《つくよみ》大神之所知下津国一名予美国真形図」、つまり天皇の統治するこの世と月読の統治する予美の図がある。木版のC本は、各条の構成がほぼB本と同じだが、図はない。B本にさらに文献を加え、文章を整え、振仮名が多く振られている。ABC本の共通点をもとに内容を要約すると、須佐之男は月読尊と同一の神であり、彼が月にある予美を治めているということである。これによって、従来から論じられた予美は地下にあるのではないかという説が禁止されることになる。また予美の主宰が須佐之男になる。

『予美考証』の諸本に関しては、全体の細かな違いや他に異本があるかどうかなど、まだまだ調べるべきことは多いが、文章の加上の様子から、A、B、Cの順に書き加えられたと推定する。この加上の様子で注目されるのは、同時代の国学者からの引用である。B・C本では平田延胤の「此考を見て」のコメントが一箇所と、説の引用が一箇所、井上頼圀の説の引用が一箇所ある。さらに月の考証の部分では、A本にない最後の三条は、割註で「右三条ハ。伊能（C本追加：穎《(ママ)》則）。井上（C本追加：頼圀）二氏（C本削除）の説を本として。記しそへしなり（C本：そへたるなり）。」（句読点はB本の原文）[21]とこの二人の説に拠って書き加えたことを言明している。平田延胤、井上頼圀そして伊能穎則の三人は、神祇官＝神祇省＝教部省または宣教使・大教院の関係者であるし、また頼圀と穎則は著者玄道とともに大学校・大学にいた。もちろん、国学者としての個人的な交流や単に文書からの引用もあろうが、B本への追加の過程でなんらかの集団的検討の存在が考えられる。

また、本条は、『予美考証』に加えて、「マタ本居・平田二氏の説ニ拠ル」ことも認めている。『予美考証』は宣長と平田の説を前提に書かれているが、これと異なるものも二人の書に典拠がある限り認められるということであろう。

第四条は「二神国土生成」つまりイザナギとイザナミの夫婦による国生み神話は、『国魂神ノ説』に依拠しなくてはいけないと定めている。この『国魂神ノ説』とは、神習文庫に写本が残っている久保季茲の著作である。[22] 西田論文ではこの他にもある旨が記されているが、未見である。これには次の奥書がある。

此一篇、予嘗所㆓考記㆒而、在㆓大教院編輯課㆒之日、質㆓之同列㆒、皆不㆓以為㆑非。遂作㆓『教書編輯条例』㆒、其第四条云、「二神国土生成宜㆑拠㆓『国魂神之説』㆒」。爾後、聞㆔往々有㆓不㆑信者㆒、夫此考之未㆑足以為㆓定説㆒也。固矣雖㆑然、或有㆓未㆑見㆑之而議者㆒、此不㆑為㆑無㆑憾。故今刻㆑之、以請㆓江湖諸賢之叱正㆒云。

明治七年九月　　　　久保季茲識

これによって、同書が久保季茲の大教院の編輯課在任中に作られて同僚の検討を経たもので、その後「教書編輯条例」第四条に引用されて有名になり、しかしまだ人々に直接知られていないため、一八七四（明治七）年九月に出版を決意したことがわかる。しかし、実際には出版はされていないようだ。

本書の内容はかなりユニークなので、要約しよう。二神が神を生んだということは、「世人ノ疑フ所」である。それは国土経営の意味だとか、国魂の神を生んだという意味だとか、国土をそのまま生んだのだとか解釈されてきたが、「近年古学先輩」は、はじめ生み出した時は微小だが、それが凝固して大きくなったという説を出した。さらに平田篤胤の『古史伝』はこの説を真金と海の塩の和合による土の形成として理論化し、さらに男女の性別をもつ国魂神の存在をみとめた。しかし、季茲が思うのには、海の底は高低の差のある地形があるのだから、島を生むという解釈は「反テ人ヲシテ古伝ヲ疑ハシムルニ至ラン」。また国魂神というのも後世の作り事である。「抑万物ノ生成スルハソノモト必ス窮理家ノ所謂元素ノ相聚ルニヨレリ」。西洋では元素が七、八〇種類も知られているが、このなかに「温素」「光素」「越列吉的児《エレキテル》素」のようなものがあり、働きはわかるが形は見えない。それならば、二神の産んだ「元素国魂」があって、国土を作ったのではないか。これは他の神と異なり男女の別もない。このあと、『日本書紀』の語句の解釈等が続くが、注目したいのは西洋からの科学的知識が、遅れた断片的な形にしろ普及するなかで、季茲が民衆が信じるかどうかを判断基準にして神話解釈を再検討し、かなり合理化の進んだ篤胤の説をも否定して元素説に依拠する形で「元素国魂」「国土成立ノ元素神霊」を提起したことである。そしてこの新説に、教化活動の理論的中心である大教院編輯課の同僚たちも賛成し、さらには条例化されたということである。もちろん、この解釈は日本が神国であるという従来通りの結論に至っているが、大教院が教化の有効性のためにかなり神道の中心的な部分までも改変していたことを示している。

第五条では「人魂」と「其帰着」、つまり死後の世界に関する説は、『善悪報応論』に依拠することを定めている。『善悪報応論』は、前掲の『准刻書目』で「大教院刊行」として「善悪報応論、活字、一冊」とある。[23] また河瀬弁理公使のオーストリア行きにともなう心得の書籍には「大教院刊行神道教正撰述」に分類されている。[24] これから、一八七三（明治六）年七月以前に准刻されていた大教院の神道教正の責任による活字（木活字）の書物が、ここで指定されているものであることが推定される。実際の『善悪報応論』は、作者名も刊年も記載されないものが、二種類ある。木活字本は、本文一五丁のものである。[25] 木版本は、大教院蔵板の朱印があり、大教院御蔵板書籍売捌所から出されている。[26] 両者の内容は、若干の振仮名や漢字が違うだけで同一である。本書は、まず『日本書紀』一書をひいて大己貴神（大国主）が神事を分掌することを説明し、この世の政治は天皇が司どるが、「死後ノ刑賞」など「善悪曲直ヲ審判スルハ大己貴神ノ大権」であるという。そしてその死後の審判によって、徳を積んだものは「善神」になり、悪事を働いたものは「邪鬼」になって「泉国」に追いやられたり、「畜類」に「転生」したり、「異形」に「変生」したりするという。また、霊魂は産霊大神の精霊を賦与したものだとして、「神人一致」や霊魂の不滅を説き、この世で行う苦労や悪事はかならず報応があり、たとえすぐに現われなくても死後に審判されるという。大国主の幽界での審判は、平田派の国学者の説でも見られるが、ここでは畜類に転生するという明確に輪廻説に基づく説明が為されている。これは、かなりに仏教説と関係を深めた説であることを示している。

第六条は、「神徳マタ神験」つまり神の徳や人間に与える影響は『神徳神験論』で「本義」を理解してから、敷衍引伸することが規定されている。『神徳神験論』は、一八七四（明治七）年一月から二月のあいだに准刻された大教院発行の書物である。(27) しかし、この書名の本は見当らない。「神宮大宮司兼権中教正」田中頼庸が書いた大教院蔵板の『神徳論』がこれにあたるのであろう。(28) 他の指定書と比べると本文四七丁と厚いが、内容は神が人間に与えた利益を並べ挙げたものである。例示は、専ら記紀以降の歴史書から簡潔に取り、江戸時代以降のものは含まれていない。凡例で、「神ノ霊妙ハ固ヨリ人智ヲ以テ測リ知ルベカラザル者アレバ覧者妄ニ敷衍伸張セントシテ怪談妖説ニ過ルハ此論ヲ著スルノ趣意ニ非ズ」と注意を促している。実例を専ら古い時代に取ったのもこうした配慮からであろう。しかし、そうした歴史の話だけでは民衆の教化の効果が薄いことが考えられる。この条だけ、とくに「而メ之ヲ敷衍引伸スヘキ事」と話を拡大することを要求しているのは、こうした配慮であろう。

第七条では、新しい教義を作ることを禁止している。「神典」の解釈は古人の説を本拠とするのであるから、新たな古典解釈は基本的に不可能となる。しかし、本条例の第四条の『国魂神ノ説』で見たように、現実に進歩しつつある世間の常識に対して教化が説得力を持つためには、改正が不可欠である。これを但し書きで、「古人ノ成説ト雖モ教義上ニ障礙アリテ改正セサルヲ得サル事件」と呼んでいるのだろう。このさい、可否の決定が大教院で行われることに注目したい。

第八条では、外国の古伝に対しての態度を定めている。まず、「凡テ外国ノ古伝ハ皇国ノ正伝ノ転訛」であるとして、外国の古伝については、正伝である日本の古伝に合致するものを採用してよいとしている。もちろんこの方法論は、平田篤胤がインド、中国、さらにはキリスト教を研究するさいに取った方法論である。神仏合同布教の段階においては、より積極的に仏教の世界観なども、神典に矛盾しない限りは活用してよいという意味も含むものであろう。但し書きの「御国禁ノ書ハ此限ニ非ス」というのは、キリスト教を念頭においているのであろう。しかし、大教院蔵板で一八七四（明治七）年三月序で刊行された『北郷談』が、「我《カ》天御中主、嘗造《テ》二耶蘇《ヲ》一、以《テ》教二化《セシム》地方《ヲ》一矣、故《ニ》耶蘇《ハ》者、見レ造《ラ》二於天御中主《ニ》一之人也」(29)とまで言いきっており、キリスト教批判の姿勢は不変であるとしても「正伝ノ転訛」説はキリスト教にも及ぼされていたと見てよかろう。

以上で「教書編輯条例」を逐条的に見た。内容は国学の論争的な課題の中心に座るものであり、従来よりの三大考論争をはじめとする論争を中止させる内容であると言える(30)。この内容の規制は強いものであるが、同時に新説を禁止しつつ論弁の上で改変を公認し、そのうえで古典を尊重しつつ多くの新説を条文に含んでいる。また、こうした強い規制を提示している条例ならば、この条例自体が広く合意を受けて初めて意味を持つはずである。しかし、条例に指定されている『国魂神ノ説』は刊行されなかったし、『神験論』も翌年に初めて刊行された。また『天地泉ノ説』のように今日では不明の書まで含まれている。こうした状況では三条教則のように広い合意は獲得できず、写本が流通する範囲の合意でしかなくなってしまうのである。

第二節　教部省の教書統制

一八七三（明治六）年七月に定められた章程と条例が、公文書のなかでどう扱われているかを検討したい。この文書は、一八七二（明治五）年九月から一八七三（明治六）年七月までに准刻された教部省所轄の印刷物のリスト『准刻

教部省の検閲で問題となった書物

【許可】			
不明	渡辺重石丸『真教説源附録』	許可	清矩三
1873(明治6)年 4月 8日	『釈教正謬初破再破』	許可	清矩四
1873(明治6)年 9月28日	浦田長民『古史採要』	許可	清矩二
1874(明治7)年 4月18日	井上淑蔭『造化考』	許可	清矩一
【著書の改正の指令】			
不明	『神祭式』	題名変更等	清矩二
不明	多田孝泉『略解古事記』	一部訂正	清矩二
1873(明治6)年 1月24日	永田調集『神代巻鼇頭旧事記』	誤字訂正	類纂一五二
1873(明治6)年 2月20日	堀秀成『説教体裁論』	一部訂正	類纂一五二
1873(明治6)年 7月29日	大教院『教会大意』	一部訂正	類纂一五二
1876(明治9)年 7月18日	木戸野勝隆『浅間大神御伝略記』	一部訂正	清矩四
【不許可】			
1872(明治5)年 6月12日	『慎終追遠二儀』	差留	類纂一四五
【文部省許可の書を文部省へ問い合せ】			
1873(明治6)年 3月18日 および5月23日—29日	東大寺僧正義海『和字勅五憲法』		類纂一五〇 および一四四
【大教院の申出で文部省許可の書を文部省へ問い合せ】			
1873(明治6)年7月—8月	瓜生政和『神武天皇略御伝記』		類纂一五二
【文部省から教部省へ教義関係書を問い合せ】			
1873(明治6)年 8月13日—17日	中村長平『神霊考』	許可	類纂一四四
1873(明治6)年12月10日—14日	三木平七『国学初入門』	許可	類纂一五〇
1873(明治6)年12月14日—17日	村上忠順『神号略記』	許可	類纂一五〇
1874(明治7)年 9月19日	『自然神教』	題名変更	清矩一
【定期刊行物をめぐる混乱　京都府へ申入れ】			
不明	『教林雑誌』第二輯十二号に不許可の宇喜多練要『十一兼題私記』が掲載		清矩四

類纂は『社寺取調類纂』の冊数。清矩は小中村清矩『陽春蘆蒐集録』の冊数。

書目』第一号に、「教典訓法章程・教書編輯条例合刻」で大教院刊行の活字本一冊として掲載されている。[31] この准刻書目に関する一八七三年七月から八月の教部省内の文書も残っているが、ここにも同様に記載されている。[32] このことで教部省が本文書を、他の大教院の刊行物と同じに扱っていることがわかる。

また、同年一〇月二五日には、河瀬真孝弁理公使がオーストリアに行くにあたって、「心得」のために教部省・大教院関係の書物一二種類を各三部ずつ要求し、教部省がこれを受け、大教院書籍掛から教部省を通じて提出した文書がある。[33] なおこの教部省の回答案では本文書は『大教院規則』など五冊の「大教院刊行規則類」に含められ、一冊の「本章布達」と六冊の「大教院刊行神道教正撰述」から区別されている。これは本文書が大教院の公式の見解の一つとして扱われていた例を示している。

つぎに本文書が教部省による出版統制にどう関係していたかを検討する。教部省の設置にあたって、一八七二（明治五）年三月二三日の太政官布告で「教義ニ関スル著書出版免許ノ事」[34] が所轄事項とされた。この前日の布告で「兵書」は陸軍海軍両省に移管されたので[35]、文部省が出版一般の統制を引受けるなかで、「教義ニ関スル著書」と「兵書」が特殊な分野を構成したことになる。また、文部省の出版条例では提出物は書中の大意だけで草稿が原則として不用であるのに対して[36]、教部省では「但、草稿相添可差出事」[37] と一般のルートより規制が強い点も特徴である。なお、法令上では大教院は一八七四（明治七）年の達書により兼題書に関して検閲事務を分担している。[38]

教部省による統制で問題になった書物は、管見では図表［前頁］のようなものがある。ただし、資料の散逸状況から、このほかにも多くの問題になった書物が存在したことが考えられるし、また図表に示した許可不許可の判断は、議案のレベルのものが多数なので、実際と違った判断があるものが考えられる。注目すべきことはこうした判断にあたって教典訓法章程や教書編輯条例が判断の基準となっていないことである。

章程と条例が出版される直前の六月二九日に、次のような伺の案が作られている。

号				
受	明治六年	回	同六月廿九日	済
卿		承		議
輔	宍戸　黒田	出仕		課
件名	出版書類許可之儀ニ付伺之件			

出版伺出ノ書類、種々異見アリ。固ヨリ三条ノ教則ニハ背カサレ𪜈、皇典ノ章句ヲ引用シ儒家窮理ノ説ヲ以テ見ヲ立ルアリ。本居平田ノ説ヲ奉スルアリ。垂加ノ説ヲ用ユルアリ。其他五行雑家ノ説ニ類スルモノアリ。殊ニ僧侶ニアツテハ天ヲ説ケハ三十三天ノ説ヲ立テ生死ヲ論スルハ輪廻転生ヲ述ヘサル事ヲ得ス。然モ今学ニ正偽ノ判ナク道ニ三道鼎立ノ勢アリ。人々ノ自由ニ任セテ宗趣ヲ定メ、立言ノ書ヲ刊行スル事、時勢然ラサルヲ得ス。就テハ、三条ノ教則ニ背ケル書、政理上ニ害アル書、三道ノ大義ニ乖戻セル書、洋教ヲ伝布スルノ書ヲ除ク外ハ、一般上木差許可然哉。此段奉伺候。(39)

ここでは、是非の基準は、政治や道徳やキリスト教対策の問題のほかは、三条教則のみであり、あとは神仏の諸説の自由に任せることが主張されている。

条例が出された後の具体的な例として、大学中助教を務めた井上淑蔭の『造化考』の上木願いに関する議論を見てみたい。ただし、『造化考』は未見で、教部省の『准刻書目』にも記載がない。まず、次の文書は鈴木大の教部省考証課での案である。

〈印：考証課〉

明治七年四月十八日回　鈴木大〈印：鈴大〉

輔〈印：黒田〉　考証課〈印：小中村　島田　小栗　大沢〉

丞〈印：三島〉　出仕〈印：土持〉

熊谷県下平民権大講義井上淑蔭著述『造化考』、致検閲候処、「造化三神ハ万物ヲ造化スル神ニ非ス、造化ノ初ニ生シ給フ神ナリ」トテ、其理ヲ論スル、当世皇学者之説ニ反スト雖、議論正確外ニ可議者無之候間、上木許可可然歟。

（付箋：幼学其思諸ノ中ニモ此書ト同キ説アリテ已ニ上木許可ニ相成タレハ、此書亦許可スヘキ理ナリ〈印：小栗〉。）

　指令案

上木差許候事。

　但成刻之上三部上納可致事。[40]

この案では「当世皇学者之説」と異なることも差し支えがないとしている。次にこれを受けて小中村清矩が、この議論を一般化する次の議案を記している。

七年四月廿三日　　　　小中村清矩〈印：小中村〉

　『造化考』上木願議案　　　〈印：大沢　小栗〉

「神アリテ造化ス」と云ヒ、「造化ノ理アリテ後ニ神アリ」ト云フ。天下ノ立論此ヨリ大ナル无カルヘシ。然レトモ、誰カ其始ヲ知ラン。現当四時行ハレ百物成ル実況ヲ観スレハ、神アリテ造化スル者ノ如クナレト、其主宰ノ神ハタ何レノ理ニヨリテ天地ノ初発ニ生《ナ》リ出ケム。到底根元ノ活用ニ帰スルモ其理无キニ有ラス。然レハ此類ノ立言ヲ強テ、无稽ノ説、世ノ人ヲ惑スト云ヒテ止ヘキニ有ラス。況ヤ本省ハ神仏ノ教導職ヲ管理スルノ所ニシテ、其教義ヲ審定統一スル官衙ナラサレハ、政道ヲ害シ人心ヲ尽惑スル書ニアラスハ、『天御中主神考』（註：渡辺重石丸の著書）ノ如キ造化真宰書モ、『北郷談』（註：大教院蔵板）ノ如キ彼此帰一ノ論モ、此書ノ如キ根元活用説モ、共ニ天理ヲ明ラムル教職ノ一見識トシテ世ニ播サセ可然也。[41]

さらに、小中村清矩は、次のように「教義上ノ訴訟」の問題と関連してどうすればよいか伺を出している。

七年四月廿四日　　　小中村清矩

　『造化考』上木願ニ付本省事務章程中之義心得方伺

章程下款（註：太政官無号一八七二〈明治五〉年三月十八日）第二条ニ教義上ノ訴訟ヲ判決スル事トアリ、其訴訟ナル者ハ千緒万端予メ知ル可ラスト雖モ、概スルニ神仏共ニ異宗異派異説正邪ノ論弁、或ハ実際ニ教導スル所ノ奇僻ナル有テ争ヲ醸スニ至ル可シ。其ヲ裁決スルニ及ヒ、原来妄誕ナルハ論ニ及ハスト雖モ、此『造化考』ノ如キ類、各一見識有トスル説ヲ争ヒテ、

若シ訴訟ニ及ハヽ、如何御処分有ルヘキ哉。未発ノ義ニ伺フハ如何ト存候ヘ共、課中心得ノ為、事ノ序ニ任セ奉伺候也。(42)

以上のような教部省内の対応は、三条教則に矛盾するような大きな相違以外は基本的に個人の責任として出版を許可する姿勢といえる。

つぎに『古事記』に関する二つの例を見たい。まず、章程と条例の遵守を自ら宣言する三国幽眠略解の『古訓古事記』の例である。権大講義の三国幽眠は、江戸時代に『孝経』の幕府公認の註が朱子のものであることに不満をもち古註に依拠して自己の註を加え、『古註孝経』を出版するほど(43)、古典には厳しい人であった。彼は、宣長の『古事記伝』に対して、「後学蒙二其恩恵一者。誠為レ不二浅鮮一矣。」とその貢献を認めていたが、「然立論奇偏。往往不レ免二識者之指斥一。」と批判的見解を持っていた。ところが彼が出版したこの本は、「訓点註解」を全く宣長に依拠したことを、「謹遵二奉教書編輯条例之明令一。(44)」と述べ、自己の編書の優れた点を価格の安さや版の見やすさに求めている。ここで「教書編輯条例」の規程に従ったというのは、教典訓法章程との混同であろう。この例は、章程と条例を厳密に守ろうとした例を示している。

しかし、天台宗の多田孝泉が独自の解釈を施した『略解古事記』(45)の例はこれと異なる。この書について小中村清矩の自筆の「略解古事記検閲総論(46)」が残っている。これは本書が国学の諸説と大きく異なるため大教院の「教正ヨリ弁書ヲ上進シ改正ヲ命セラレ度旨申立」があったことに対応したものであるが、「三条ノ則ニ違フ事ナクハ異門ノ異論ハ本省ニ於テ素ヨリ問然スル事ナカルヘシ」という立場で書かれている。この神道側の「弁書」は残っていないが、全一五条で逐条で問題点を論じているので、その論点を知ることができる。このうち第一二条で次のように教書編輯条例が言及されている。

第十二条

国之常立神ノ名義解ハ、天之常立神ノ条ト共ニ隔説ナレト、「弁書」ニモ既ニ「一奇説トシテモ有リヌヘシ」ト云ヘレハ、其儘タルヘシ。根国ヲ月ト云ヒ、国常立神ヲ根国ノ神トイヘルハ『三大考』及ヒ『霊真柱』以下ノ新説ナレハ、其ヲ好マサル人ハ信セサルモ不可ト云難シ。「弁書」ニ『教院《ママ》編輯条例』ノ説ヲ難シタルハイシシキ礼ナキワサ也」ト云ヘレト、此ハ（挿入：教院ノ政ニシテ）本省ニテ裁断アルヘキ事トモ覚エサル也。

ここでは明確に、教書編輯条例が「教院ノ政」として教部省に直接関係のないものであると断定されている。江戸派の国学者である小中村清矩は『三大考』や『霊の真柱』などに繋がる平田流の国学に違和感を持っていたであろうが、ここでは考証課の官僚として、教書編輯条例が教部省の検閲基準と無関係であると言明されているのである。こうした明確な章程や条例への判断は管見ではこれだけであるが、その他の検閲でも章程や条例が言及されないのは同様の原則が貫かれているからと推定してよいと考えられる。

おわりに

教典訓法章程と教書編輯条例は、新時代への工夫と矛盾が見られる大教院時代の国学の動向を示す基本的な文書といえる。しかし、その強い内容的な規制に反して、実際の教部省の教書の統制では無視されていた。

教部大丞を務めた門脇重綾は、「教部職制ニ曰、教部ハ教義ニ関スル一切ノ事務ヲ統理スルヲ掌ルト。此レ教義ヲ掌ルニ非スシテ、教義ニ関スルノ政ヲ掌ルカ為ニ教部省ノ建ツ所以也」と教部省は教義の政策のみを扱うと考えた。そこで彼は「教部ノ旨趣ト教官ノ当務ヲ混同スルモノ」を批判して「夫三章（註：三条教則）ハ国法也。教法ニ非ルナリ。教部ハ施政ノ官也。教導ノ官ニ非ルナリ。」と主張している[47]。こうした教部省と大教院の分離の論理は、この章程と条例の扱いに端的に現われていた。

ただし、こうした事実から簡単に章程と条例が力を持たなかったということはできない。大教院の神道部分が共通の教化の内容として章程と条例を定めることと、教部省が神仏各派を含んで共通の教化の基準として三条教則を掲げていることは、レベルの違いこそあれ、相似な論理を含んでいる。そして後者の広い規制のもとの自由があったからこそ、一時的にせよ神仏合同布教が可能になったと言えるのではないか。この問題を検討するには、章程と条例の狭い規制と三条教則の広い規制が、実際の教書や説教のなかで、どのような分散と統合の実態を示しているかを示す多くの事例を求めることが必要である。これを広範な史料に当たって検討することを今後の課題として本論文を終えることとする。

〔後註〕本章は、大教院の神仏合同布教における教化の標準について、そのルールや検閲から確認しようとしたものである。この研究と並行して、教育史学会の大会において三条教則、十一兼題、十七兼題の解説書について口頭発表を行ない、また近代日本教育史料研究会『かわらばん』に報告を掲載した。これらは印刷刊行されたものではないが、日本教育史学会の一九九四（平成六）年の石川謙賞（当時の正式名称は石川謙日本教育史研究奨励賞）の受賞理由として評価された。また後半は、小中村清矩文書を用いており、この文書の重要性は藤田大誠『近代国学の研究』（弘文堂、二〇〇七年）などでも論じられている。

（1）辻善之助『明治仏教史の問題』一九四九年、一七六―一九六頁。
（2）文部省『聖訓ノ述義ニ関スル協議会報告』一九四〇年、一二五―一四六頁。片山清一『資料・教育勅語』一九七四年、三一〇―三二二頁。前者は三〇六点、後者は戦後のものも含めて五〇〇点近くをリストアップしている。
（3）ただし、教書類の分析を試みたものに大林正昭「三条教憲説教書の分析」（教育史学会発表一九八八年）があり、兼題解説書について従来のリストを補塡している。
（4）徳重浅吉『維新政治宗教史研究』一九三五年（一九七四年復刻）、六六三頁。
（5）西田長男「大教宣布の運動とその神観」『神道史の研究』一九四三年。初出は大倉精神文化研究所編『国史論纂』一九四二年で、西田長男『日本神道史研究』第七巻に再録。
（6）『教典訓法章程・教書編輯条例』木活字本（大洲市立図書館矢野玄道文庫所蔵）。
（7）本居宣長『古訓古事記』全三巻。下巻の奥付けは「寛政十一年己未五月十日御免／享和三年癸亥十月発行」。
（8）栗田土満『神代紀葦牙』全三巻。上巻の本居大平序は一八一一（文化八）年、自序は一八一〇（文化七）年、下巻の跋は一八一三（文化一〇）年と一八一九（文政二）年と一八一七（文化一四）年。
（9）平田篤胤『古史成文』全三巻、一八一八（文政元）年刊。なお、神武以降を含む神習文庫所蔵写本など刊行されていない部分もある。
(10) 平田鉄胤『祝詞正訓』一八五八(安政五)年跋。
(11) 橘千蔭『万葉集略解』全二〇巻で三〇冊。第二〇巻下の奥書によれば、一七九一(寛政三)年に起筆され一七九六(寛政八)年に稿本ができ、一八〇〇(寛政一二)年に訂正が終る。刊本は時期が重なるが一七九六(寛政八)年刻成で、一八一二(文化九)年発行。
(12) 富永芳久『出雲風土記仮字書』全三巻。一八五六(安政三)年序。
(13) これは、神習文庫本の高田(小山田)与清の書入れ本を参照。一八二一(文政四)年に書入れをしたことが付箋にある。
(14) 栗田土満前掲『神代紀葦牙』上巻二丁ゥ。
(15) この部分の引用も前掲の矢野玄道文庫本によったが、前掲西田論文の引用文では「神代七代」とあり「代」に(ママ)と振ってあるので、本テキストと異なる版が存在するようである。なお「方物化育」は西田論文では「万物化育」となっている。
(16) 服部中庸『三大考』古事記伝第一七巻附録、一七九一(寛政三)年序、二五丁ゥ。筑摩書房版『本居宣長全集』第一〇巻三一六頁。
(17) A本:平(矢野)玄道『予美考証』一八七〇(明治三)年奥書、写本全八丁、神習文庫所蔵。
(18) B本:平(矢野)玄道『予美考証再攷稿』一八七〇(明治三)年奥書、全一五丁と付図一丁。東京大学文学部国文学研究室本居文庫所蔵。
(19) C本:平(矢野)玄道『予美国考証』一八七〇(明治三)年奥書、全二五丁。裏表紙に大教院御蔵板書籍売捌製本所・近江屋孝助・森屋治兵衛とある。
(20) 教部省『准刻書目』第一号(「右准刻従明治五年壬申九月至同六年癸酉七月」)(復刻は『明治前期書目集正』第六分冊一九七二年)および「准刻書目省中にて刊行伺之件」『社寺取調類纂』第一四五冊(受:明治六年、回:七月三十一日、済:八月二日、議:小中村清矩、輔:宍戸・黒田、出仕:土持、課:考証)国立国会図書館所蔵。
(21) 前掲B本一一丁ォ。前掲C本二一丁ゥ。

(22) 久保季茲『国魂神ノ説』一八七四（明治七）年奥書、全六丁写本、神習文庫所蔵『玉籬』第二一冊に合綴。
(23) 前掲『准刻書目』第一号および前掲「准刻書目省中にて刊行伺之件」。
(24) 「外務省に回答案」（受：明治六年、回：同十月廿七日、済：同上、丞：三島、議：小中村、出仕：土持、課：考証）、『社寺取調類纂』第一四四冊（国立国会図書館所蔵）。この文書は一〇月二七日の教部大丞から河瀬弁理公使へ回答案、一〇月二五日付けの河瀬から教部省への書籍の要求書、日付不明の大教院書籍掛から教部省考証課への書籍の送状からなる。
(25) 『善悪報応論』木活字全一五丁。刊年作者名なし。
(26) 『善悪報応論』木版全一八丁。刊年作者名なし。大教院蔵板。
(27) 教部省『准刻書目』第二号（「右准刻従明治七年甲戌一月至同年二月」）。
(28) 田中頼庸『神徳論』全五六丁木版本大教院蔵板（刊行年不明）。序は一八七四（明治七）年三月下浣の権大教正養鸕徹定と同年六月二日の出雲大社大宮司大教正従五位千家尊福の二つがあり、跋は同年七月付けの長川熈のものである。
(29) 葵川信近（丹生川上神社大宮司兼大講義）『北郷談』一八七四（明治七）年序、大教院蔵板、二七丁オ。
(30) 西川順土「三大考を中心とする宇宙観の問題」『肇国文化論文集』一九四一年、三六頁。ここでは教書編輯条例を三大考論争の最後に位置付け、本居と平田の相違をそのまま含み込むことで「大教院の採用した諸説には多くの矛盾が含まれてゐた」と結論している。
(31) 前掲『准刻書目』第一号。
(32) 前掲「准刻書目省中にて刊行伺之件」『社寺取調類纂』第一四五冊。
(33) 前掲「外務省に回答案」『社寺取調類纂』第一四四冊。
(34) 太政官布告第九二号、一八七二（明治五）年三月二三日。
(35) 太政官布告第九〇号、一八七二（明治五）年三月二二日。
(36) 文部省布達「出版条例」、一八七二（明治五）年一月一三日。
(37) 教部省布達第一一号、一八七二（明治五）年七月八日。

(38) 教部省達書第一四号、一八七四（明治七）年五月九日（同年三月の大教院達第一五号を再録したもの）。
(39) 「出版書類許可之儀ニ付伺之件」『社寺取調類纂』第一四五冊。第一七五冊にも同文あり。
(40) 小中村清矩『陽春蘆蒐集録』第一冊、東京大学総合図書館所蔵。
(41) 同右。
(42) 同右。
(43) 『国学者伝記集成』続編三一八―三一九頁の記述による。
(44) 三国幽眠『三国幽眠略解・古訓古事記』全三巻、一八七四（明治七）年五月官許、一八七五（明治八）年二月発行。引用は「題言」上巻二丁オ―ウ。
(45) 多田孝泉『略解古事記』全二巻、一八七四（明治七）年四月二〇日官許。
(46) 前掲『陽春蘆蒐集録』第二冊。
(47) 門脇重綾『教部要説』前掲『陽春蘆蒐集録』第二冊、（一八七四（明治七）年一二月二二日の鈴木大による写本）。

第7章　日本教育史学の成立

〔初出〕「日本教育史学の成立と国学――日本教育史略、文芸類纂、古事類苑、日本教育史の関係」『明治聖徳記念学会紀要』復刊第四七号、二〇一〇年一一月、一〇四―一一九頁。

〔要約〕第7章は、日本教育史学が明治初年に成立するにあたって、国学が決定的な役割を果たしたことを明らかにするものである。

一八七六（明治九）年のフィラデルフィア万国博覧会に文部省から出品された"An Outline History of Japanese Education"が、翌年の『日本教育史略』として日本語で刊行されて、師範学校の教科書となったことは有名である。このなかの「日本教育史略文芸概略」を編集した国学者・榊原芳野が、一八七八（明治一一）年に文部省から『文芸類纂』全八冊を刊行することや、この延長線上に『古事類苑』編纂事業や、一八九〇（明治二三）年の国学者・佐藤誠実による師範学校教科書『日本教育史』があり、これらの経緯と内容を確認することで、これらが一つの系譜に位置づくことを明らかにした。アカデミズムとしての教育史学の成立は大正期・昭和戦前期までまつが、実際に教員養成と国際関係に影響をもった日本教育史学が国学によって成立したことを述べたものである。

はじめに

教育学が教育に関する学問として成立するためには、倫理学や心理学など様々な成果を継受して体系化していくだけではなく、その対象たる教育を自ら把握して、教育を自ら認識できる学問としての体系が樹立されなければならない。ここに教育の自己意識の学としての教育史学が教育学に占める位置がある。近代日本の教育と教育学は、西洋からの近代学校と教育学の移入を特徴とすることは言うまでもないが、日本の教育を自ら認識する学はこの移入性からは成立しがたい。近世とは異なる海外からの視線を意識した国際的環境のなか、近代の国学の成果を受けて日本教育史学が形成されたことを明らかにすることが本稿の目的である。

日本教育史学の成立に国学の影響を見ることは、決して珍しいことではない。海後宗臣は、一九三九（昭和一四）年一二月に「佐藤誠実《さとうじょうじつ》の日本教育史」と題して東京中央放送局からラジオ放送の講演を行ない、一九四〇（昭和一五）年に『日本教育小史』に集録して、佐藤誠実の『日本教育史』を「文化史」的な業績として評価した(1)。また石川松太郎は、「欧米先進諸国の人々にみせるための教育史」としての『日本教育史略』と、「政治も経済も文化も、はたまた軍事も産業も、〈教育〉を媒介にし、軸として、はじめて廻転し発展しうるものだ」との教育史観を明確にした『日本教育史』を評価している(2)。また寺﨑昌男も、『日本教育史』について「佐藤における『古事類苑』の編纂者としての国史学・国学の蓄積」を評価している(3)。しかし、ここでいう「国学の蓄積」や「文化史」の系譜の内実を明らかにする課題は未だ果たされていない。

とりわけ、近代の人文諸科学に対して、前近代からの国学が与えた影響の研究が國學院大學を中心に活発に展開されており、藤田大誠をはじめとする業績が「近代国学」への注目を高めている(4)。私も伊能穎則につながる国学者が大学校・大学、文部省、教部省などで活躍する動きを注目してきたが、[5]ここでは榊原芳野が加わる『日本教育史略』、榊原芳野編の『文芸類纂』、榊原らが開始して佐藤誠実らが完成させる『古事類苑』、佐藤誠実の『日本教育史』という四つの著作群を一つの系統に位置づけて、日本教育史学が成立するなかでの国学の意義を検証するものである。

第一節　日本教育史略の成立

最初の日本教育史の刊行物が、一八七六（明治九）年にアメリカ・フィラデルフィア万国博覧会のために、"An Outline History of Japanese Education"と題して、アメリカの出版社から文部省により出版されたことは象徴的である。[6]本書は翌一八七七（明治一〇）年に日本で文部省印行『日本教育史略』として日本語でも刊行された。[7]英語版のみに一八七六年八月の序文、日本語版のみに翌年五月の「序」がある。英語版序文では、ほぼ全体にわたりフルベッキ（Rev. G. F. Verbeck, D. D.）が翻訳の校閲を行なったことが記されている。「教育概言」は文部省雇員学監米人の大闢慕来つまり御雇外国人ダビィド・モルレーの選であり、日本語版では小林儀秀が訳した。「教育志略」は大槻修二が執筆して那珂通高が校閲し、乙骨太郎乙が英訳した。「文芸概略」は榊原芳野が執筆し、鈴木忠一と乙骨太郎乙が英訳した。「文部省沿革略記」は妻木頼矩が執筆した。英語版と日本語版は、序文以外は章節の切り方が異なるがほぼ対応しており、英語版の Appendix のうち、日本語版では文部省組織表や歴代天皇一覧、年号一覧が省略されて、名簿や妻木執筆分のみが附録となっている。この英語版と日本語版の対照表を次に掲げる。

序文は、英語版、日本語版ともに無署名である。英語版の序文（Preface）は、米国独立百年を記念したフィラデルフィア博覧会に出品した経緯や執筆者などを述べ、また日本人の氏名の順序や母音の発音について説明する。日本語版の「日本教育史略序」は、博覧会と執筆者に触れることは同様であるが、その冒頭は「欧米各国皆教育ノ史有リテ

“An Outline History of Japanese Education; Prepared for the Philadelphia International Exhibition, 1876”　同【頁数】	『日本教育史略』1877（明治10）年8月初版の【頁数】	著者	翻訳者
PREFACE.（August, 1876）【pp. 3-4】		（無署名）	
	日本教育史略序（明治10年5月）【1～2】	（無署名）	
CONTENTS.【pp. 5-8】	日本教育史略　目次【1～3】	（無署名）	
AN OUTLINE HISTORY OF EDUCATION IN JAPAN, INTRODUCTORY CHAPTER【pp. 9-35】	日本教育史略　概言【1～53】	文部省雇員学監米人　大闘慕来　選 prepared by David Murray, LL.D., the Foreign Superintndent of Education in Japan	小林儀秀　訳
CHAPTER Ⅰ. GENERAL SKETCH.【pp. 36-47】 CHAPTER Ⅱ. EDUCATION IN EARLY AGES.【pp. 48-82】 CHAPTER Ⅲ. EDUCATION UNDER THE SHOGUNATE.【pp. 83-112】 CHAPTER Ⅳ. EDUCATION SINCE THE REVOLUTION.【pp. 113-131】	日本教育史略　教育志略【55～242】	大槻修二　編 那珂通高　訂 compiled by Sakakibara Yoshino, with the aid of Naka Michitaka	translated by Okkotsu Tarotsu
CHAPTER Ⅴ. JAPANESE LANGUAGE AND LEARNING.【pp. 132-153】 CHAPTER Ⅵ. JAPANESE ARTS AND SCIENCES.【pp. 154-175】	日本教育史略　文芸概略【243～299】	榊原芳野　編 compiled by Sakakibara Yoshino	translated by Suzuki Tadaichi and Okkotsu Tarotsu
APPENDIX.【pp. 177-202】 Ⅰ. CONSTITUTION OF THE MONBUSHO, OR JAPANESE DEPARTMENT OF EDUCATION【pp. 177-179】 Ⅱ. CHRONICLE OF EVENTS IN THE RECENT HISTORY OF THE DEPARTMENT OF EDUCATION.【pp. 179-186】 Ⅲ. LIST OF EMPERORS.【pp. 187-188】 Ⅳ. LIST OF YEAR-PERIODS【pp. 188-190】 Ⅴ. CATALOGUE OF ARTICLES EXHIBITED BY THE JAPANESE DEPARTMENT OF EDUCATION AT THE INTERNATIONAL EXHIBITION, 1876.【pp. 191-202】	附録　文部省沿革略記（明治8年12月）【301～326】	日本文部長官附属書記　妻木頼矩　誌 The Chronicle of Events composing Appendix Ⅱ. was prepared by Tsumagi Yorinori, secretary to the Ministory of Education	
	（正誤表2頁）	（無署名）	
STANDARD TEXT-BOOKS OF SCIENCE （書肆の刊行目録2頁）		D.APPLETON & Co., NEW YORK	

我カ邦ハ未コレ有ラス」、「コレ有ルコト此ノ編ヨリ肇マル」として、本書の性格を宣言している。これは日本語版の冒頭のみにある文章であり、欧米各国における教育史の存在を意識しており、本書をもって日本教育史の嚆矢としている。「略序」は、「苟教育ノ概ヲ知ランコトヲ欲センカ此編ヲ舎テヽ将何ノ拠ル所アランヤ」と自信を持って結んでいる。つまり、英語版は博覧会に連動して日本の教育を海外へ紹介することに力点があるが、日本語版は海外での公開という裏付けを経た初めての日本教育史の刊行という意義を明言しているのである。

学監ダビッド・モルレー（David Murray 一八三〇—一九〇五、人名表記はマレーなど各種がある）の「概言」は、日本の教育の略史から一八七四（明治七）年現在の統計までを概説したものである。本書の概略であるだけではなく、『文部省年報』等にも掲載される学校、教員生徒などの全国統計の概略を示した点で日本の教育を客観的に示そうとする姿勢が読み取れる。モルレーに関する研究では、既に稲垣友美がこの経緯を解説している[8]。また古賀徹が近年の研究と資料を整理しており、米国議会図書館所蔵のモルレー文書中に本書の原稿などが存在することを紹介している[9]。モルレーの研究のなかでこの「概言」の内容自体が独自に評価されることはないが、一八七三（明治六）年六月に招かれて来日して一八七九（明治一二）年一月に離日するあいだに、一八七五（明治八）年一〇月から翌年一二月までの間はフィラデルフィア博覧会のために帰国するのであるから、このために割かれた労力は少なくはない。

『日本教育史略』の本体と言える「教育志略」は、大槻修二が編んで、那珂通高が補訂している。大槻修二（如電、一八四五—一九三一）は、大槻玄沢の孫、大槻磐渓の長男として、次男・大槻文彦とともに洋学・漢学の家に生まれ、維新後は文部省に出仕して、一八七四（明治七）年に辞している。一八七七（明治一〇）年には三二歳で『日本洋学年表』を発表するが、この「教育志略」では彼の該博な知識が活かされている。那珂通高は漢学者であり、一八七二（明治五）年『史略』の第二巻「支那」の編者である。

この「教育志略」の内容は、「文字書籍ノ起源」「諸学術ノ伝来　附博士ノ事」と記紀から古代の文化伝来を紹介して、古代の大学寮、典薬寮、陰陽寮をはじめ学校の沿革が中心に描かれる。古代の別曹や石上宅嗣の芸亭、さらに中世の金沢文庫や足利学校、近世の林羅山の弘文院（昌平坂学問所）、医学館、和学所、洋学の沿革、藩校などを述べて、維新後の学制期の記述に至り、一八七五（明治八）年の『文部省年報』の刊行と女子師範学校の設置までが描かれている。これらは前近代の学校の沿革を伝えるために十分な事実の提示であり、記述内容は簡潔ながらも詳細である。ただし、学校沿革を主軸として、事実の列記以上には歴史像を示した説明は行なわれない。

「文芸概略」を執筆した榊原芳野（一八三二―一八八一）は、伊能穎則に学んだ江戸の国学者であり、大学校少助教・大学中助教を経て、一八七一（明治四）年に文部省に出仕し、『小学読本』などの編纂に従事し、その該博な著述とともに蔵書が現在も国会図書館に引き継がれていることでも知られる。(10) 高木まさきは榊原芳野の事績と資料を整理しており、「文芸概略」の存在や、後述する『文芸類纂』がこれを「増補」したものであるとの指摘をおこなっている。(11)

「文芸概略」の内容は、日本語版の見出しに従えば、「〇文字総論」「五十音図」「仮字音論」「神代字」「和字」「習字沿革」「点図」、「〇文章」「日記紀行」「物語文」「和歌の序」「歌」「漢文」、「〇文学総論」「儒学」「学校」「私学」「科試及第」「書学」「画学」「医学」「薬物学」「外科」「鍼医」「暦学」「漏刻学」、「附文具」「紙」「筆」「硯」「墨」「刻本」である。「学校」「私学」「科試及第」の内容は簡単ではあるが、「教育志略」と重複している。こうした書籍としての不統一は、逆に榊原芳野が、「文芸」という概念で学校を含めた文化の総体を示そうとしたことを意味する。また、和紙の原料として「かうそ」「がんぴ」「みつまた」「とろゝ」を図で示して、リンネ以来のラテン語による学名表示や分類表示を行なうことが英語版でも日本語版でも行われており、近代的な博物学への志向がみられる。記述内容は事実の列記であり、とくに最後の「刻本」は百万塔陀羅尼から一六九五（元禄八）年の「五彩を以て刷印」までが数行で示されるなど未完成さを感じさせる。

英語版の附録中第二編に相当する部分が、日本語版の「附録　文部省沿革略記」である。「日本文部長官附属書記」

という肩書きで妻木頼矩が執筆した「緒言」は「明治八年十二月」付けで、フィラデルフィア万国博覧会のために辻新次（五等出仕）の協力でまとめたという経緯を記している。英語版の本文は一八七五（明治八）年一一月の文部省職制と専務章程の制定で終わっているが、日本語版はその後も記述があり、一八七七（明治一〇）年「五月文部省ニ於イテ日本教育史略ヲ編成発行ス」と本書自体を言及して終わっている。本書の日本語版は奥付がないが扉に「明治十年八月」とあり、「五月」は日本語版冒頭の「序」の執筆月と一致する。つまり、日本語版を刊行することが確定した段階で、本文のみを英語版の原稿に追記したことがうかがえるのである。

次に、本書を取り巻く状況について確認しておこう。

今日では、幕末から明治の万国博覧会が日本にあたえた影響について多くの研究が発表され、『日本教育史略』についても言及されることも少なくない。吉田邦光らの共同研究は一九世紀後半を「博覧会時代」と位置づけて、開国とともに日本が参加する様子に注目している。(12) 一八七六（明治九）年五月一〇日から一一月一〇日まで、アメリカの独立百年を記念してペンシルバニア州フィラデルフィアで開催された万国博覧会については、一八七三（明治六）年七月に日本政府に参加要請がおこなわれて大久保利通を総裁、西郷従道を副総裁とする博覧会事務局がつくられた。國雄行によると、この博覧会は「大量生産された機械や大型機械の展示」がアメリカの工業化を印象づけ、日本は七区分一九六六点の出品を行い、翌年の第一回内国勧業博覧会にもつながるという。(13) また、伊藤真実子は、「万国博覧会という日本を説明する場で歴史により日本を説明する必要性」が日本の歴史編纂と関係するという重要な視点を提示しており、一八七三（明治六）年五月から一一月のウィーン万国博覧会での維納博覧会事務局編『日本志略』の編纂と、フィラデルフィア万国博覧会での『日本史略』『日本帝国誌略』の編纂を述べている。(14) 伊藤は、『日本教育史略』を位置づけていないが、博覧会での英語版の紹介本から日本語版が作成されるプロセスは、『日本教育史略』と同じである。このほか、フィラデルフィア万国博覧会の日本の出品状況や経緯について村形明子、畑智子、坂本久子が貴重な研究を行なっている。[15]

フィラデルフィア万国博覧会と教育の関係では、当時の国際的な関心が教育に集まっていたことを指摘した石附実の研究が注目される。文部省は、モルレー派遣のほか、博覧会事務局とは別個に派遣団を組んで、大輔の田中不二麿以下五名が渡米し、一八七七（明治一〇）年一月には『米国百年期博覧会教育報告』を発表し、教育博物館構想などに大きな影響があったことを紹介しており、英語版及び日本語版の『日本教育史略』も概説している。[16] なお樋口いずみは、一八七八（明治一一）年のパリ万博にも英語版“An Outline History of Japanese Education”が出品されて准金賞を得たことを指摘している。[17]

またこの時期は、小学校で翻訳教科書と近世以前の教科書が使用されるなか、新たに教科書の編纂が進行する。[18] 一八七二（明治五）年の学制に基づく同年の小学教則では、歴史教育の分野では、一六六三（寛文三）年の林春斎『王代一覧』、一八二六（文政九）年の岩垣松苗『国史略』といった近世刊行の書籍や、西村茂樹翻訳の『万国史略』、寺内章明翻訳の『五洲紀事』といった翻訳書が教科書として例示されている。このなか文部省は独自に新しい教科書の編纂に着手し、一八七二（明治五）年に「皇国」「支那」「西洋」で構成する木村正辞・那珂通高・内田正雄の『史略』四巻、一八七四（明治七）年に大槻文彦の『万国史略』二巻、一八七五（明治八）年に木村正辞の『日本史略』二巻が出された。木村正辞は榊原芳野と同じく伊能穎則につながる江戸の国学者であり、大槻文彦は大槻修二の弟であるように、文部省に国学・漢学系の日本の歴史について執筆できる『日本教育史略』と重なる人脈が形成されているのである。

このように概観すると、英語版“An Outline History of Japanese Education”と、日本語版『日本教育史略』の意義は、文部省が万国博覧会で日本の教育の歴史と現状を対外的に発信するだけでなく、日本語版として刊行されたことにも注目しなければならない。一八七七（明治一〇）年の日本語版をそのまま後の翻刻版の「師範学校教科書」という目的から位置づけるのは時期的に早まっているが、日本語版「序」が「欧米各国皆教育ノ史有リテ我カ邦ハ未コレ有ラス」、「コレ有ルコト此ノ編ヨリ肇マル」と述べた日本教育史の最初の著作という性格は、国際的環境のなかに国学などの蓄積をもって日本教育史の存在意義を内外に誇示したことを意味するのである。

また、本書の内容について、大槻修二と那珂通高の「教育志略」と妻木頼矩の「文部省沿革略記」を合わせてみれば、古代から同時代に至る学校を中心とした教育史記述に他ならない。それは欧米各国とともに学校教育制度の確立を目指す国際環境のなかで遅参しつつも古代からの学校教育の伝統を誇る内容であったとも言える。しかし、こうした学校教育中心の記述に対して、学校沿革を含んだ広い文化的変遷を位置づけた榊原芳野の「文芸概略」が本書に含まれることにも注目しなければならない。つまり、『日本教育史略』において国学は、学校中心の教育史記述を文化史へと誇張しうる内実を既に与えていたのである。

なお、『日本教育史略』は、一八八四（明治一七）年に至って再版される。五月や八月の版は、忠実な翻刻であるが[19]、一八八六（明治一九）年九月の版では、扉に「府県師範学校教科書」の文字が登場する[20]。

こうした再版が必要となったのは、師範学校における日本教育史教育の要請であった。師範学校の教育学の教授内容についての主要な法令上の規定を追うと[21]、一八八一（明治一四）年八月文部省達第二九号の師範学校教則大綱の教科としては、「教育学学校管理法」とあって教育史は含まれていない。森有礼文部大臣の指導下で師範学校改革が進み、一八八六（明治一九）年四月一〇日勅令第一三号の師範学校令が出されると、同年五月二六日文部省令第九号の「尋常師範学校ノ学科及其程度」では第二条に「教育　総論智育徳育体育ノ理学校ノ設置編成管理ノ方法本邦教育史外国教育史ノ概略教授ノ原理各学科ノ教授法及実地授業」として、「本邦教育史」と「外国教育史」が明示されるに至る。なお、一九〇七（明治四〇）年四月一七日文部省令第一二号の師範学校規程では、「近世教育史ノ大要」に入れ替わって、必ずしも古代からの内容を重視しない「近世」へと比重を変えることになる。

第二節　増補としての『文芸類纂』

一八七八（明治一一）年一月に文部省から刊行された榊原芳野の『文芸類纂』全八巻については、十分な位置づけがなされていない。長澤規矩也は、本書の復刻にあたって本書の包括性、「利用価値」を高く評価したが、本書の位置づけについては明示しなかった。(22) ここでは、本書の内容と性格は、『日本教育史略』と、『古事類苑』を連結する位置にあることを述べる。

『文芸類纂』の序文は一八七七（明治一〇）年一二月付けで「文部大書記官西村茂樹撰」として寄せられている。これは格調ある漢文で、「而競争之心方盛。得見本邦之文芸之超然於前代。必在今日之後矣」（こうして海外との競争の精神が盛んとなり、日本の文芸は前時代よりも優越していくことが必ずや今後に見られるのだ）、「幸得可比較之文芸於欧米。為発競争自奮之志」（幸いにも欧米の文芸と比較することが可能となり、競争して自ら奮い立って志を起こす）という国際的な競争環境における発展的歴史観が示され、フィラデルフィア万国博覧会の産物たる『日本教育史略』の「序」とも通底する。

つづく「例言」は、記述スタイルの説明であるが、「一音楽歌舞ハ技芸類纂中に載せんとす故に律法楽章皆之を省く」とある。『技芸類纂』の存在は確認できないが、「音楽歌舞」といえば、小中村清矩の『歌舞音楽略史』を想起させる。一八八七（明治二〇）年一一月付の清矩自身の跋文では、「此書はいにし明治十三年の七月、官より休暇を賜へる日より筆を起して、六十日ばかりを経て稿本のなりぬる」という経緯を記すので、(23)『歌舞音楽略史』は一八七九（明治一二）年に内務省から文部省に転じて『古事類苑』編纂に参加してからのものと見るのが妥当であろうが、『文芸類纂』の段階で音楽歌舞を含む『技芸類纂』構想があったことは注目されてよい。

「文芸概略」『日本教育史略』	『文芸類纂』
○文字総論　仮字片カナ起源 五十音図 仮字音論 神代字 和字 習字沿革 点図	巻一　字志上 字志総論、平仮字及伊呂波論、片仮字及五十音論、五十音図諸体、五十音韵所生原始、日文及諸神字論并肥人薩人書及諸可疑古字、習字沿革、仮字音総論、和字総論、点図并倒読論、附点笏角筆字指等図 巻二　字志下 仮字字源　附古人所書之書体并二合字、片仮字字源　附古人所用之別体并二合字
○文章 日記紀行 物語文 和歌の序 歌（中古、中世、近古、今世） 漢文	巻三　文志上 文章沿革論、文章分体原始図、文章諸体（古文、祝詞祭文、宣命、消息、後世女子消息文、仮字消息余論、日記紀行文、漫筆文、物語文、和歌序同小序）、歌志（長歌、旋頭歌） 巻四　文志下 漢文伝来、漢文に属する諸体（古漢文、中古記事文、詔勅、排麗文附文法図、官府下行文并上請文、往来書簡文、日記記録文、詩志）
○文学総論 儒学 学校 私学 科試及第 書学 画学 医学 薬物学 外科 鍼医 暦学 漏刻学	巻五　学志上 文学総論（歴史講義、典故学、復古学）、儒学総論（明経道、紀伝道、明法道、算道、字音学并和音沿革）、科試及第（試法、叙法、所修六科、秀才、明経、進士、明法、書、算）。大学沿革（寮中職掌、生徒修業、国学、私学）、書学（古人書跡諸体）、画学（古書画図諸体） 巻六　学志下 医学（医官附施薬院乳院、医学則及科試及第、外科、鍼術、女医、耳目口歯科、按摩）、薬物学、暦学（暦官、暦奏、諸暦沿革并図）、漏刻学（漏刻諸図、漏刻分度、時辰儀）、天文学
附文具 紙 筆 硯 墨（油煙採法、松煙採法） 刻本	巻七　文具志上 紙（紙論、造法概論、造紙植物図説、古紙考証、諸国産紙）、筆（筆論、製造法、諸家用筆図） 巻八　文具志下 硯（硯論、製造法、諸研各様図、諸研材産地）、墨（墨論、製造法、採烟法）、刻本（刻法并図解、刷法并図解）、書巻沿革（諸縫綴法）

次に『日本教育史略』の「文芸概略」と、『文芸類纂』を対照し、相当する項目には下線を示した［右頁］。配列の順序までがほぼ同一であり、高木まさきが『文芸類纂』を「文芸概略」の「増補」と指摘したことは妥当であろう。[24]『文芸類纂』では、『日本教育史略』の「文芸概略」の「刻本」などの未完成な部分も完成された記述となった。必要な図版を加えた文字通り日本文化の百科事典としての性格を有しており、長澤規矩也が「文学歴史美術の学の専攻者ならびに図書館員の常識として」と本書の価値を強調したことは適確であろう。[25]長澤はこれら諸学問に教育学や教育史学を挙げないし、また日本教育史学の歴史にも本書は位置づけられていないのだが、『日本教育史略』の「文芸概略」の「文学総論」同様に、『文芸類纂』の「学志」には学校制度を中心にした教育史が位置づけられており、本書も『日本教育史略』を継承した日本教育史の著作としての性格を有している。

第三節　『古事類苑』と『日本教育史』

『古事類苑』については多くの研究があり、また国文学研究資料館や国際日本文化研究センターによるデータベース公開の活動が進んでいるが、ここでは『文芸類纂』と『日本教育史』につなげる位置に『古事類苑』があることを確認しておきたい。

『古事類苑』の発端は、一八七九（明治一二）年三月八日付で文部省大書記官西村茂樹が文部大輔田中不二麿に提出した建議書「古事類苑編纂ノ儀伺」とすることは、『古事類苑』の「古事類苑編纂事歴」に掲げられてから通説である。『太平御覧』などの類書や西洋のエンサイクロペディアの存在を踏まえて江戸末までの原典から三〇〇冊の類書を作ろうという構想である。これが採用されて、内務省や修史館で考証にあたっていた国学者・小中村清矩と文部省にいた那珂通高と榊原芳野の三名が編纂掛に任じられる。しかし完成を見ないまま中断して、一八八六（明治一九）

年には森有礼文部大臣の下で東京学士会院に事業が移管され、一八九〇（明治二三）年にはさらに皇典講究所へ、そして一八九五（明治二八）年には神宮司庁へと移管され、一九〇七（明治四〇）年一〇月に編集を終えて、最終的には出版は一九一三（大正二）年一〇月までかかるという歳月がながれた。

熊田淳美が、『古事類苑』の発端として西村茂樹を中心とした教科書やチェンバーズ『百科全書』などの編纂出版事業の蓄積から「日本独自の百科全書を編集しようという構想が生まれてきたのだろう(26)」という推定をしたことは、妥当なものだと考える。しかし、より直接的に西村の関与した直前の実践としては、建言の一年前に西村自身が序文を寄せた『文芸類纂』が挙げられるべきである。先の「古事類苑編纂ノ儀伺」は「編集者三人ノ内、二人ハ報告課ニ其人アレバ新ニ一人ノ雇入レヲ乞フ」と具体的に提案しており、この報告課の二人が那珂通高と榊原芳野であることは明白である。かくして『日本教育史略』の執筆陣の榊原芳野と那珂通高が担当し、加えて伊能穎則につながる小中村清矩が主任として新たに呼ばれた。一八七九（明治一二）年五月に那珂通高が病没し、一八八〇（明治一三）年十二月に榊原芳野が病気で依願免官となるなかで、一八八〇（明治一三）年一二月に佐藤誠実が加わり、一八九〇（明治二三）年三月に皇典講究所に委託された時期を除いて編纂に係わることになる。

黒川春村門の国学者・佐藤誠実は、文部省総務局図書課の課員の立場で、師範学校教科書として一八九〇（明治二三）年一一月上巻刊行、翌年三月下巻刊行の『日本教育史』上下二冊を執筆した(27)。『古事類苑』の「古事類苑編纂事歴」によると、一八八五（明治一八）年一二月段階で『古事類苑』の「文学部」の原稿は整理が終わっており、また東京学士院移管後も「二十三年三月ニ至ルマデ、文部省内ニ於イテ本書ノ編纂ヲ継続シタリ」として文学部の進捗が記されているので、佐藤誠実にとっては『日本教育史』と『古事類苑』は重なるものであった。

また、重要なことは本書が「師範学校教科書」と扉に明示されていることである。既に述べたとおり、師範学校では「本邦教育史」が必須の教授内容となっており、そのテキストを『日本教育史略』が担っていたが、この書は本来、師範学校教科書を目的に編纂されたものではないし、維新後の記述は一八七七（明治一〇）年で終わっており、新たな教科書が必要となる。

こうみると、『日本教育史』の佐藤誠実の「概言」は四箇条にきわめて重要な内容を述べていることがわかる。

第一に「一此書ハ、師範学校等ニ於テ、本邦教育史ヲ授クルノ用ニ資センガ為ニ、編纂シタル者ナリ。」とは、「尋常師範学校ノ学科及其程度」第二条の「本邦教育史」の教科書であることを明言している。

第二に「一此書ハ、文学ヲ初メ、神道、宗教、武芸、音楽、天文、算術、茶湯、挿花、及農工商ノ業ニ至ルマデ、本邦ノ教育ニ関スル古今ノ概況ヲ挙ゲタリ。」とは、文字どおりに文化全般にわたる教育内容を含むことを述べた箇所であるが、これは『日本教育史略』や『文芸類纂』の範囲をカバーしつつ、さらに未発の『技芸類纂』の範囲と思える武芸、音楽、茶湯、挿花、農工商業が明示されている。ここまでの範囲は、神道、宗教をも含めて、『古事類苑』の範囲である。

第三に「一此書ハ、汎ク諸書ニ渉リ、教育史ニ要スル事蹟ヲ、偏ク蒐集スト雖モ、之ヲ概括整定スルニ至リテハ、猶未ダ尽サザル所アリ。故ニ此書ヲ用フル者ハ、宜シク此点ニ注意スベシ。」とは、師範学校教科書に求められる内容としては余りに浩瀚な本書だが、この謙遜は『古事類苑』の編纂に携わっていたからこそ書ける言葉であろう。

第四に「一引用書ヲ上層ニ掲ゲタルハ、読者ノ為ニ、捜索ノ便ヲ図レルナリ。」という出典の注記は、『日本教育史』は教科書であり類書ではないのだが、『古事類苑』の発想と通底する方法を示している。

上巻本文三二三頁、下巻本文三六三頁に及ぶ本書の概要を示すために、目次中の主要項目を第一篇総説を除いて示す［次頁］。排列順に示すので、上下は必ずしも一致しない。

「諸言」第二条に述べるとおり、学校教育中心の歴史ではなく、宗教を含む文化一般を対象とした歴史であることが注目される。学校教育が「文学」のなかに位置づけられることは、榊原芳野の『日本教育史略』の「文芸概略」、

第二篇 神代ニ起リ応神天皇十五年（紀元九百四十五年）ニ訖ル	神道 医術 歌 文章 音楽 武術 農業 工芸 結語
第三篇 応神天皇十六年（紀元九百四十五年）ニ起リ持統天皇七年（紀元千三百五十六年）ニ訖ル	文学（読書法、漢文、詩、和文、歌、法学、史学、韻学、書） 絵画 神道 宗教 医術 暦学 算術 天文学 漏刻 陰陽道 兵学 音楽 蹴鞠 農業 工芸 商業 結語
第四篇 文武天皇元年（紀元千三百五十七年）ニ起リ安徳天皇寿永三年（紀元千八百四十四年）ニ訖ル	文字（書籍、訓点、大学、国学、私学、釈奠、教員、学生、明経道、紀伝道、明法道、礼式学、漢文、和文、詩、歌、韻学、書） 絵画 算道 医術 陰陽道 天文 歴術 漏刻 音楽 兵学 神道 宗教 農業 工芸 商業 女子教育 結語
第五篇 後鳥羽天皇文治元年（紀元千八百四十五年）ニ起リ後陽成天皇慶長四年（紀元二千二百五十九年）ニ訖ル	文学（学校、礼式、法律学、韻学、歌、連歌、和文、詩、漢文、書） 絵画 天文 暦道 漏刻 医術 兵学 神道 宗教 音楽 蹴鞠 茶湯 香道 挿花 農業 工芸 商業 女子教育 結語
第六篇 後陽成天皇慶長五年（紀元二千二百六十年）ニ起リ孝明天皇慶応二年（紀元二千五百二十六年）ニ訖ル	文学（印刷、幕府学校、諸藩学校、搢紳学校、私塾、書籍館、漢文、詩、韻学、支那俗語、国学、洋学、書） 絵画 算術 天文 暦術 医術 神道 心学 兵学 音楽 茶湯 煎茶 挿花 宗教 農学 工芸 商業 女子教育 結語
第七篇 今上天皇慶応三年（紀元二千五百二十七年）ニ起リ明治二十年（紀元二千五百四十七年）ニ訖ル	総論 教科書 外国教師 海外留学生 文部省経費 学校 幼稚園 盲唖教育 書籍館 教育博物館 学士会院 教育会 各省道庁学校 神道 仏教 結語

『文芸類纂』、さらに『古事類苑』「文学部」とに共通する構造である。ただし、第七篇は学校教育又は文部省所管事項が中心となることも、『日本教育史略』同様の制約と言える。

時期区分は、第二篇は神代、第三篇は王仁の来朝、第四篇は文武天皇（六九七年）、第五篇は源頼朝の政権確立（一一八五年）、第六篇は関ヶ原の合戦（一六〇〇年）、第七篇は大政奉還（一八六七年）からはじまる。この時期区分に従って項目ごとに沿革を述べ、類書的な性格を持ちつつも、第一篇「総説」と各篇の「結語」で述べられる概観には、教育を軸に据えた歴史観が提示されている。すなわち、第二篇は神代以後は「未ダ一学科ト為スニ足ラズト雖モ、亦教育ノ力ヲ仮ラズト云フコトヲ得ザルナリ」という原初的な教育が存在し、第三篇では「外国人及外国人ノ子孫ニ倚頼」して外国文化が受容され、第四篇では「教育ハ具備セザルハナク」という隆盛から争乱のなかで衰退し、第五篇の武家の時代は「教育ノ極衰ノ運」となり、第六篇の徳川幕府の下では「字ヲ識ラザル者少ク」という景況を迎えつつも「世襲」のもとで地位上昇が得られず、第七篇では「欧米ノ制」による学校が普及して「世禄ノ陋弊」を改めて人材登用が可能となったという歴史観である。このように文化のなかに教育を位置づけて教育の役割を明確にすることで、海後宗臣が「教育の一つの形態より他の形態への転変を説かんとしている」と評したように[28]、教育の形態史観とでもいうべき像を提示しているのである。

その後一九〇三（明治三六）年には『修訂日本教育史』が刊行される[29]。この修訂版の「緒言」では、一八八七（明治二〇）年までの記述で止まっていたものに「現今迄の景況」を加筆したと説明し、一八九五（明治二八）年から『古事類苑』の編集に加わっていた広池千九郎を協力者として挙げている[30]。その後、一九〇七（明治四〇）年の師範学校規程で本邦教育史は「近世教育史」と性格が変化し、一九一〇（明治四三）年五月にロンドンで開催された「日英博覧会」を契機に出版された『日本教育史』が文部省版で登場し[31]、その後も多くの近世教育史教科書が発行されるなかで、古代からの変遷に力点を置いた佐藤誠実の浩瀚な教科書は定番の地位を失っていくことになる。

おわりに

海外からの視線を意識した国際的環境のなかで『日本教育史略』をはじめとする日本教育史の著述は開始された。それは近代の国学者によって担われ、『古事類苑』という巨大プロジェクトがその背景に存在していた。

寺﨑昌男が整理するように、「大正期末から昭和期に至る期間」まで下って、「日本史研究からの教育史研究の自立」が行われた(32)。国史学からのディシプリンを継受した石川謙や高橋俊乗ら初期の日本教育史研究者も、明治の国学からは距離があり、国文学や歴史学でみられた国学者との人脈的な連続性は、日本教育史学では明確ではない。しかしながら、かかる学問としての自立の時期よりはるか以前に、国学者を中心とした日本教育史が著されていた。学問としての完全な自立以前に、浩瀚な著作群によって日本教育史学が成立していたと言ってよい。さらに、その著作は、師範学校における教育史教科書として制度的に位置づけられ、アカデミズムとしての「自立」以前に成立することが求められていたのである。

文化全般を対象としうる初期の日本教育史学は、戦前昭和期に海後宗臣によって再発見された。そこでは、一九世紀の学校教育普及から近代学校批判へと変化した二〇世紀の国際的環境のなかで、学校形態のみにとらわれない教育史研究の可能性が再発見されたのである。

本稿では、『日本教育史略』、『文芸類纂』、『古事類苑』、『日本教育史』を一つの系列として確認することに力点を置いたため、関係する国学者や政策との関係を充分に検討することができなかったが、国学と教育の関係にはさらに多くの研究すべき課題のあることを強調して本稿を終えたい。（本稿は科学研究費補助金「明治期における総合芸術批評の形成」（研究課題番号二一五二〇一六四、研究代表者白石美雪）による研究成果である。）

〔後註〕本章については、日本教育史研究会の二〇一五（平成二七）年度サマーセミナー「日本教育史研究の発信力――「受け手」との関係から考える」の報告において、敷衍して報告した。

（1）海後宗臣『日本教育小史』日本放送出版協会、一九四〇年（一九七八年、講談社学術文庫版、一二―二二頁）。
（2）石川松太郎「日本における日本教育史研究の歴史」『日本の教育史学』第二集、一九五九年。
（3）寺﨑昌男「総説　学会の動向」『講座日本教育史』第五巻、一九八四年、第一法規、九頁。
（4）藤田大誠『近代国学の研究』弘文堂、二〇〇七年。
（5）本書第1章と第2章参照。第1章に収録。高橋陽一「大学校・大学における国学系教官の動向」『東京大学史紀要』第一〇集、一九九二年。
（6）Japanese Department of Education, "An Outline History of Japanese Education; Prepared for the Philadelphia International Exhibition, 1876" D. Appleton and Company (New Yorlk), 1786. なお、正木直子・正木みち編訳『概要「日本の教育の歴史と現状」――一八七六年フィラデルフィア万博のために』（日本図書刊行会、一九九七年）は、乙骨太郎乙の孫により同家に所蔵されるこの英語版からの「再翻訳」であるが、日本語版の存在を知らずに現代語に訳されているため固有名詞などに誤りが多い。
（7）文部省印行『日本教育史略』一八七七年。
（8）稲垣友美「学監ダビッド・マレーの研究」『フィロソフィア』早稲田大学哲学会、第二九号、一九五五年一二月。
（9）古賀徹『文部省顧問 David Murray と日本の近代教育に関する研究』（文部省科学研究費補助金奨励研究A報告書）二〇〇一年。
（10）「榊原芳野家蔵目録」『参考書誌研究』第一二号、一九七六年。
（11）高木まさき「榊原芳野伝覚書き」『人文科教育研究』第二一号、一九九四年。高木は『文芸概説』の写本が国立国会図書館にあることを指摘する。古典籍資料室に所蔵のものを確認すると、「明治九年七月十日交付」「教育博物館」「東京博物館」の蔵書印のあるもの（一四三・一イ）と「明治十年文部省交付」、「東京書籍館」の蔵書印のあるもの（一四三・一）である。二冊は文字や挿絵が類似し、四六丁、毛筆手書き彩色の挿絵入りで、原稿に近い写本と考えられる。『日本教育史略』の「文字総論」「文学総論」「附文具」という項目名が「字誌総論」「学志総論」「文具志略」となるなどタイトルが若干異なり、刊本の神武紀元による「千二百年頃」といった年号は、この写本では「西暦紀元六百年前後」となっており、海外の博覧会を意識した記述であったことがわかる。

(12) 吉田邦光編『万国博覧会の時代』思文閣、一九八六年。

(13) 國雄行『博覧会の時代 ―― 明治政府の博覧会政策』岩田書店、二〇〇五年、四一―四七頁。國雄行『博覧会と明治の日本』吉川弘文館、二〇一〇年、七四―八三頁。

(14) 伊藤真実子『明治日本と万国博覧会』吉川弘文館、二〇〇八年、一三―六〇頁。

(15) 村形明子「フェノロサの見た建国一〇〇周年記念フィラデルフィア万国博覧会」京都大学教養部『人文』第三二集、一九八六年。畑智子「一八七六年フィラデルフィア万国博覧会の概要と「日本」の出品状況について」『賀茂文化研究』第六号、一九九八年。坂本久子「写真と『温知図録』からみたフィラデルフィア万国博覧会の日本の出品物への一考察」『近畿大学九州短期大学研究紀要』第二九号、一九九九年。坂本久子「日本の出品にみるフィラデルフィア万国博覧会とウィーン万国博覧会の関連」『近畿大学九州短期大学研究紀要』第三八号、二〇〇八年。坂本久子「日本の出品にみるフィラデルフィア万国博覧会（一八七六年）とパリ万国博覧会（一八七八年）」『近畿大学九州短期大学研究紀要』第三九号、二〇〇九年。

(16) 石附実「フィラデルフィア博覧会と日本の教育」吉田光邦編『一九世紀日本の情報と社会変動』京都大学人文科学研究所、一九八五年、四一七―四二七頁。石附実「日本教育の世界への登場 ―― フィラデルフィア博覧会と教育」『世界と出会う日本の教育』開発教育研究所、一九九二年、七一―九八頁。

(17) 樋口いずみ「一八七八年パリ万国博覧会と日本の教育部門への参加」『早稲田大学大学院教育学研究科紀要』別冊第一六号二、二〇〇九年三月。

(18) 海後宗臣『歴史教育の歴史』東京大学出版会、一九六九年。
(19) 文部省印行『日本教育史略』一八八四年五月、吉川半七（東京）。同、一八八四年八月、岡島真七。
(20) 文部省印行『府県師範学校教科書 日本教育史略』一八八六年九月、春陽堂。
(21) 教育史編纂会『明治以降教育制度発達史』教育資料調査会、一九三八年、第二巻四四二―四四三頁、第三巻四九八―五〇五頁。米田俊彦編著『近代日本教育関係法令体系』港の人、二〇〇九年。
(22) 長澤規矩也「本書の利用価値」（榊原芳野編『文芸類纂』一九七五年、汲古書院）。
(23) 小中村清矩『歌舞音楽略史』吉川半七（東京）、一八八八年。同岩波文庫版、一九二八年。
(24) 高木まさき、前掲「榊原芳野伝覚書き」。
(25) 長澤規矩也、前掲「本書の利用価値」。
(26) 熊田淳美『三大編纂物群書類従古事類苑国書総目録の出版文化史』勉誠出版、二〇〇九年、八六頁。
(27) 文部省総務局編書課校定・同課員佐藤誠実編纂『師範学校教科用書 日本教育史』大日本図書会社、巻上一八九〇年、巻下一八九一年。
(28) 海後宗臣、前掲書。
(29) 佐藤誠実『修訂日本教育史』大日本図書、一九〇三年。なお、修訂版に三枝博音の「跋」を加えて翻刻されたものとして、佐藤誠実『修訂日本教育史』十一組出版部、一九四三年。仲新ほかが校訂したものとして、佐藤誠実『日本教育史』（二巻、東洋文庫二三一、二三六）平凡社、一九七三年。
(30) 『古事類苑』「文学部」の広池千九郎のかかわりについては、西川順土「古事類苑編纂史話」（『古事類苑月報』三、六、一九六七年六月、九月）に詳しい。
(31) 文部省（白石正邦執筆）『日本教育史』弘道館、一九一〇年。
(32) 寺﨑昌男、前掲書。

第8章　吉田熊次教育学の成立と教育勅語

〔初出〕「吉田熊次教育学の成立と教育勅語」『明治聖徳記念学会紀要』復刊四二巻、二〇〇五年一二月、五七―六八頁。

〔要約〕第8章は、戦前日本の代表的な教育学者である吉田熊次が、その教育学説を形成するにあたって、共通教化の標準であった教育勅語を欧米教育思想の受容の判断基準として体系を構築する過程を論じたものである。

吉田熊次は大学院学生時代から個人と国民を区別しないという立場であった。一九〇八（明治四一）年の講義を翌年刊行したのが主著『系統的教育学』であるが、教育勅語が位置づけられていない。この一九〇八年に教科用図書調査委員となって第二期国定修身教科書編纂に携わり、岳父の井上哲次郎が第9章にみる国民道徳論に関わるなか、一九〇九（明治四二）年の講義を翌年刊行した『教育的倫理学』によって教育勅語を基盤とする教育学の成立が確定する。この主張は同時に、アカデミズムにおける地位の低い教育学の優位性の主張であり、教育勅語と教育学を結合した吉田熊次教育学が影響力を広げる前提であった。

はじめに

一九〇四（明治三七）年二月から翌年までの日露戦争の終結後、日本の教育は、小学校段階の義務教育への児童の就学率の向上をほぼ完成させて、中等教育と高等教育の普及へと展開していく時期となる。それは同時に、教育理念や教育目的については、教育勅語をいただく国民統合を小学校を基軸として完成させつつ、大正デモクラシー下の自由教育に至る多様な潮流が絡み合う時期でもある。そしてこの時期、教育が行政家や哲学者によってリードされていた時代から、教育にもっぱら従事する実践家と理論家たちによる論壇が影響力を増大していく過程としても捉えることができる。

教育勅語の公式衍義書『勅語衍義』の著者である哲学者・倫理学者の井上哲次郎は、一九二六（昭和元）年に不敬事件で失脚するまでその権威を維持するが、次第に道徳教育を語る教育学者たちが台頭する。その筆頭が、井上哲次郎の女婿でもあった吉田熊次である。吉田熊次は日露戦争中の一九〇四（明治三七）年に女子高等師範学校教授兼東京高等師範学校教授となり、一九〇七（明治四〇）年には東京帝国大学文科大学助教授を兼ねて、一九一六（大正五）年には教授に昇任した。

東京帝国大学の教育学科の拡大に彼が寄与したことは[1]、単に一大学の事情にとどまらず、明治期に主に師範学校で教授される学問にとどまっていた教育学を、大学における人文社会諸科学の一つとして明確に位置づける基盤を与えたものであり、彼を教育学の興隆の代表者たらしめた。さらに、彼は一九〇八（明治四一）年から文部省中等教員検定試験の委員となり、一時中断しつつも一九四二（昭和一七）年まで長期に存任することによって教育界に広範な影響力を持った。榑松かほるが強調するように、吉田熊次が一九四五（昭和二〇）年までに単著だけで六〇冊を刊行し

たことは他の委員となった教育学者を圧倒しており、その言説は常に受験者たちから注目を浴びていたのである。(2)

第一節　教育勅語と教育学の乖離

吉田熊次自身の回想によれば、若い頃に教育研究を志向したのは、「孔子は夙に人倫に大道を説破して居るに拘らず、世人の行動はそれに副はざるものが多いのは何故であろう」(3)という道徳教育上の疑問からだという。大学院学生時代の一九〇三（明治三六）年に、「倫理的帝国主義」を提唱する浮田和民に対して、「個人」と「国民」を区別しているとして論戦を挑んだ。(4)吉田熊次にとっては、国家や国民とは別次元で個人を措定する浮田和民の論理自体が理解し難いのである。

同じ一九〇三（明治三六）年の帝国教育会講習会の講義を翌年刊行した『社会的教育学講義』は、ドイツのベルゲマンの影響を受けつつ、彼独自の理論を説こうとしている。榑松かほるが、本書の特徴として、社会と国家とを互いに排斥するものとは見ずに国家があって個人があるという言説に注目しているのは、極めて妥当なことである。(5)この特徴は、先に見た浮田和民への批判に呼応している。さらに、彼が「教育の目的は一言を以ていへば社会的人物を作るにある」と述べつつも「社会精神」という捉え方を拒否したことや、「社会的教育学は世界的の思想で国家を無視する」という見方に対して国家は「社会的関係の最も完全なる形態」と説明していることも注目しておきたい。(6)そこでは単に国家、社会、個人といった区別が不明瞭になっているだけでなく、同時に国体や教育勅語さえも本書には明確な位置づけが難しい状態となっているのである。

こののち、一九〇三年七月にドイツ・フランスに留学を命じられ、在外中に女子高等師範学校教授兼東京高等師範学校教授となり、一九〇七（明治四〇）年八月に帰国する。この留学中に吉田熊次が教育勅語について講演したことは平田論治が詳細に検討しているが[7]、吉田熊次の教育学自体に教育勅語が明確な位置づけを獲得したことを意味するかは、帰国後の主著の内容を見ると疑問が残る。

「教育学の確立（体系化）への強い志向と使命感」をもって記されたと片桐芳雄が評価するのが[8]、主著『系統的教育学』である。東京帝国大学文科大学助教授となった翌年、一九〇八（明治四一）年の大日本教育団開催の夏期講習会の講義筆記をもとに刊行された本書は、榑松かほるが調査したように、帝大教育学科の学生と文部省中等教員検定試験の受験生の双方の必読書となって大幅な改訂なく版を重ねた[9]。本書は教育学を体系的に整理して提示することに努めて本文十六章に編成したもので、緒言以降の章名を記せば、教育に関する研究の進歩、教育学と実際教育との関係、教育学及教育の意義、教育の目的、教育の主体（教師論）、教育の客体、教育上に於ける教授の位置、教授科目の選択及び分類、各教授科目の任務（上）、各教授科目の任務（下）、教授科目の排列及び統合、教授の方法及び段階、訓育論、美育論、体育論、学校論となる。

当然に第四章の教育の目的や第十三章の訓育論では、教育勅語との関係が述べられるべきであろう。しかし、教育の目的についての叙述では、「知情意の統一」を主張し「個人主義の教育」を批判して西洋の教育思潮を概観しつつ、「国家の進歩発展と云ふことを以て教育の主義と為すことは当然のこと」と言うにとどまっている[10]。また訓育論も、古今の徳育について概観しつつ、修身科の教授法に至るのであるが、教育勅語が言及されないこと自体が異様でもある。

こうした言説に教育勅語が登場しないという事実は、単に教育学が輸入された学問であるという性格だけに依拠するものではない。吉田熊次の考える教育学の大系のなかに、教育勅語を位置づける場所が、未だに見いだされていないのである。吉田熊次の意図にかかわらず、彼の教育学は教育勅語と乖離している。

第二節　教育勅語の浮上

一九一一（明治四四）年以降に使用される国定第二期修身教科書の編纂のため、吉田熊次は一九〇八（明治四一）年九月に教科用図書調査委員会委員となった。この教科書の高等科用は教育勅語衍義書としての内容を持っており、巻二の第二三課「皇祖皇宗の御遺訓」として次の記述がある。(11)

勅語に「斯ノ道ハ実ニ我カ皇祖皇宗ノ遺訓ニシテ子孫臣民ノ倶ニ遵守スヘキ所之ヲ古今ニ通シテ謬ラス之ヲ中外ニ施シテ悖ラス」と宣へり。「斯ノ道」とは「父母ニ孝ニ」以下「義勇公ニ奉シ」までを指し給へるなり。「古今ニ通シテ謬ラス」とは過去及び現在に通じて謬なしとの義にして「中外ニ施シテ悖ラス」とは国の内外を問わずいづれに之を行ひても差支なしとの義なり。

ここで示された教育勅語の「斯ノ道」の解釈は、指示範囲を「義勇公ニ奉シ」までにとどめて、続く「天壌無窮ノ皇運ヲ扶翼スヘシ」を排除し、このことによって、「国の内外を問わずいづれに之を行ひても差支なし」と強調する論理となっている。この限定的な解釈は、一九四一（昭和一六）年の国民学校令第一条に規定する「皇国ノ道」が教育勅語の「斯ノ道」であるという定義がされるなかで再検討される。国民学校令に先立つ一九三九年一〇月に文部省は聖訓の述義に関する協議会を設置して「斯ノ道」の解釈を「前節を通じてお示しになつた皇国の道であって、直接的には『父母ニ孝ニ』以下『天壤無窮ノ皇運ヲ扶翼スヘシ』までを指す」との解釈変更を行った。(12)この昭和期の吉田熊次の言説は本論の対象とする時期でないからここでは述べないが、(13)聖訓の述義に関する協議会で吉田熊次が、東京文理科大学長の森岡常蔵とともに、かつて国定第二期修身教科書作成の委員であった立場で、次のように回想していることは注目しておきたい。(14)

吉田　記憶を申し上げる。「斯ノ道」は「古今ニ通シテ謬ラス中外ニ施シテ悖ラス」である。而して天壌無窮の皇運扶翼といふことは外国には通じない。勅語の各綱目は皇運扶翼に帰一するのだから、実質に於ては天壌無窮が「斯ノ道」に入るわけだが、それ自身の徳を考へると、そこには入らんといふ論があつた。そして「斯ノ道」が全体を受けるとの説もあつたが、結局当時の委員会では、教科書のやうになつた。個人としては全体でもよいのだが、教科書では全体でないことになつた。森岡さん、さうでしたね。

森岡　さうだつた。

教育勅語そのものの文章に即して考えるならば、聖訓の述義に関する協議会が結論したように、教育勅語の第二段落冒頭に登場する「斯ノ道」は、前節全体で示された道を指示し、さらに限定すれば、「父母ニ孝ニ」から「天壌無窮ノ皇運ヲ扶翼スヘシ」という徳目部分を指示するという解釈は自然である。もちろん「天壌無窮ノ皇運ヲ扶翼スヘシ」の前には「以テ」という言葉があり、それは「父母ニ孝ニ」から「義勇公ニ奉シ」までの徳目を受けると考えると、国定第二期修身教科書の説明も成立しうるかもしれない。しかし、第二期教科書は徳目部分の文脈よりも「斯ノ道」が「中外ニ施シテ悖ラス」であるという点を強く意識しており、吉田熊次が回想したように、「天壌無窮の皇運扶翼といふことは外国には通じない」ということが根拠となって、その解釈に合理性を与える結果となっている。

「斯ノ道」の指示範囲をめぐる問題について、小山常美は、「父母ニ孝ニ」以下の徳目だけに限定されるものを「小日本主義」と呼び、「天壌無窮ノ皇運ヲ扶翼スヘシ」までを含むものを「大日本主義」と呼んで分析している[15]。私はこの分析について若干の批判を行っているが[16]、ここでは、分析概念とはいえ「大日本主義」と「小日本主義」という言葉は誤解を与える可能性があることを指摘しておきたい。たしかに、聖訓の述義に関する協議会による解釈変更は教育勅語の海外での通用を主張するものだと時代の文脈からは読みとれるが、先行する日露戦争後の国定第二期修身教科書の解釈は、「天壌無窮ノ皇運ヲ扶翼スヘシ」が「中外ニ施シテ悖ラス」であるということを単に抽象的な美辞麗句としてではなく、現実的な問題として思考したことによる結果と言えるのである。単に結果としての「小日本主義」を捉えるよりも、教育勅語の示す道徳が国家間の問題としてリアリティを持ちうることを視野に入れて、国際的な認識枠組みを拡大した側面にこそ、この時期の対外認識の広がりをみるべきであろう(17)。

このような文脈に吉田熊次の教育学を位置づけることは重要である。教育勅語に関する訓詁的な文言解釈は枚挙にいとまがないが、教育勅語そのものの意味を論理的かつ社会的に位置づけようとする試みは、字義の解釈を越えた可能性をもたらす。その典型的な例を彼の国民道徳による教育的倫理学の成立にみてみよう。

第三節　国民道徳による教育的倫理学の成立

「国民道徳」自体は一般的な言葉ともいえるが、一九〇九（明治四二）年ごろからは公式の試験等に登場し、下って一九一八（大正七）年の高等学校令や翌年の中学校令の第一条にも盛り込まれて法制的な力をもつ明確な概念となった。この概念は、単に国民の道徳という意味ではなく、教育勅語の内容を指し示すものと解釈され、さらに、中等教育レベルの教育を舞台とするために、学習者自ら国民道徳を考えるという「研究」の側面までをもち、それが井上哲次郎不敬事件の原因の一つとなったことを私は第9章の最初論文で述べた(18)。

吉田熊次は、一九〇九（明治四二）年七月に東亜協会の夏期講習会で講演して、その記録を『教育的倫理学』として翌年に刊行した。その序言には、「夫れ本邦固有の道徳は家族主義にして団体本位なり。欧米より伝来せる倫理思想は主我主義にして個人本位なり。元より同じく欧米の倫理思想といふ中にも諸説を混入し各種の主義を包容すといへども、思想の根柢は大に我が国民道徳と趣を異にするものあり。而して我が教育界は本邦固有の道徳によりて徳育の方針となすも、学術界にありては欧米より伝来せる倫理思想を貴ぶが如し。此の二個の思潮が如何にして相融和し得べきかは我が国民道徳の根本問題たらずんばあらず」という[19]。ここには明確に、国民道徳を教育の中心に据えるために理論を再編成しようとする強い意図が表明されている。

本書は「教育的な倫理学と申しますのは、教育の基礎としての倫理学、或は教育者に適切なる倫理学と云ふ意味でありります[20]」と述べる。つづいて、「倫理学と云ふ学問は御承知の如く、人間の行為及び品性の価値に就ての学問であります」として、その倫理学の性質として、「第一は倫理学できめる所の値打と云ふものは、一般的である」とし、さらに「第二に一般倫理学は、行為及び性格の値打をきめて往くのではありますが其持前は、何故に其行為其品性が値打を持つて居るのかと云ふことを、倫理的にきめて往くのでありますから、とかく窮理的である、従つて実際的でない。又抽象的説明的であつて具体的応用的でない」と述べている部分[21]は、倫理学批判として読み取れる。この批判されたところに、教育を位置づけようとするのである。すなわち、「教育と云ふ真実は実際上何処までも国民的である、何処までも特殊的である。已に教育が特殊的なものであるならば、一般的に又抽象的に説く所の倫理学其者が、直接に教育の実際に適応することの出来ないのは論理上当然の事である。此点に於て一般倫理学が多少の変形を必要とするので、一般倫理学に変形を加へて、或特殊の社会に適応するやうな教育的倫理学の必要をみる所以であると思ふのであります[22]」と位置づけるのである。

これは倫理学から教育的倫理学を応用分野として特立しようとした言説であり、その限りにおいては学問の範疇論にとどまる。しかし、吉田熊次が教育的倫理学を特立した意図は、続く箇所で読み取れる。彼は「科学としての教育学は、何処までも独立的のもので又窮理的でなくてはならない[23]」とその独立性を強調し、さらに明治前期の日本の主流となっていた、教育の目的論を倫理学によって定めるヘルバルト派の教育学を批判しつつ、「教育に於て要求する所の道徳に関する研究には、一般倫理学以上の或るものを要求する」と結論づけるのである[24]。もちろん、教育学の学問としての独自性、科学としての教育学という主張はこの時期からの世界的な流れであり、吉田熊次はその動向に依拠しているのであるが、彼は倫理学からの教育学の独立を教育的倫理学という領域の確立を通じて行おうとしているのである。

教育的倫理学の特立は、国民道徳の存在によって要請されている。国民道徳について、「我が国民道徳と吾国の道徳教育とは何を基礎として居るかと云へば云ふまでもなく教育に関する勅語であります。而して教育に関する勅語のなかの道徳思想は何を本として居るかと申しますれば本邦の歴史及び伝説を根拠として居るのであります」と述べて教育勅語の位置づけを明確にしている。教育勅語の歴史的背景である「国民的伝説的道徳」については、「教権的道徳」と対置させて、ローマ法王の命令書とは異なるものであると強調しているが、さらには「勅語の解釈は学者及び教育者の自由であるのみならず、勅語其ものも独断的に命令せられたるものとは思われない」と述べる。[25] 周知の通り、教育勅語の衍義書の刊行は多くの学者や教育者によって行われて教育勅語の普及に寄与しているのであるが、教育的倫理学を学問として成立させる以上は、この解釈自体が学問の対象への行為としての「自由」であると明確にしておく必要があるわけである。

『教育的倫理学』の学問論を端的に言えば、これからの国民道徳と教育勅語の解釈は哲学者・倫理学者ではなく教育学者が主導権を握るという志向性に貫かれている。その内実は、第一には、倫理学から教育的倫理学の領域を切り取って教育学の領分とすることであり、第二は、その教育的倫理学の基本的対象である教育勅語に対して、国民道徳という概念で捉えることによって、訓詁的解釈から離れた自由な研究を可能として、教育学と連結することである。森川輝紀が、吉田熊次の『系統的教育学』と『教育的倫理学』の関係について、「教育学講座の担当者は『教育学』と『国民道徳論』の体系化という二枚看板を背負わされていたことに起因する」という分析をしていることは適切であるが、加えるならばその二枚看板を持つことは「背負わされた」という受動的なものというよりも、吉田熊次自らが積極的に獲得した看板であると言うべきであろう。[26]

関連して一九一一（明治四四）年七月、東京府が小学校長を集めて開催した修身科講習会を見てみよう。講師と講演題目は、東京帝国大学法科大学教授の穂積八束による「国民道徳の本旨」、同文科大学教授の井上哲次郎による「国民道徳大意」、東京女子高等師範学校教授の吉田熊次による「修身科及国定修身教科書」である。この講演速記が刊行されているので、これをもとに、吉田熊次の議論を検討してみたい(27)。

ここで注目されるのが、論者たちが自ら依って立つ学問と教育勅語の関係をどう考えていたかである。穂積八束は、「教育と学問を混同する者もあります」と述べ、「学問は国家の干渉を受けず銘々自由独立の意見を以てするものであります」と言うのに対して、「教育は国家が国家の方針に依つてするものであります」として教育と学問の分離を主張して、「教育に関する勅語は国家の教育行政を統一するところの大方針を御決定になり御示しになつたものであります」と述べている(28)。この文章は教育勅語の重要性を言おうとするものであるが、学問論として読むと、教育勅語を教育行政の方針に限定することにより自らの学問の自由を確保しようとしていると読みとることができる。井上哲次郎は、「国民道徳と倫理学説と云ふものは相互に対立して居るものではないのであります」と述べて、「国民道徳の研究は是は倫理に関する特殊の研究と見て差支ないさうでありますが、国民道徳の研究と云ふのは又特別の意味を有つて居る、国民道徳の研究が非常に重要であると云ふことは是は自己の属して居る民族の運命に関するところの道徳であるが為めに、此研究は自己に取つては極めて重大な研究であります」と言う(29)。これも国民道徳研究の重要性を主張した文章ではあるが、基本は「研究」ということを強調して、国民道徳は倫理学の「研究」の対象物として位置づけられているのである。

確立した学問を背景とする法学や哲学・倫理学の大家にとっては、教育勅語と国民道徳は、自らの自由な学問の対象として位置づければ安定的である。しかし、後発する教育学は、そうした安定性を保持していない。吉田熊次は、すでに『教育的倫理学』で述べた論点を繰り返して、他教科と違って「外国の修身科に模範とすべきものがないのでありますからどうしても此の事だけは他の学科の進歩に相当するだけの進歩をなすことは出来なかつたのでありま す」と嘆じて、[30] 国民道徳を中心に修身教育の学術研究の必要を主張する。それは言うまでもなく、他の学問分野と違って、この修身教育を主たる領域として活躍できる教育学の新たな優位性を主張するものなのである。

おわりに

吉田熊次は、『教育的倫理学』と並行して、東京市小学校教員の団体である戊戌同窓会で一九〇九（明治四二）年夏に行なった講演をもとに翌年に『訓練論』を刊行するが、本書には教育勅語や国民道徳について明確には記述されていない。しかし、「読者若し之を拙者『教育的倫理学』と并せて精読せらるゝあらば、本邦国民道徳の教養の原理と方法とに対する著者の所信を明にするを得べし[31]」と述べている。つまり、教育勅語＝国民道徳＝教育的倫理学＝教育学というルートを一度確立した吉田熊次は、訓育分野においてさえ西洋の道徳教育論を基礎とした考察を矛盾なく行っていく可能性を確保したのである。主著『系統的教育学』もまた、『教育的倫理学』の成立により事後的にこの構造に位置づけられたのである。その後も大正期、戦前昭和期を通じて、吉田熊次の教育学は極めて広範な分野に拡大していくことができた。「皇国ノ道」にともなう論争を経たのちには、『教育的倫理学』を大幅に改定して『教育的皇道倫理学』を刊行することになるが、[32] 日露戦争後の教育学の基本的潮流となる吉田熊次の教育学は、国民道徳と教育的倫理学という概念を媒介して教育勅語と教育を連結したことに、その学問的成立の基盤があることを強調しておきたい。

〔後註〕この章は、本文や註に示したとおり、片桐芳雄の一九九八年の教育史学会大会シンポジウムにおける議論や、森川輝紀『国民道徳論の道』(三元社、二〇〇三年)における後掲第10章および第12章の吉田熊次の評価をめぐる批判を踏まえて提起したもので、論争的な背景を持つ。本章については片桐芳雄『教育と歴史、あるいは認識と記述』(世織書房、二〇〇九年)で、書名等の間違いの指摘(感謝して本書において訂正した)も含めて取り上げられている。このほか、榑松かほるが『吉田熊次著作集』(全七巻、学術出版会、二〇〇七年)の復刻をはじめとした吉田熊次の再評価を進めている。

(1) 川村肇「東京帝国大学教育学科の講座増設に関する一研究(一)中等教員養成史および教育学説史と東京大学」(『東京大学史紀要』第一〇号、一九九二年)。
(2) 榑松かほる「『文検』と教育学者」寺﨑昌男・「文検」研究会編『「文検」の研究』学文社、一九九七年。
(3) 吉田熊次「余の六十年」『教育思潮研究』八—二、八頁。
(4) 吉田熊次「帝国主義の教育につきて」(『教育界』第二巻第八—九号、一九〇三年六—七月)。論争の経緯については、小川智瑞恵「浮田和民の人格論　キリスト教理解とシンクレティズムをめぐって」(『日本の教育史学』第三八集、一九九五年)。
(5) 榑松かほる、前掲書、一二九—一三〇頁。
(6) 吉田熊次『社会的教育学講義』金港堂、一九〇四年、一五六—一五八頁、一六九—一七二頁。
(7) 平田諭治『教育勅語国際関係史の研究』風間書房、一九九七年、一一一—一五〇頁。
(8) 片桐芳雄「日本における近代教育学の成立と教育史研究の位置　吉田熊次の位置」(『日本の教育史学』第四二集、一九九九年)。
(9) 榑松かほる、前掲書、一三六—一三九頁。
(10) 吉田熊次『系統的教育学』弘道館、一九〇九年(一九三三年第三二版)、一一三—一一四頁、一五七頁。

(11) 文部省『高等小学修身書　巻二　児童用』東京書籍、一九一三年、七五頁。
(12) 文部省図書局『聖訓ノ述義に関スル協議会報告』文部省、一九四〇年。
(13) 本書第12章参照。
(14) 文部省図書局前掲書、八〇—八一頁。
(15) 小山常美『天皇機関説と国民道徳』アカデミア出版、一九八九年。
(16) 高橋陽一「書評　小山常美『天皇機関説と国民教育』を読んで」『日本教育史研究』第一〇号、一九九一年。
(17) 森川輝紀『国民道徳論の道——「伝統」と「近代化」の相克』三元社、二〇〇三年においては、昭和期に至る吉田熊次の教育勅語解釈について拙論への有意義な批判が展開されているが、本論においては明治期を主たる対象とするために反論を差し控えておきたい。
(18) 本書第9章参照。
(19) 吉田熊次『教育的倫理学』弘道館、一九一〇年（第五版一九二〇年）、序一—二頁。
(20) 前掲書、一頁。
(21) 前掲書、二—四頁。
(22) 前掲書、一四頁。
(23) 前掲書、一五頁。
(24) 前掲書、四四頁。
(25) 前掲書、四六—四九頁。
(26) 森川輝紀前掲書、一七九頁。なお、この箇所では、片桐芳雄前掲書の「シンポジウム討論内容の要約」（金子茂文責）に基づいて、私が吉田熊次教育学における「国民道徳論の先議性」を主張していると紹介されているが、本論文で示したように、「先議性」のみを重要な要素と考えているわけではない。
(27) 穂積八束・井上哲次郎・吉田熊次『修身科講義録』（東京府内務部学務課、一九一一年）。

(28) 前掲書、穂積八束講演、二―四頁（前掲書の頁数は講演ごとにノンブルが振られ、全体の通しの頁数ではない）。
(29) 前掲書、井上哲次郎講演、三一―三二頁。
(30) 前掲書、吉田熊次講演、五頁。
(31) 吉田熊次『訓練論』弘道館、一九一〇年（一九一一年増補第四版）、序三頁。
(32) 吉田熊次『教育的皇道倫理学』教育研究会、一九四四年。

第9章　国民道徳論と井上哲次郎不敬事件

〔初出〕「井上哲次郎不敬事件再考」寺﨑昌男・編集委員会編『近代日本における知の配分と国民統合』第一法規出版、一九九三年。

〔要約〕第9章は、井上哲次郎の不敬事件の再検討を通じて、国民道徳という概念が「研究的性格」を有していることを立論する論考である。共通教化の標準である教育勅語が、この時期に変容したことを示している。

井上哲次郎が著書『我が国体と国民道徳』を不敬と非難され、一九二六（大正一五）年に公職を辞して翌年に頒布禁止処分を受けた「井上哲次郎不敬事件」は、広く論考の対象となってきた。ここではこの事件の背景に彼が総長をつとめた大東文化学院の内紛があることを明らかにした。そして不敬とされる言説の前提として国民道徳論に注目した。一九〇九（明治四二）年に文部省中等教員検定試験に出題され、翌年の文部省主催師範学校修身科教員講習会でテーマとなったこの国民道徳が、中等教育が普及する時代に対応して教育勅語の研究をも許容した「研究的性格」をもつことを明らかにした。

はじめに

教育勅語の解説書『勅語衍義』の著者であった井上哲次郎が、著書『我が国体と国民道徳』に不敬との非難を受け、一九二六（大正一五＝昭和元）年に公職を辞し、さらに翌年には同書の頒布禁止処分を受けた。国体をめぐる思想の公式解釈者に起こったこの不敬事件について、いくつかの評価がなされてきた。

一八九一（明治二四）年の第一高等中学校での内村鑑三不敬事件と、それに続く教育と宗教の衝突論争において、キリスト教批判の代表として現れる哲次郎を分析した武田清子は、この事件を彼自らが指導者である国民道徳運動が強化され「彼自身その著書を焼却され、職を辞さねばならないというような国家主義にまで発展した」というアイロニカルな問題として捉えている(1)。

また、渡辺治は、広く大逆事件・不敬事件を分析するなかでこの事件を次のように位置付けている。「第一次大戦後の時代」は、「支配の正統性イデオロギーへの懐疑が一般民衆の中へ広がった時期」であり、これに対応して「国体論の隆盛」があった。哲次郎の『我が国体と国民道徳』は「国体論を時代の状況に応じて再編を試み、天皇制国家の正当性について、より説得的根拠を提供しようと試みた」ものであり、この事件は「伝統的国体論から〝不敬〟の攻撃を受けて挫折するという象徴的事例」である(2)、と。

さらに、森川輝紀は、渡辺の到達を踏まえて哲次郎の国民道徳論を精査し、「常に時代的進展の中で認識しその修正をせまられていた」という哲次郎の思想と「伝統的国体論者の反発」の関係を明らかにし、「国体論の再編が顕教的国体論と密教的国体論の使い分けという教育制度の二重構造の再編につながる」という含意と、その挫折が「顕教的国体論の拡大による統制強化を呼び込」むという問題を指摘している(3)。

これらの優れた研究により、哲次郎の国民道徳論が第一次大戦後の思想的混乱の再編を意図する新たな試みを含むものであったことが明らかになっている。しかし、ここでは、不敬事件と国民道徳論の特殊な性格についての未検討の課題を考えたいと思う。

第一節　学院紛争のなかの不敬事件

渡辺治と森川輝紀の研究はともに、この事件の事実経過をアメリカ国立議会図書館所蔵文書の中の内務省警保局『極秘　特別議会資料』（一九二七年）に依拠している。両氏の研究から事実経過を要約すると次のようになる。

『我が国体と国民道徳』は、一九二五（大正一四）年九月二二日付けで内務省警保局図書課に九月二七日付け発行の届け出と納本が行われ、検閲をパスした。翌年九月二五日、頭山満・田中弘之・五百木良三・葦津耕次郎「外同志」は、同書に三種の神器に関する不敬があるとしたパンフレット『文学博士井上哲次郎氏ノ神宮皇室ニ対スル大不敬事件』を配布し、一〇月一日には、草生政恒・五百木良三は内務大臣宛に頒布禁止を求める請願書を提出した。内務省警保局は、同書を調査し、三種の神器などについて問題の箇所を確認したが、既に発行時にパスしているために対応に苦慮した。しかし、一〇月五日に著者の意を受けた発行者が販売中止と既販売分の回収を表明し、内務省は一〇月一五日に回収の監督を各庁府県長官に通知し、さらに回収が効果をあげないので、一九二七（昭和二）年一月一六日に発売禁止処分となった。

以上の経緯では、事件は右翼の頭山満らによる批判が震源であるように考えられる。しかし、先行研究で活用されなかった多くの史料が存在しており、井上哲次郎の言説が『国民道徳概論』と『我が国体と国民道徳』の論書だけで分析されている点も不十分と思われる。ここでも当時の膨大なマスコミでの論争の全貌を提示することはできないが、とくに大東文化学院の改革をめぐる紛争は、事件の背景として無視するわけにはいかない。

紛争は、『大東文化大学五十年史』の表現を借りれば、「騒動解決後、その内容については一切禁句とされ、関係者以外は何人もこれを知ることはできなかったのである」とされる。(4) 大東文化学院は、漢学の振興を目指して一九二三(大正一二)年に専門学校として設立認可された。一九二五(大正一四)年二月一六日に初代総長の平沼騏一郎にかわって、二年前に東京帝国大学教授を退職の後、学院の教授になっていた井上哲次郎が総長となり、一〇月から経費削減や教授法の改正を目指した改革案の審議が行われた。ここにおいて、『五十年史』にいう「私学派」と「官学派」の対立が起こり、一二月四日の教授会では改革に反対する私学派の松平康国・内田周平両教授が退席し、佐藤仁之助教授が井上総長と激論するという事態となった。翌年三月三一日には、私学派の松平・内田・佐藤が解職され、四月には二教授が辞職、また三教授の復職を求めた一五名が解職されるという事態が起こり、六月には同盟休校に入った。この事態が鎮静化するのは、一〇月に入って不敬事件のあおりで哲次郎が総長辞任を表明し、大島健一が総長事務取扱となることによってである。

同時代において、不敬事件と学院の紛争が統合して理解されていたことは、「大東文化学院総長を／井上哲次郎氏辞す／例の著書事件が崇つて／大島健一氏が事務取扱」(5)「大東文化学院／総長を遂に辞任／問題になった著書の禍から／責を負う井上博士」(6)という新聞報道からもわかる。なお、このほか哲次郎が辞任した公職は、『巽軒日記』や年譜によれば、文部省の教員検定委員、文政審議会委員、貴族院議員、帝国学士院会員であり、大東文化協会理事、東洋大学教授も辞している。(7)

『五十年史』は「私学派」の動静について詳しく記していないが、不敬事件の前提となるこの動向に注目したい。初期の論争の急先峰になった佐藤仁之助は、教授会での激論の後、東洋文化学会の機関誌『東洋文化』に質問状を発表している。(8) ここでは、「古事記は正史ならざれば採り難しといふに対する問」「古事記は日本書紀の史料となりしに止るといふに対する問」「古事記の価値は万葉仮字の語にあるのみといふに対する問」「平田篤胤鈴木重胤日本書紀注釈に対する問」「本居宣長以前古事記研究者なきは古事記採り難き為なりといふに対する問」という形で、教授会での教科書選定に関わる議論であることを伏せて学問上の論争の形をとっている。

しかし、仁之助が解職処分の約一か月後の一九二六年四月二五日に記した「井上博士に質す古事記と国体論」では、(9)同じ質問を繰り返しながらも、「井上哲次郎博士が教授会の席上で過激に古事記を罵倒した結果帝国憲法皇室典範にまで影響を及ぼされた事は単に学問上の一問題たるのみでなく覃いては御国体に関する重大問題である」と述べている。すでにこの段階で仁之助は、不敬事件として学院改革案を処理しようという方向を打出しているのである。

その後、九月に頭山満らによるパンフレットが出ると、仁之助は『東洋文化』に、「今回国士の頭領たる頭山翁等によって、不敬の点が摘発された」と述べ、「不埒千万な文字の羅列」を「私学派」の拠点たる『東洋文化』において攻撃する。(10)また同誌には、「井上不敬著書の不敬文字抄録」が掲載され、(11)解職された松本洪や内田周平の批判論文もみることができる。(12)

『五十年史』は、私学派が「頭山満翁を動かし提訴にまで至ろうとした」と、頭山の動きを「私学派」の画策によるものと記述しているが、とくに根拠を示していない。しかし、佐藤仁之助のケースで確認できるように「私学派」内に不敬事件として解決する方策が存在し、頭山の攻撃が出るとそれに依拠する形で批判を強める傾向があったことがわかる。また、哲次郎の『巽軒日記』では、一九二六（大正一五）年の八月一六日条に「○怪文書を読む、」との記述が見られ、九月二四日条には、次のように記されている。

○此頃、世間に流布せられたる「我が国体の国民道徳」に関する怪文書は頭山満、田中弘之、五百木良三、葦津耕次郎に[削除]よりの名を記載せるも其実大東文化学院退職教授等の作為せるものなること判明せり、（句読点や傍点は原文のまま、以下同じ）

もちろん、この記述だけで「大東文化学院退職教授」の直接の「作為」と断定することはできないが、この不敬事件は単純な筆禍事件でなく、大東文化学院の紛争に起点を持つものであり、当事者にもそう理解されていたことがわかるのである。

第二節　不敬認識をめぐって

ここで、『我が国体と国民道徳』で問題になった箇所を確認したい。頭山満らのパンフレットでは「附録」として、「万世一系を条件附とし、我が国体破壊の端を啓かんとす」「天祖の神勅を疑ひて後人の仮託となす」「天祖を神話に属すとなし其の実在を疑ふ」として問題箇所を多数列挙しているが、その本文で挙げているのは次の一箇所である。(13)

三種神器の歴史的変遷については文学博士栗田寛が曾て『神器考証』を著はして一通り論じて居るからして、さう云ふ事は栗田のやうな考証家に譲りて但々茲には元もと鏡と剣とは、疾くに失はれて、今は只構造のそれが存して居るやうであるが、独り玉のみは、元もとのが依然として宮中剣璽の間に存して居ると云ふことを明言すれば、足れりである。(14)

満らは、「原の神器ハ［闕字］皇大神宮ニ神剣ハ熱田神宮ニ奉祀セラレ玉璽ト共ニ万古厳然以テ今日ニ至レル」ことが、栗田寛の『神器考証』に証明してあり、「無稽ノ暴言」であり「大不敬」であると述べている。この部分に関して井上哲次郎自身が辞職後に反論しており、問題の鏡と剣は、伊勢・熱田の神体を述べたのでなく、「宮中のそれ」の話であり、「自分の言葉の不備な点」として弁明している。(15)

双方が引用する『神器考証』の著者である栗田寛は、一八九二（明治二五）年以降東大教授を務めた人物だが、幕末には水戸藩の彰考館に出仕し、一八七三（明治六）年には大教院編輯課専務を務めて神仏合同布教の最前線にいた国学者である。一八六五（元治二）年に成立し一八九七（明治三〇）年に補訂したという奥書をもつ『神器考証』は、その翌年に国学院から刊行されている。そして一九二八（昭和三）年には国学者である物集高見の注を付けて『新註皇学叢書』に収められたが、同書には頭山満の題辞が添えられている。(16)この書が考証しているのは、「神鏡は天徳寛弘長久の三度の災に罹りて亡失《ウセ》給ひ、宝剣は、文治の乱に、西海に沈みて見えずなり給ひき」という三種の神器が喪失される過程である。したがって寛は、剣と鏡は「正体むかしにかわりましまさず」という論法で、あくまで「正体」としての保持を強調しており、神璽のみを神代より不変としているが、これも「代々の御身をはなれぬ御まもりなれば、海中よりうかび出給へるも理なり」という非合理な現象を前提にしての保持を説明しているのである。もちろん、国学者たる寛の意図は神器の尊厳の説明にあるが、すぐれて考証的な学風は膨大な史料を列記してその喪失を実証する結果になっており、その意味では哲次郎の意図と同じものと言えるのである。

　このようにみると、哲次郎の表現自体が、国学的な考証に基づいており、その字句を捉えて満らが「不敬」の判定をしていることがわかる。もし考証自体に問題があるなら、満自身が題辞を贈った国学者の書も否定すべきだということになろう。哲次郎が前掲の反論で「その問題が〔闕字〕皇室及び〔闕字〕神宮関することとして論議されるに当たりては誠に恐縮の至りであると」述べ、「自ら潔く責を負ふて一切公職を抛つて謹慎したのであるが、それは自分に不敬の念があつたからといふのではなくして、図らずも自分の不用意の文章からして苟も不敬と称せらるるやうな物議を惹き起したから」と説明するように、問題が政府やマスコミも巻き込んだ騒動になる中での「不敬」事件の発生なのである。

　このことは『巽軒日記』の彼の行動からも確認できる。一九二六（大正一五）年一〇月一日条で「〇夜、「〔削除〕国民我が国体と国民道徳」を読み、之を訂正す、」とあり、翌二日条に「〇「我が国体と国民道徳」は書肆に命じ、〔削除〕臨一時発売を停止す、全く自発的なり、」とある。訂正版により事態を乗切ろうとする方向がうかがわれる。しかし、翌一〇月三日条で検事局の尋問が記述され、一〇月五日条では、「〇大東文化学院総長を辞任〔削除〕ネルトすることに決定す、」と大きな犠牲を払う対応に変化する。翌六日条に記載された「大東文化学院総長辞職届と書状」には、「図らずも拙著

「我が国体と国民道徳」に関し、予想外之物議を生じ、累を学院に及ぼす虞有之候」という認識が記されている。この後さらに公職の辞任が続くが、事件が一段落した一九二七（昭和二）年二月一八日条で晩餐で「不起訴は疾くより極り居りたれども、議論二派に分れ、容易に決定せざりき、然れども偶々大赦に遇ひ、問題は此れに由つて終結を告げたりと、」四女の夫の法学士石田寿が報告したことを記している。逆にいえば、不敬罪での起訴という事態をも考慮してこれらの行動が取られていたことがわかるのである。一方、一九二七（昭和二）年一月一八日条で「○此日、閣［削除］閣議にて去る十四日、自分の著書「我が国体と国民道徳」を発売禁止に決定せりと伝へ、広文堂にありし著書の残部及び其紙型をも没収せり、迫害も極端なりと謂ふべし、」と異例の怒りを見せた記述から、辞職の方針を取った後も書物それ自体については正当性に自信を保持していたことがわかる。こうした経緯を踏まえると、言論上の問題と起訴を含む刑事上の問題では哲次郎の対応が異なることがわかる。

以上の分析から頭山らのパンフレットが政治的に大きな威力をもち得たにしても、それを根拠に事件の理論的含意は「伝統的国体論」との対立という先行研究の図式だけでは把握できないものなのである。

第三節　国民道徳論の研究的性格

国民道徳論の成立について、久木幸男は、吉田熊次の『我が国民道徳』の記述をもとに、一九一〇（明治四三）年一二月の文部省主催師範学校修身科教員講習会での穂積八束と井上哲次郎と吉田熊次の講演を最初とする説を説明し、さらに前年に遡って一九〇九年七月の全国中学校長会議における穂積の講演を早い例として挙げている(17)。また、清水康幸は、「国民道徳なる概念を文部省が公にした最初のもの」を、一九一〇年五月制定の師範学校教授要目としている(18)。

管見によれば、「国民道徳」概念が公式に出てくる最初としては、一九〇九年の文部省中等教員検定試験（文検）の修身科の本試験に注目すべきであろう。初期の例を挙げると次のようになる。[19]

第二三回本試験　一九〇九（明治四二）年
一、国民道徳と倫理学説との関係如何
六、我国民道徳に於ける忠孝一致の理を説明し之が教案をつくれ
第二四回予備試験　一九一〇年
三、家族制度と国民道徳との関係
第二五回予備試験　一九一一年
一、国民道徳の特色如何
第二六回予備試験　一九一二年（大正元）年
一、家族制度と国民道徳との関係を論じ且つ日本の家の観念を説明せよ
第二七回予備試験　一九一三年
四、神道の国民道徳に及ぼせる影響如何

もちろん、吉田熊次が述べたように、「国民道徳と云ふやうな熟語を学術上に於て使用したことは、遅くとも西村茂樹翁時代にはあつた」[20]のであるが、この文検での継続的な出題は、その公式的な定着を示している。ただし、その概念が出題とともに定着したとは考えられない。『丁酉倫理会倫理講演集』は東大系の倫理学者を中心とした雑誌であるが、「応問」欄には文検受験生たちの活発な質問が寄せられている。「第三十三回文部省修身科本試験問題の解答承りたし」とする東京山口生の質問について、「国民道徳と倫理学説との関係如何」という設問には次のような解答例が与えられている。[21]

国民道徳と申すものは、人間の天性と境遇、すなわち四囲の事情から自然に出来るもので、決して学者の作つたものではない、

其れ故国々所々で違ふのが当然である、然るに学説といふものは、其の国民道徳を系統的に説明する思想であるから、人々の見解は違ふもの丶、洋の東西で左様違ふものではない、丁度山野にある動植物と之を説明する動植物学の関係と言つて可い、此れは倫理学の概念の明暗を試験されるものである、

ここで国民道徳は、倫理学の対象として山野の生物と同じ扱いをうけている。しかし、翌一九一〇年、予備試験に「家族制度と国民道徳との関係を述べよ」という設問が出ると、「応問」欄では、「国民道徳とは（我国にては）教育勅語に示し給ふ諸徳あり、而してその根源は忠孝の二徳に帰す、而してそは我家族的国家なる点より忠孝一致の関係があるのである」と説明されるように変更される。[22] 解答者が「これは井上博士東亜協会の講演と吉田静致学士の丁酉倫理の講演による」と注記しているように、大学内を発信源とする国民道徳論により従来と大きく異なる解答例が与えられたのである。さらに次の年の予備試験問題「国民道徳の特色如何」に対して、「応問」欄は、「多くは井上博士の意見によりて答ふ、畢竟検定試験委員のオーソリチーであるから」[23]という注記を与えている。

もちろん、文検の解答案は公式に与えられるものではないが、試験委員を組織する丁酉倫理会の機関誌に載せられた解答案は、受験生に大きな権威として受け取られたであろうし、中等教育界にも影響を与えたであろう。試験委員の科目別の分担は明らかでないが、一九一一（明治四四）年度の修身科の委員は井上哲次郎、中島力造、吉田静致、吉田熊次、服部宇之吉であり、[24] 哲次郎のみならず国民道徳論の論客がそろっていたことがわかる。

さて、『我が国体と国民道徳』の序文に次のような記述がある。

況して国民道徳は一切の中等教育試験科目を通じて之が予備知識を要求せらる丶のみならず、全国の師範学校及び高等学校等に於て必須科目として授業せらる丶ものである。

頭山満らは例のパンフレットで、この表記の主語を「国民道徳ノ書ハ」と書きかえていて、[25]『我が国体と国民道徳』が教科書であるかのような誤解が生じるが、貴族院で岡田良平文部大臣が打ち消したように、教科書ではない。ここ

で述べられているのは、文検で各科目の受験生に一九一六（大正五）年以来、「国民道徳要領」の受験が課せられたこと、一九一八（大正七）年の高等学校令第一条に「特ニ国民道徳ノ充実ニ力ムヘキモノトス」と記述され、翌年の高等学校規程第五条の修身の規定で「特ニ我国民道徳ヲ会得シ」と記述されたこと、一九一九年の中学校令改正や翌年の高等女学校令改正で「国民道徳ノ養成」が第一条に記述された状況を指すものと見るべきであろう。つまり、国民道徳概念が広く教育の法制的枠組みに組込まれた状況を述べているのである。

ここで確認できるのは、端的な文検での例をはじめ、広い意味の中等教育レベルの教育に焦点が絞られていることである。このことは、森川輝紀が出隆の自伝を例に哲次郎の学問と教育の区別を摘出し、「大正末での『我が国体と国民道徳』での修正国体論は、本来、密教として帝国大学で語っていた部分を中等教員を主たる対象に刊行したにすぎないともいえるものであった。」と評価していることとあわせて興味深い。

大学を発信源として中等教育レベルの教員・生徒をクライアントとする国民道徳論は、その性格に学問的な刻印を持つ。そこでは道徳を対象として考察する研究的性格が重視されるのである。哲次郎は『我が国体と国民道徳』の本論の最後である第二篇第十六章を「国民道徳研究指針」に割いている。研究の第一は、「我が日本が今日のように発達して来たその間の歴史的事実の研究」である。第二は、「理想といふ方面」、つまり「哲学の研究」である。この性格は一九一〇（明治四三）年の速記を元にした『増訂国民道徳概論』でも共通しており、ここでは、国民道徳の研究を、「歴史的研究」、歴史に対する「批判的研究」、その実践的性格からくる「倫理政策」との三つに区分している。[26]

こうした性格は国民道徳が、哲次郎の専門とする倫理学の実践分野であるという意味だけでなく、国民道徳が「国民道徳論」として研究的性格をもって成立することを意味する。読者は、単純にその実践や実践の奨励を期待されているだけではなく、研究をも期待されている。このことは『増訂国民道徳概論』の巻末に二〇五点もの「国民道徳研究書目」を提示し、『我が国体と国民道徳』の巻末にも「我が国体関係書類及び論文」七八点と「国民道徳関係書類及び論文」五六点を提示していることにも関係する。これは、教育勅語の徳目の教授というレベルと異なり、中等レベルの教育を焦点にした研究的方法論を重視した思想であることがわかる。

哲次郎は検事の取調べに対しても、この研究的性格を貫いた。一九二六（大正一五）年一〇月四日条に次のように記されている。

午前、晴天、石田寿と共に東京地方裁判所に之き、検事局に於て検事石田基と会見す、検事の尋問に答ふる要点左の如し、
一、「我が国体と国民道徳」九七頁の鏡と剣の箇所は仮定の意義にて自由討究に対する為に挿入したること、
一、確立的には同じ頁に言表はしあること、
一、不敬の意味は毫もなきこと、皇大神宮及び熱田神宮に正式参拝せしこと、又地方に行けば先づ神社の事を問〔削除〕尋ね、これに参拝すること、等、尋問午后に及び、要領を記述し、之に捺印す、〇午后、二時頃、帰宅、

つまり問題の三種の神器の箇所を「自由討究」のためであると強調しているのである。さらに哲次郎は荻野由之の『三種神器説』などを調査し、一〇月一七日条では「〇書状を検事石田基に送り、伊勢神宮に十七回の火災あり、又盗難もありたることを報道す、」と理論的補強につとめている。

事件が収まったころ、『丁酉倫理会倫理講演集』に西林熊次郎という読者の質問が寄せられた(27)。彼は「某雑誌」の「某法学博士」の」記事に「我国体は建国以来既に定まれり。故に今更乍ら国体を研究し色々の説をなすが如きは不敬（?）也」という議論があったと紹介して、「卑見に依れば「疑問は解決の母」にして此の善美なる我が国体を研究せずして唯定まれりとなし、研究を軽視し、否無視するは盲従を強ひるものに非らざるや道徳上の罪人に非ざるや大不敬徒にあらざるや」と激怒し、さらに「某新聞」が「考証学者の言ならば可なるも井上博士の説としては不可なり」と書いたのも疑問だと質問した。解答者はこれに応じて次のように述べた。

来示の某法学博士の説は乱暴である。国体を研究するは何故に不可なるか。寧ろ、国体の尊厳を自覚するは大必要ならぬか。

　貴説の如く盲従は決して忠なるものでない斗りか、却つて其は危険性を含蓄するとも心配されるものである。何となれば、盲従は単に習慣的立場にあるものか、或は巧言令色的立場にあるものゝ取る所であるから。

この問答は、哲次郎の国民道徳論の研究的性格が熱心に支持された例を示している。二人は研究によって国体の尊厳は一層深く認識されるという方法を確信し、かつ彼ら自身がその実践者であると考えられる。この研究的性格は、ときに考証の徹底により不敬の言説が捻出される可能性を持つものであるが、国体へのより高尚な確信を与えるものとして機能するものといえよう。

おわりに

不敬事件は、井上哲次郎の公的な活動に大きな犠牲を強いたが、『巽軒日記』の一九二七（昭和二）年「前半期重要事件」に「〇筆禍事件自然消滅」と記されているように、大正から昭和への諒闇と大赦のなかで消えてしまった。事件の後の一九二八（昭和三）年、哲次郎は『増訂国民道徳概論』に一章を加えた『新修国民道徳概論』を刊行する。森川輝紀はこの書を検討し、「井上は、明治末年の伝統的国体論によって、社会改造主義を切り捨てる旧来の立場に戻っていく」と評価する。この時局への対応の変化は注目すべきではあるが、逆に見ると、事件にもかかわらず、発禁になった『我が国体と国民道徳』以外は、国民道徳論の言説と研究的性格が基本的に保持されたことを意味している。まして国民道徳論の舞台となるべき教育における法制的枠組みは、継続されているのである。

国民道徳論は戦時期においてその座を「皇国ノ道」に譲った。一九三八年七月二九日の教育審議会の第一一回整理委員会における初等教育についての幹事試案で、「教育ヲ全般ニ亘リテ皇国ノ道ニ統合帰一セシメ」との表現が現れ、(28)同年一二月八日の「国民学校、師範学校及ビ幼稚園ニ関スル件答申」をはじめとして各種答申に「皇国ノ道」の言葉が盛り込まれた[29]。そして、一九四一年三月一日の国民学校令をはじめ中等学校令、高等学校令、師範教育令にこの言葉が取入れられ、文字どおり国民道徳と取ってかわるのである。

ここでこの経緯を詳述することはできないが、国民道徳の場合と同じく法令に先行して、一九四〇年四月一九日の第七二回文検の「国民道徳要領」の第三問で「皇国ノ道トハ何ゾヤ」という設問が出されたのは象徴的である[30]。哲次郎の女婿である吉田熊次は、石田寿とともに岳父のために幾度も対策を「共議」したことが『巽軒日記』に見える文字どおりの後継者であるが、このときも試験委員として国民道徳大意を担当していた[31]。熊次はこの解答には「茫漠として的確なる内容が示されていないものが非常に多かった」と述べ、既に発表されていた国民学校教則案の「皇国ノ道」概念とあわせて批判した。教育勅語を核とする国民道徳論者の彼は、皇国の道は「日本精神論者」の「偏狭なる見解」に資するものだと言明したのである[32]。

もちろん、この展開は国体をめぐる思想の単純な断絶を意味するものではないだろう。中等レベルの教育を焦点として組み立てられる国民道徳論から広範な錬成論と皇国の道への展開は、その連続と断続に注目してさらに検討する必要がある。これらの思想と実態の調査を課題として、この小論を終えたいと思う。

〔後註〕本章については、森川輝紀『国民道徳論の道』（三元社、二〇〇三年）において論及されるなど、井上哲次郎と吉田熊次をめぐって論争的な課題を有している。国民道徳論が、明治期の教育勅語そのままの解釈ではないことや、アカデミズムとしての解釈が反映していることについては合意されていると思ってよい。このことを、教育史学会編『教育勅語の何が問題か』（岩波ブックレット九四七号、二〇一七年）の高橋陽一「第1章　教育勅語の構造と解釈」と岩波書店編集部編『教育勅語と日本社会』（岩波書店、二〇一七年）においても論述した。また井上哲次郎不敬事件をめぐるその後の研究には、浅沼薫奈「井上哲次郎と大東文化学院紛擾——漢学者養成機関における「皇学論」をめぐって」『東京大学史紀要』（第二七号、二〇〇九年三月）と浅沼薫奈「木下成太郎と高等教育機関設立構想——大東文化学院及び帝国美術学校創設に果たした役割」高橋陽一ほか共著『武蔵野美術大学を造った人びと』（武蔵野美術大学出版局、二〇一四年）がある。浅沼も注目するように佐藤秀夫は、この不敬事件は、朝鮮で起こった独立運動「三一事件」後に哲次郎が公表した「教育勅語改訂論」に起因するものではないかとの見解を示しており（『続・現代史資料8』（みすず書房、一九九四年、四二一—四二三頁）、生前に私もその見解を直接に聞いたが、それ以上の史料的根拠を求めることは今後の課題となっている。また不敬事件をめぐっては、小股憲明による包括的な研究が進んでいる。小股憲明『大正期における不敬事件の研究—二一一事例と二二参考事例の概要と文献』（科研費研究成果報告書、二〇〇八年）は井上哲次郎不敬事件を重視しており、さらに小股憲明『明治期における不敬事件の研究』（思文閣出版、二〇一〇年）については「書評」『日本の教育史学』（第五四集、二〇一一年一〇月）を応答することができた。

（1）武田清子「日本におけるキリスト教教育原理の一齣——教育と宗教の衝突論争をめぐって」『ICU教育研究』第一号、一九五五年。

（2）渡辺治「天皇制国家秩序の歴史的研究序説――大逆罪・不敬罪を素材として」『社会科学研究』第三〇巻第五号、東京大学社会科学研究所、一九七九年、二六一―二六七頁。
（3）森川輝紀「第五章　教育における顕教と密教　第一節　井上哲次郎と国民教育論」『近代天皇制と教育』梓出版社、一九八七年、二二六―二五四頁。なお、国民一般の教育と大学における学問を「顕教」と「密教」として性格付ける表現は、近年の教育史研究でよく見かけるが、顕教と密教が歴史的にも今日的にも仏教諸派の分類と教義の要素として存在することや、むしろ密教が広く民衆に浸透し顕教が学林で講究された諸事例を考えると、紛らわしく学術的分析の用語としては不適切である。
（4）大東文化大学創立五十周年記念史編纂委員会『大東文化大学五十年史』学校法人大東文化学園、一九七三年、二一四頁。
（5）『読売新聞』一九二六年一〇月一四日、第三面。
（6）『東京朝日新聞』一九二六年一〇月一四日、第一一面。
（7）井上哲次郎［井上正勝編集］『井上哲次郎自伝』冨山房、一九七三年。井上哲次郎『巽軒日記　大正十五年（西暦一九二六）上半期』（東京大学大学史史料室所蔵）。以下の『巽軒日記』の引用は同書と『巽軒日記　大正十五年（西暦一九二六）下半期』、『巽軒日記　昭和二年（西暦一九二七）上半期』による。
（8）佐藤仁之助「古事記に就きて井上博士に質す」『東洋文化』第二四号、一九二六年一月。
（9）佐藤仁之助「井上博士に質す古事記と国体論」『日本及日本人』第一〇〇号、一九二六年六月（文末に四月二五日稿の奥書）。
（10）佐藤仁之助「井上博士の不敬著書を読む」『東洋文化』第三一・三二号、一九二六年一一月・一二月。
（11）「井上不敬著書の文字抄録」『東洋文化』第三一号、一九二六年一一月。
（12）松本洪「我が宝を尊重せよ」『東洋文化』第三二号、一九二六年一二月。内田周平「井上博士の朱子学者に対する無稽の妄断」『東洋文化』第三三号、一九二七年一月。
（13）頭山満ほか『文学博士井上哲次郎氏ノ神宮皇室ニ対スル大不敬事件』私家版パンフレット、一九二六年。
（14）井上哲次郎『我が国体と国民道徳』広文堂、一九二五年、九七―九八頁。

(15) 井上哲次郎「古今聖哲の遭難遇厄を追懐す(三)」『東亜の光』第二二巻第五号、一九二七年五月。
(16) 物集高見『新註皇学叢書』第七巻、一九二八年、以下の引用は同書、三二一、三三〇頁。
(17) 久木幸男『日本教育論争史録　第一巻近代編(上)』第一法規出版、一九八〇年、二五四―二五五頁。
(18) 清水康幸「国民道徳」『新教育学大事典』第一法規出版、一九九〇年、二四四―二四五頁。
(19) 島為雄・富田義雄『増補文検修身科問題解義』モナス、一九三七年。
(20) 吉田熊次『国民道徳とデモクラシー』目黒書店、一九一九年、九頁。
(21) 「応問」『丁酉倫理会倫理講演集』第八八輯、一九〇九年一二月、一〇八―一〇九頁。
(22) 「応問」『丁酉倫理会倫理講演集』第九九輯、一九一〇年一一月、一一一頁。
(23) 「応問」『丁酉倫理会倫理講演集』第一〇四輯、一九一一年二月、一一〇―一一一頁。
(24) 「応問」『丁酉倫理会倫理講演集』第一〇九輯、一九一一年九月、一一一頁。
(25) 「第五十二回帝国議会貴族院議事速記録第六号」『官報』号外、一九二七年一月二五日。
(26) 井上哲次郎『増訂国民道徳概論』三省堂、一九一八年、二〇―二二頁。
(27) 「応問」『丁酉倫理会倫理講演集』第二九五輯、一九二七年五月、一五〇頁。
(28) 『教育審議会会議録』整理委員会第二輯(一九七一年宣文堂より翻刻)。
(29) 答申類については、清水康幸・前田一男・水野真知子・米田俊彦『資料教育審議会(総説)』野間教育研究所紀要、第三四集、一九九一年参照。
(30) 『文検受験生』第一五巻第七号、一九四〇年七月。
(31) 「文検中等教員試験委員名鑑」『文検受験生』第一二巻第一号、一九四〇年一月。
(32) 吉田熊次『国民学校教育論』教育研究会、一九四二年、三三、四五頁(初出は『教育研究』第五一九号、一九四〇年一〇月)。
(補) 小股憲明「井上哲次郎の国辱演説事件について」(『日本教育史往来』第八二号、一九九三年二月二八日)を初出の本稿作成後に見ることができた。同論文は一八八九（明治二二）年の事件についてのもので、拙稿が扱う井上哲次郎不敬事件について「『巽軒日記』にかなりの記述がみられる」と述べるのみであるが、同不敬事件について『巽軒日記』から言及した初めてのものである。

第10章　宗教的情操論の矛盾

〔初出〕「宗教的情操の涵養に関する文部次官通牒をめぐって――吉田熊次の批判と関与を軸として」『武蔵野美術大学研究紀要』第二九巻、一九九八年、二七―三六頁。のち、辻本雅史監修『論集　現代日本の教育史　五　公共性・ナショナリズムと教育』日本図書センター、二〇一四年、三五九―三八二頁に再録。

〔要約〕第10章は、「宗教的情操」という概念をめぐる混乱と教育勅語との関係を論じて、この概念が否定的に評価されつつも共通教化における一定の役割を果たしたことを解明するものである。

今日においても教育現場で語られることのある宗教的情操論は、大正期から議論が起こり、法令に定めのある学校における宗教教育を事実上禁止した一八九九（明治三二）年の「訓令十二号」に対して、その緩和を求める教育界や宗教界から期待をもって語られたものである。そして法令上は一九三五（昭和一〇）年の文部次官通牒によって位置づけられた。この経緯は、教育勅語の徹底として歴史研究の対象とされていたが、ここでは、文部省の宗教教育協議会で宗教的情操論に原則的な反対を行った吉田熊次が自らとりまとめを行って文部次官通牒への道筋を作ったことに注目した。宗教的情操論が否定的に評価されつつ法令解釈として位置づけられる現象を、教学刷新評議会や教育審議会の審議経緯を踏まえて確認した。このように否定されつつも幻想を与え、無内容であるが諸思想の動員を可能としたものとして、宗教的情操概念を歴史的に位置づけた。

はじめに

「宗教的情操」をめぐる問題、つまり単に宗教に関する情操一般の問題でなく、特定の宗派に依拠しない「宗教的情操」が国公立の学校教育に必要かどうかという問題は、第二次大戦後の教育改革の中でも議論され、『期待される人間像』の「畏敬の念」などにも関係し、現在の教育学においても論争的な問題である(1)。

この問題の法制上の端緒をなすのは、一九三五（昭和一〇）年一一月二八日の文部次官通牒「学校ニ於ケル宗教的情操ノ涵養ニ関スル件」（発普第一六〇号）(2)であり、先行する一九三二年の三重県宛通牒とともに、多くの宗教教育の関係書の中で言及されてきた。そこでは、思想問題から教学刷新に至る道筋でこの通牒の歴史的背景を捉えることが通説であるが(3)、「宗教的情操」を重視する立場から通牒と戦後の教育改革と連続的に捉えて「今日も生きている」(4)という見方もある。

しかし、この文部次官通牒を教育史的に考察した論文は多くなく、山口和孝と鈴木美南子のものが注目される。山口は、一九七九年の論文でいわゆる文部省訓令一二号から、三教会同を通じてこの通牒に至る経過を概説し、政府は「宗教的情操」を「積極的に奨励」したと評価し、中島太郎の評価を借りて「一大変化」と位置付け、ただ大本教第二次弾圧が翌月にあったことだけをもって「文部・内務両省の連繋プレー」と評価している(5)。また一九八〇年の論文でも「日本精神と宗教的情操は異名同質」と第二次大戦下までの連続性を強調している(6)。また、鈴木も「教育勅語の絶対的優位性」のもとで『国民道徳』が宗教化し、『宗教』が国民道徳化する過程」として把握している(7)。

しかし、はたして「宗教的情操」論は、総力戦体制へと至る道筋において、それほど絶大な機能をもっていたのであろうか。すでに久木幸男は、いわゆる訓令一二号の結果としてこの通牒により「宗教教育を天皇制教育に協力せしめることには、みごとに失敗した」ことが明らかになったと、両氏とは異なる指摘をしている。(8)両氏の研究により「宗教的情操」論のもつ問題が歴史の文脈に位置付けられたことは大きな成果だが、政策的な意図や「宗教的情操」という概念に込められた意味については、十分な史料的検討には至っていない。確かに「宗教的情操」論が、戦前昭和期の総力戦への文脈に存在したが、それは政府の積極的意図のもとで推進され、総力戦体制に至る教育と思想の変化のなかで有効な機能を果たしていたのだろうか。

本章では、「宗教的情操」という概念を、従来は十分に研究されなかった各種審議会などの政策の場での議論を中心に再検討するものであり、その軸に吉田熊次によるこの概念への批判と通牒への関与を据えるものである。

第一節　文部次官通牒に至るまで

大正末よりの一般の学校教育にかかわる「宗教的情操」論関係の動きについては、すでに鈴木美南子や山口和孝がまとめているので、ここではまず主要な流れだけを確認したい。一九二五（大正一四）年一一月に文部省主催の全国高等女学校長会議で「宗教的信念の啓発」が議決され、(9)数年のうちに、帝国教育会主催の第二回全国中等教育協議会で「宗教的信念」の助長を求める決議をはじめ、全国小学校教員大会、第七回全国小学校女教員大会、全国高等女学校長会議、高等小学校長会議などで決議が相次いだ。そして、一九二八年七月には、全国学務部長および視学官会議で宗派によらない「情操教育」「宗教的信念」の養成は防げるものでないと説明がなされ、(10)一九三二年一二月七日には三重県宛ての通牒「小学校ノ設備使用ニ関スル件」（宗教局普通学務局通牒発宗一〇二号）では、一九二八年の会議の説明を確認して「通宗教的情操ヲ陶冶スルコト」や「宗教的ノ信念又ハ情操ノ涵養ヲ計ル」ことは必要だとしたのである。そして、一九三五年には文部省の宗教教育協議会をへて、宗教的情操に関する文部次官通牒が出されることになるのである。

この経緯を概観すると、鈴木が「諸宗がその下に統合従属されてゆく過程」というプロセス以外に、明確な二つの特徴を確認することができる。

まず第一に、これが宗教関係者や教育関係者を主力とする運動であり、文部省の思想対策部門（学生部・思想局）は後景にしりぞき、文部省はすくなくとも建て前としては教育界の輿論に対応する形で検討を進める形をとっていた。つまり、山口のように行政的な思想対策としての方向を把握するだけでは一面的であることがわかる。

たとえば、文部省がこの問題で公式の動きを始める前の一九二七年一二月に作成された文部省の内部文書では、(11)「近時教育界ノ問題トシテ芸術教育ノ声ト共ニ之ニ劣ラザル優越ナル声トシテ宗教々育ノ声ヲ聞ク」と記されて、教育界の動きにつきうごかされる形でこの問題への対応を検討していたという当局者の認識が示されている。この傾向は、問題の通牒の直前の宗教教育協議会でも変わらず、同協議会は参考にした文書として法令類の外に、一九二五年の全国高等女学校長会議の文部省諮問への答申、一九二六年の全国小学校教員大会の決議、一九二八年の日本宗教大会教育部会の決議、一九二九年の全国高等女学校長会議の文部省諮問への答申、一九三二年の日本宗教協会会員有志案、同年の全国中学校長会議の決議を挙げている。(12)

第二に、「宗教的情操」論に関係する文部省内の動きが、全体的な政策からでなく、政友会の安藤正純を震源としていることである。青年期に真宗大谷派の僧侶として活躍し、その後ジャーナリストから政治家へと転身したこの人物は、一九二七年五月より一九二九年四月に文部省参与官、一九三一年に文部次官となり、「教育代議士」と呼ばれていた。(13)また、一八九九年の宗教法には反対の立場をとりながら、一九二八年より参与官在職中に宗教教義への干渉を弱めた「宗教団体法」としてつくることを提起するなど、(14)宗教の統制にも見識をもっていた。

「宗教的情操」をめぐる昭和初期の文部省の公式の対応として注目されるのは、一九二八年の全国道府県学務部長および視学官会議での訓令一二号の解釈の緩和であるが、この会議で学校に宗教的精神をとりいれることを訓示したのが、文部省参与官たる安藤正純なのである。安藤は、「文部省に入った機会」を生かしたものとしてこの会議の成果を誇り、またこの問題について「提携」する省内の人物としては下村寿一をあげ、宗教をテーマとした師範学校の巡回講演により「見るべき成果」を挙げた人物として木津無庵をあげている。(15) 安藤と下村のその後の「提携」については後述するが、大谷派僧侶・木津無庵も、この課題における安藤のイニシアティブを高く評価している。木津は、学校での講演はいわゆる訓令一二号により困難なため、文部省の了解を得ようと、「文部省を訪ねて予て辱知の参与官安藤正純氏並に図書局長芝田徹心氏に面会して、巡講の意図を告げ御援助を願ひました処、御熱心な諒解を得」たので、多くの便宜を得たことや、全国道府県学務部長および視学官会議における安藤の訓示により、「学校当局の態度が大変変つて来た事」を述べている。(16) このように「宗教的情操」に関する文部省の動きの中心に安藤正純がいたことは、自他ともに認めることであった。

第二節　吉田熊次の評価をめぐって

「宗教的情操」に関する吉田熊次の言説について、鈴木美南子は「教育勅語の強調」として注目し、山口和孝は一九八〇年論文で『「宗教的情操」教育否定・不可能論』と分類し、「強い良識派の抵抗」と呼んで、それにもかかわらず「すべてのものを無限に包容していく天皇制の論理」によって含みこまれたと注目されている。

しかし、この問題をめぐる吉田熊次の位置付けは、「良識派」が取り込まれていったという消極的なものなのだろうか。一九三五年の雑誌『仏教』をみると、野島舜三郎は、神道が宗教でないという公式見解を批判して宗教教育協議会の答申を「ない方がまし」と結論し、長谷川如是閑も必要なのは現代的な知識にもとづいた「宗教的寛容の精神を与へること（具体的の宗教的信仰をもつものともたないものとの間にも此寛容の精神をもたしめること）にある」と批判しているが[17]、こうした同時代の批判と吉田熊次の議論には以下に見るように大きな違いがある。

一九一二（明治四五）年の三教会同にあたって、吉田熊次は学校への宗教のもちこみを批判する論文を刊行した[18]。このころ彼は「我が国の国民道徳と我が国の道徳教育とは何を基礎として居るかと云へば言ふ迄もなく教育に関する勅語であります」と正面から「国民道徳」論を教育学に位置付けているが[19]、本著でも教育勅語を国民道徳とする解釈を強調し、「学校内に伝道的行動を許すことは断じて不可である。今回の如く、各宗教家の会同あるとも、此点に於いては従来の教育方針を改むべき理由は毫もない。畢竟するに国民道徳と宗教との関係は必然的ではない。我等教育者は国民道徳本位でなければならぬ」と宗教への警戒を述べている。またドイツの学校教育が宗派により混乱しているとして「宗派別に学校を設くるにあらずんば完全なる教育を施す事はできぬ」という事態を説明し、「此の如き困難は何処より生じ来るかと言へば、元来個人的なる可き宗教を一般的なる可き学校教育に結合せしむるに依つて生じて居る」と述べ、「我が国の如く各種の宗教宗派の併立する国柄に在ては其困難は一層激甚ならざるを得ない道理である」としている。まだ直接に「宗教的情操」論が公式に検討された時代ではないが、神道・仏教・キリスト教の三教の動員という方策を前に、学校教育に宗教を導入しないことこそが教育勅語による国民道徳を貫徹させることだと考えている姿勢が明瞭に出されている。

その後、「宗教的情操」論が活発になってきた時期にも、その意義に疑問を投げかけている。一九二七年には、流行する「宗教心の陶冶」の主張に対して、「新たに宗教的陶冶とかいふことを叫ぶ必要はないではないか。従来の教育方針、即ち、人格価値を徹底せしめよといふことだけのことではないか[20]」と批判し、また、仏教系の宗教教育雑誌『教育と宗教』の創刊号への祝詞にも、「唯、公費を以て経営する学校教育にありては、其の性質上、既成宗教の一宗一派と提携することは、多くの場合に於て許容せられざる[21]」ことを遠慮がちながら述べているのである。

さて、宗教教育協議会での吉田熊次の動きは次節でみるので、さきに一九三五年からの東京帝国大学文学部の教育学研究室による雑誌『教育思潮研究』における入沢宗寿と吉田熊次の「宗教的情操」に関する論争をみてみよう。

入沢宗寿は一九三五年一〇月の同誌で師範学校の教育なども含めて積極的な「宗教的情操」教育の推進論を述べた[22]。続く一九三六年一月の号では、吉田熊次が「教育と宗教の本質的関係」を発表して「宗教的情操」論への批判を行ない[23]、また入沢は文部次官通牒を評価して、通牒は消極的だが盛り立てたいという見解を示した[24]。さらに次号では、吉田がドイツの状況から「宗派的宗教教授が如何に困難なる問題を国家的学校教育に持ち越すか」を解説し[25]、一方、入沢は、日本の三教一致の歴史を説明し[26]、さらに次の号は仏教を例に同趣旨を繰り返した[27]。

この論争は、習合的性格の強い日本の宗教の歴史を論拠に宗派によらない「宗教的情操」の教育が可能であるとする入沢宗寿の主張と、吉田熊次の批判が筋となっている。吉田の主張は、一九三六年一月の論文「教育と宗教の本質的関係」で体系的にまとめられている。主張の論点をまとめれば、第一に、「宗派的信仰なしに一般的なる宗教的情操なるものは発生し得ざる道理」を説いて、特定宗派に偏らない宗教的情操の陶冶ならば官公立の学校でも可能であるという議論が存在しうるという議論自体への批判である。第二には、信教の自由の原則から、宗教教育は家庭および社会で行なうべきであるとする主張である。第三には、「宗派に依らざる一般的宗教情操」として主張される「真善美の如き価値」については、従来の学校教育で可能であるとして、「宗教の力を借りること無しに人格の陶冶が徹底し得ずと考ふるが如きは正に学校教育を侮辱するものと言わねばならぬと思ふ」と結論するに至るのである。

この主張は、確かに山口が一九八〇年論文で「吉田ら良識派の強い抵抗」と呼んだほど、信教の自由と官公立学校の宗教教育の制限を踏まえて、きわめて論理的な主張となっている。しかし、吉田熊次にあっては、この主張は教育勅語を基準とする国民道徳を学校教育に徹底させ、「宗教的情操」から起こる混乱から守るために積極的に主張されているのである。この前提を抜きにしては、彼の言説の意味は評価できないであろう。

第三節　宗教教育協議会と文部次官通牒

文部次官通牒に先立ち「学校に於て宗教的教育を如何にすべきか」について、管制によらずに文部省内で審議した宗教教育協議会は、一九三五年三月二六日より一〇月二日まで、一〇回にわたる会議を行なった。当時、「巷間伝ふる所によれば、十回に亙る協議会は、殆ど矢吹吉田両博士の論戦に終始したといふ事だ」[28]という情報が伝えられていた。前節で検討した吉田の「宗教的情操」批判と文部次官通牒の関係を考えれば、本協議会において「良識派」の吉田が窮地に立ったという推定も成り立つ。しかし、実際に議事録を確認すれば吉田自身が答申作成のイニシアティブをとったことが判明するのである。

協議会の出席者は、宗教関係では神道管長の神崎一作、キリスト教聯盟の田川大吉郎教育部長、中央教化団体聯合の加藤熊一郎理事であり、東京帝大からは仏教学の高楠順次郎名誉教授、教育学の吉田熊次名誉教授と阿部重孝教授、宗教学の矢吹慶輝講師であり、東京文理大学の森岡常蔵学長、青山師範学校の長谷川乙彦校長である。文部省からは次官、普通学務局長、教育調査部長、宗教局長などが出席する。普通学務局長は四月二日に下村寿一から河原春作に交代するが、その後も下村は東京女子高等師範学校長の肩書きで出席した。彼は、文部省宗教局長などのキャリアをもち、またのちに宗教団体法の成立を安藤正純と「手を取り合い、感極て泣いた」ほどの盟友であった[29]。また、この時の教育調査部長は教育学者の篠原助市である[30]。

第一回協議会で下村は普通学務局長として、「当局者は白紙であります」と挨拶しつつ、「師範教育に於いて宗教を課すか否か」という具体化の方向を示唆した。これに対して吉田熊次は、議事運営について提案し「宗教とは何ぞや、宗教的信念とは何ぞや」の詮議が先決問題であるとして、篠原助市とともに「通宗教」や「宗教的情操」の定義を議論することを提案して、「宗教的情操といふことが必要であって之を求めたい」という方向性をもつ下村の議論に対して、概念から議論し直すことを主張するのである。

ところが第二回協議会では下村の提案で矢吹慶輝が一九二五年の全国高等女学校長会議以来の諸会議や団体の決議を説明しはじめた。これに吉田と篠原が反撥し、議論を「宗教的情操」とは何かという話題に転換させ、宗教と道徳の違いなどが議論されることになる。その後、第四回協議会で矢吹が「宗教的情操」についてまとまった説明を行い、宗教を「超人の信仰」を中心に定義し、「宗教的情操」の特徴を、①真実に聖く生きる、②人生の拡大とその永遠の信念、③帰依、④主善、⑤超人との共同、⑥静観、⑦感恩の七つにまとめた。これに対して吉田が七つの特徴は現在の学校教育でも行われているとしつつも、「超人」などは家庭や社会で宗教教団が教育すべきであると反論したが、篠原は「宗派的なドグマやセレモニーを入れないでも宗教的情操は養成せられるものではないでせうか」と吉田とは異なる見解を示した。そして第五回協議会の冒頭で篠原は、絶対者などを説明した上で、「教育勅語を最高の啓示と見之を神聖化することによって」、「人道の限界内の宗教」が可能となると結論づけた。この意見に矢吹が同意したが、阿部重孝がなぜ修身に「宗教的」という言葉が必要なのかと反論した。そして第六回協議会では、阿部が「宗教がそれに熱心になると如何なるものをも負かしてしまふのではないだろうか」という危惧を表明する。この「如何なるもの」とは何かと問われて、阿部は「国体」と答えるが、この阿部の意見は、会議の場で下村が上智大学の靖国神社参拝忌避問題や天理研究会の事件等を出すことで「宗教的情操」の必要を論じていたことへの反論であったが、下村はあくまで国体が「正しい宗教」を判断する標準であると回答した。

第七回協議会の冒頭で、吉田熊次が従来の議論を総括する長い発言を行ない、さらに最後に次の結論を述べた。「(1) 宗教的情操の陶冶は主として家庭及社会にやるべきだと云ふ一般原則を認める。」「(2) 学校教育は家庭及社会と協調して生徒の情操教育に一層注意を注ぎ力を致してゆく事にしたい。」「(3) 従来の哲学概説、公民科、歴史、読本等の教授に際し一層宗教に関する理解を徹底せしめてゆきたい。その為に教授要目の改正はする必要がある。教員養成の問題は相当むつかしいが、これについても根本方針は明瞭にこの協議会で決める事が必要であると思ふ。」「（4）宗教と教育との関係を考へ度い。宗教的情操の陶冶をなすに際して教育勅語で示された国民精神に悖る事があつては大変である。健全なる国民生活に適合せしむる事が第一に考へられなければならない事であり此態度をはつきりせしめ度い。」

「宗教的情操」という言葉を使いながらも、それを家庭と社会で行なうことを「原則」とし、さらに教育勅語の「国民精神」の徹底を求めたものであり、吉田熊次の従来からの主張そのものである。下村寿一が普通学務局長を退いたために当初のイニシアティブを発揮できないなかで、吉田が幹事役を引き受けて議論をまとめる恰好になったわけである。実際、吉田はこの発言のなかで、下村が第一回協議会で最重点とした師範学校への宗教の導入については「局長が変りましたのでどう云ふ風になるか知れませんが」と述べて、下村の積極性が文部省に引継がれていないことをにおわせて、この課題も「相当むつかしい」と棚上げしたのである。

この提案に篠原が賛意を示し、さらに吉田は各委員に賛否を問うことを求めた。これに対して矢吹は再び全国小学校教員大会等の決議類を審議することを求めるが、堀池学務課長がその文書を「後程印刷しまして」と参考書類扱いにした。さらに長谷川乙彦が吉田の意見に賛成し、下村も篠原の意見を「宗教はいかぬが宗教的は宜しい」ということだとまとめた上で、「満腔の賛意」を表明した。議論がまとまりかけたことを感じて、高楠順次郎が急遽、「小学校に神殿を造り大麻を祭る事もよいと云ふのか」と下村に詰問し、矢吹もこの質問を畳みかけた。「宗教的情操」論を積極的に支持していたはずの南伝仏教学者と中国仏教史家が、今度は仏教側の不敬事件対策のために釈明する構図となったのである。さらに田川大吉郎がキリスト教側を代表して教会でも教育勅語を読めというのかと質問する場面となる。ともかく第八回協議会でも吉田の提案の線での賛成が相次ぐ形でまとめられていくことになった。

現存する議事録は第八回までのものであるが、一部の省略がある答申案の報道と、(31) 答申案とは大きく異ならない実際の答申をみることができる。(32) 答申は冒頭に、「一、師範学校ニ於テ特ニ宗教科ヲ設置スルハ仍篤ト調査研究ヲ要スルモノト認ム」と記して、吉田熊次の方針通りに師範学校の課題を棚上げした。さらに、「二、宗派的教育ハ家庭ニ於ケル宗教上ノ信仰ニ基キテ自然ノ間ニ行ハルルト共ニ宗教団体ノ活動ニヨル教化ニ俟ツモノニシテ一般ノ学校教育ハ一切ノ教派宗派教会等ニ対シテ中立不偏ノ態度ヲ保持スベキモノトス」として、学校教育と宗派的な教育とを区別することを確認している。また「三、一般ノ学校ニ於テハ家庭及社会ニ於ケル宗派的教育ニ対シ左ノ態度ヲ保持スベキモノトス」として挙げた項目は、「1、家庭及社会ニ於テ養成セラレタル宗教心ヲ損フコトナク生徒ノ内心ヨリ発現スル宗教的欲求ニ留意シ苟モ之ヲ軽視シ又ハ侮蔑スルガ如キコトナカランヲ要ス」「2、正シキ信仰ハ之ヲ尊重スルト共ニ苟モ公序良俗ヲ害フガ如キ迷信ハ之ヲ打破スルニ力ムベシ」「3、学校ニ於テハ他ノ宗教教育機関例ヘバ日曜学校、夏期講習等トノ関係ニ留意スベシ」である。このうち、家庭や社会での宗教教育の尊重や、日曜学校や夏期講習会への留意を挙げた部分は、答申案から答申になる段階で追加された項目である。

また「四、一般ノ学校ニ於テ宗派的教育ヲ施スコトハ認ムルヲ得ザレドモ学校教育ヲ通ジテ宗教的情操ヲ涵養シ人格ノ教養ニ資スルコトハ極メテ必要ナリ教育者ノ養成ヲ目的トスル師範学校ニ於テ特ニ其ノ必要ヲ見ル固ヨリ学校教育ハ教育勅語ヲ中心トシテ行ハルベキモノナルガ故ニコレト矛盾スルガ如キ内容及ビ方法ヲ以テ宗教的情操ヲ涵養スルガ如キハ之ヲ許サズ」と宗教的情操の涵養を強調する項目では、教育勅語に矛盾しないという条件を強調している。

答申はさらに「宗教的情操ノ涵養ニ関シ学校教育上特ニ留意スベキ事項」として、次の項目を列記している。

1、学校ニ於テ行フ儀式ハ一層荘重厳粛ナラシムベシ　2、修身、公民科ノ教授ニ於テハ一層宗教的方面ニ留意スベシ　3、哲学概説ノ教授ニ於テハ一層宗教ニ関スル理解ヲ深メ宗教的情操ノ涵養ニ意ヲ用フベシ　4、国史ニ於テハ宗教ノ国民文化ニ及ボシタル影響、偉人ノ受ケタル宗教的感化、偉大ナル宗教家ノ伝記等ノ教材ヲ多カラシムベシ　5、其他ノ教科ニ於テモ其ノ教材ノ性質ニ応ジ適宜宗教的方面ニ注意スベシ　6、宗教ニ関スル適当ナル参考図書ヲ備ヘ生徒ノ修養ニ資セシムルモ亦一方法タルベシ　7、追弔会、理科祭、遠足、旅行等ニ際シテハ之ヲ利用シテ宗教的情操ノ涵養ニ資スベシ　8、適当ノ機会ニオイテ高徳ナル宗教家ノ修養談ヲ聴カシムルモ亦一方法タルベシ　9、校内又ハ校外ニ於ケル教員及ビ生徒ノ宗教ニ関スル研究又ハ修養ノ機関ニ対シ適当ナル指導ヲ加ヘ寛容ノ態度ヲ保持セシムベシ

この答申の各項目が、文部次官通牒に盛りこまれることになる。すでに鈴木美南子が指摘しているように、通牒には答申の「一」の師範学校の件、「二」の「3」の日曜学校と「四」の「1」の学校儀式の項目が削除されている。もちろん、「一」は地方長官宛の通牒であるから必要のない項目である。また、通牒の段階では末尾に、「9、以上各項ノ実施ニ際シテハ一宗一派ニ偏セザル様特ニ注意スベシ」が追加された。通牒の段階で駄目押しのように、通牒の他の箇所で強調してあるこの注意書きが再度強調された形になる。

以上のように検討すると、宗教教育協議会での吉田熊次の提案の基本線が、そのまま答申案、答申、文部次官通牒にまで一貫していることがわかるのである。もちろん、吉田熊次は、宗派的教育によらない「宗教的情操」の存在それ自体についても疑問をもっていた。それは、通牒に「宗教的情操」という言葉があることと矛盾しているように思われる。しかし、一宗一派の教育が一般の学校では行なわれないということを強調すると同時に教育勅語の徹底を盛りこむことにより、「宗教的情操」そのものが、この通牒の内部で無内容化されているのである。その限りにおいて、吉田の考えた政策的意図は通牒まで貫かれているのである。

第四節　各種の審議会における扱い

安藤正純をはじめとする「宗教的情操」論の推進者たちの意見が、各種の審議会などでどのように扱われたかを検

討しよう。

文部次官通牒に先立つ一九三五年一月一九日、文政審議会の「青年学校制度制定ニ関スル件」の特別委員会で、安藤正純は「人格ヲ陶冶シ国民精神ヲ涵養セム為メ日本歴史並ニ国漢文ヲ尊重シ且ツ宗教精神（宗教信念）ヲ適宜ニ指導スベシ」という条項を答申に盛りこむことを提案しているが、粟屋謙にこれは青年学校ではなく「全体ノ問題デアル」として無視されている。(33)

一九三五年一一月に設置され、翌年一〇月二九日に「教学刷新ニ関スル答申」を決定した教学刷新評議会は、問題の通牒の議論と時期が重なり、また課題も関連するはずである。山口和孝をはじめ従来の研究では、「宗教的情操」を教学刷新の文脈に位置付けてきた。鈴木美南子は前掲論文で「教学の振興をはかる教学刷新評議会が設置されたのであるが、右の答申と通牒（宗教教育協議会と文部次官通牒を指す）はこの時代のうねりの中で、国体の宗教的絶対性を、他宗教を包含し超越することによって強化する役割を果たすものであった」として、「メンバーではなかったが教育学者（東京帝大教授）入沢宗寿も」このことを述べていると説明している。

しかし、事実は異なる。第一に、入沢宗寿は教学刷新評議会の委員である。第二にその入沢自身が総会の場で「宗教的情操」論を盛りこむことを力説するが、次に記すように、他の委員らに反論されるのである。そして第三に、答申においては「社会教育刷新ニ関スル事項」で「社会教化団体・教化団体・宗教団体等ノ連絡ヲ図リ」という表現はあるが、「学校教育刷新ニ関スル事項」を含め全体は、「国体」「日本精神」「敬神崇祖」が強調され、「宗教的情操」に関する記述は一切見られないのである。

一九三五年一二月五日の第一回総会で、文部大臣松田源治が「宗教ノコトヲ此処デ論ズルト大分困ルコトモ出来ル」と議題に宗教を取り上げることに消極論を述べたことに対して、入沢は文部次官通牒も出したのに「宗教的情操」について「消極的」ではないかと述べて討議することを提案した。(34)これに対して、一二月九日の第二回総会でこの評議会の立役者となる平泉澄が[35]、文部大臣が宗教の問題に触れないとしたことを「賢明ナル御態度」と賛成し、文部次官通牒に対してその実行が「不審」であると述べる。つまり、「一宗一派ニ偏セザル宗教教育ヲ興ス、斯ノ如キコトハ言葉ノ上ニ於テ言フベシ、実際ニ於テハ実行出来ナイコトデアリマス」と述べて、吉田熊次と同じように、宗教的情操の涵養は実際に不可能なのだという議論を展開するのである。さらに、「宗教的情操」の涵養により各種の宗教家をよぶことで学校に混乱が広がり「私ハ恐ラクハ我国思想界ノ混乱ハ是ヨリ一層甚ダシキヲ加ヘルコトデアラウト考ヘルノデアリマス」と、思想対策からもこの通牒を実施しないことを求めたのである。もちろん、平泉は、「私共ノ確信致シマス所ハ我国ニ於テ文部省ガ全国ノ学校ニ徹底セシムベキ宗教々育ハ、天照大神又天皇陛下ヲ本尊トシ奉ル宗教ノ外ニハ断ジテナイ」と述べることを忘れていないが、「宗教的情操」論を教学刷新評議会が実効性のない混乱の元とみていた様子を示している。さらに翌年一〇月二九日の第四回総会でも入沢は「特ニ文部省カラサウシタ通牒ガアルニ拘ハラズ、此席上ニ於テ文部大臣……議長トシテハ宗教ニ関係シナイヤウナ口吻ガアツタ」と文部省の方針と議事運営を批判するが、今度は思想対策の責任者である思想局長の伊東延吉が幹事として答弁し、「精神諸学ニ関スル色々ナ題目」は検討するとはぐらかすのである。先にみた『教育思潮研究』で吉田と論争していた入沢であるが、この評議会では文部大臣はもちろん平泉にも思想局長にも彼の提案は相手にされないのである。

同特別委員会の討議で吉田熊次は、各種の宗教からの国体論が出されていることについて「或ル一ツノ立場カラスル一ツノ観方ノミ是ガ国体観念デアルト云フヤウナ出発点カラ国体ノ明徴ト云フ事ヲ叫ビマスナラバ、恐ラクハ是ハ良イ意味ニ一般ニ承認セラルル所ノ国体明徴ト云フ事ハ期シ難イ」と「教育ニ関スル勅語等々ノ詔勅」に依拠して国体明徴をすべきだと述べているように[36]、「日本精神」の闡明や宗教団体の教化への動員は主張されても、すでに次官通牒になっていたはずの「宗教的情操」の学校での振興は混乱をきたすものとして敬遠されたのである。つまり、「日本精神」や「国体」という概念を掲げることの出来たこの評議会にあっては、幻想による動員の期待はあっても混乱への危惧の方が多い「宗教的情操」概念をこれ以上に強調することは、教学刷新に無益であることを確認する場となったのである。

また教学刷新評議会のあとに諸学問分野を文部省のもとに統率した日本諸学振興委員会の教育学会でも、「宗教的情操」の涵養についての研究発表は、従来からの「宗教的情操」論の推進者である成蹊学園の浅野孝之の一つだけであり、他は実態調査、歴史調査、個別宗教の教育の研究が中心となっている。(37) 浅野孝之の報告は、彼の日誌によれば「文部省ヨリノ希望ニヨリ」行なったものであり、(38)「宗教々育を実際に行なってこられた氏の実際案は大いに学ぶべきものを見出す」(39)という批評もあったが、実際に彼が学内で行なっていた教育は、宗派によらない「宗教的情操教育」というより「仏教教育を導き入れようとしたもの」であったと評価されている。(40)

次に戦時下の教育全般を審議した教育審議会についてみてみよう。(41) 全般にわたる答申のなかで、「宗教的情操」という言葉は現れない。教育審議会答申の「備考」で「各教科ニ亙リ左ノ事項ニ関スル教材ニ付十分留意スルコト」とある部分を左に示した［次頁］。この留意項目ですら、「宗教」が登場するのは師範学校に関するものだけである。なお、一九四一年一〇月の「教育行政及財政ニ関スル要綱」では、「一、中央教育行政機構」で「宗教ニ関スル行政ノ運営ヲ完カラシムル為諮問機関ヲ設クル等機構ノ整備ヲ図ルコト」という文言が含まれている。

初等教育に審議の模様をみてみよう。このとき、安藤正純と下村寿一はともに特別委員であるが、安藤は整理委員になっていなかった。一九三八年一一月九日の第二八回整理委員会（初等教育）では、報徳社の佐々井信太郎が「宗教的信念」の養成を要綱案に盛りこむことを提起するが、文部次官の伊東延吉は「余程用意ヲ以テシナケレバナラヌ」と慎重な姿勢を示した。これに対して下村寿一も学校で宗教が毛嫌いされその間に「淫祠邪教」が付けこんでくると思想対策的な意味合いで盛りこむことを求めるが、整理委員長の林博太郎は「屋上屋ヲ架ス」と盛りこむことに消極的で、青山師範学校長の三国谷三四郎も文部次官通牒には「実際ノ効果ハナイ」と述べて却って学校に「ストラグル」が生じると批判し、内務大臣等を歴任した後藤文夫も要綱に盛りこんでは「適応解釈ニ困難ヲ生ズル」と批判した。そしてかつて文部次官をつとめた特別委員長の田所美治が文部次官通牒があるので「是以上ニ他ニ出スコトハ殆ドナイ」と述べて、下村の提案は取り上げられなかった(42)。

　だが一一月一一日の第二九回整理委員会で下村は再び「宗教ニ関スル正シキ理解」でもよいので盛りこんで欲しいと述べる。これには田所、三国谷三四郎、林らが次々に反論するが、下村は引き下がらず、ついには整理委員長の林が「皆サンノサウ云フ御意見デスカラ御譲リ下ツタラドウデスカ」とまで忠告するが、下村は「何トカ一寸匂ヒダケ

学校種別	該当する留意事項等の記述	答申年月
青年学校	該当項目なし	一九三八・七
初等国民学校	イ東亜及世界　ロ国防　ハ郷土	三八・一二
高等国民学校	イ東亜及世界　ロ国防　ハ公民　ニ郷土	
師範学校	イ東亜及世界　ロ国防　ハ職業指導　ニ地方研究　ホ宗教	
幼稚園	該当項目なし	
中学校	イ敬神崇祖　ロ東亜及世界　ハ国防	三九・九
実業学校	イ敬神崇祖　ロ東亜及世界　ハ国防	
女子中学校	イ敬神崇祖　ロ東亜及世界　ハ国防	
高等学校文科	イ敬神崇祖　ロ東亜及世界　ハ国防　ニ芸術	
高等学校理科	イ敬神崇祖　ロ東亜及世界　ハ国防　ニ芸術	
大学	該当項目なし	四〇・九
専門学校	該当項目なし	

デモ……」と食い下がり、ついには田所に「其ノ匂ヒガ毒ニナルト困ルノダ」とまで一蹴されてしまうのである。(43)

整理委員会では下村の提案は入れられなかったが、一一月一八日の第二一回特別委員会（初等教育）では整理委員会から提出された「師範学校ニ関スル要綱案」に、安藤正純が反撥して「宗教原理」を入れることを提起することになる。二五日の第三〇回整理委員会は速記中止のため議論はうかがえないが、要綱案の修正が議論され、同日午後の第二三回特別委員会（初等教育）で林整理委員長より修正案が提案され、備考の留意事項に「ホ　宗教一般」を加えると提案された。これに安藤も納得し、表現は「ホ　宗教」と確定し、一二月八日の第一〇回総会で答申が可決されることになった。特別委員会での安藤の意見に押された形だが、錚々たる官僚出身者らによる整理委員会では、下村の意見は全くの少数なのであった。

次に中等教育についてみてみよう。教育審議会の中等教育の審議について研究した米田俊彦は、初等で審議された師範学校と中等学校での「宗教」の扱いの違いを指摘して、「宗教的情操の涵養を奨励すれば、一方で国体の理念に反する宗教の影響が教育の世界に浸透するという警戒感が広がっていた時期であり、そのあたりの微妙な関係が師範学校と中等学校の『要綱』における不整合につながったと推測される(44)」との見解を示している。この見解は妥当であるが、師範学校審議での混乱と中等学校審議での「宗教」削除の根底には、以下にみるように一貫した「宗教的情操」論への強い危惧が存在していたと見るべきであろう。

一九三九年六月一六日の第三〇回整理委員会（中等教育）では「中等学校ニ関スル要綱」（第一次案）が朗読され、第三一回整理委員会で「中学校教科」以降が朗読された。そして、二三日の第三二回整理委員会では午前中の懇談会で「中学校教科」の「備考（一）」が審議されたと考えられ、先の師範学校の答申との整合性を考えて委員会では「祭祀」を「敬神崇祖」に変更し、「宗教」が加えられ、「実業学校教科」で「宗教」を師範学校にあわせて項目の最後にし、「高等女学校教科」では「祭祀」の表現のままで残ることになり(45)、七月五日の第三五回整理委員会では「要綱」(第二次案)が提出された。そして一二日の第三八回整理委員会では、特別委員長の田所美治が師範学校で「宗教」が加えられたのは安藤正純の主張によるものだが、文部次官通牒の範囲で十分なので再考してほしいと提案した。これに対して下村寿一は、「信念ノ養成」でもよいとして、「宗教論者ノ方モ」「必ズ納得スルダラウト思ヒマス」と述べた。以前は自分の主張として「宗教的情操」に拘っていた下村がこの時には他人の主張のようにこの問題を議論しているのである。そこで委員会はまるで安藤対策の会議のようになり、整理委員長の林博太郎は、「又宗教問題ガ出ルトイカヌカラ、敬神崇祖ハアツタ方ガ宜クハアリマセヌカ」と項目の関係を調整し、特別委員長の田所が「ナゼ宗教ヲ抜カシタカト訊カレ、バ、ソレハ敬神崇祖ニ入ツテ居ルト答ヘル」と答弁の仕方まで披露した。下村は、「何カ『信念ノ涵養』トカ云フコトヲチヨツト入レナケレバ、敬神崇祖ニ入ツテ居ルデハ納得シマセヌヨ」と拘ったが、結局田所が「アトハ説明イタシマセウ」と引き受けて、「宗教」は要綱から削除されることになったのである。[46] そして七月一三日の第三九回整理委員会で「要綱」(第三次案)が提出され、一四日の第四〇回整理委員会で「要綱」(幹事整理案)が提出、確定された。かくして二一日には第三一回特別委員会に臨むことになったが、安藤正純が発言を求めた。しかし彼はすでに主張が孤立していることを自覚し、「私ガ申上ゲルト何時モ安藤ハ其ノ事ヲ言フト斯ウ云フ御感ジニナル」と述べ、「厭ガツテハ困ル問題ダ」と断ってはじめて「宗教」を留意事項に加えることを主張した。[47] 二四日の第三二回特別委員会でも「女子中学校教科」で安藤が「宗教」を加えよと発言するが変更はなされず、結局九月一四日の第一一回総会では特別委員会案を無修正で承認することになるのである。

なお、戦争の敗色も濃くなった一九四四年の宗教教化方策委員会では政策のなかに「宗教的情操」が部分的に見直される傾向も見られる。四月二八日の第一回特別委員会では、田所美治が従来とは異なって「宗教ノ教化ヲ強化シテ行クト云フ時ニ、何千万モ居リマス生徒、之ニ対シテ此ノ通牒ガ其ノ部分ヲ拘束シテ居ル」と、「宗教教化」のために文部次官通牒の再考までを主張し、教学局長近藤寿治が通牒の有効性を主張するという議論がなされている。[48] そこには、神道が宗教ではないという建て前のもとで表面的な政教分離を行なっていた従来の状況に対して、戦時下における神道式の行事の一般化により、調令一二号と文部次官通牒がむしろ制約として意識されてきた状況が反映されている。五月五日の答申では「(三) 学校ニ於ケル宗教教化ニ関スル事項 1 教授要目・教科書等ノ作成ニ当リテハ宗教ニ関スル認識ヲ深メ宗教的情操ヲ涵養セシムル様一層留意スルコト」と再び「宗教的情操」が政策に登場した。しかしながら、それでも答申は文部次官通牒の趣旨に留意することを述べており、また答申を受けた一九四四年八月八日の閣議了承事項「戦時宗教教化活動強化方策要綱」では、「宗教的情操」は項目の中から外されているのである。(49)

おわりに

宗教的情操に関する文部次官通牒は、「宗教的情操」論を根拠づけるために肯定的に評価されたり、あるいは否定するために戦時下の思想統制と過度に結びつけて評価されたりしている。本章は、文部次官通牒をめぐる政策的な意図と評価をみることにより、従来の研究や評論で無視されてきた複雑な事情を描き出した。すなわち、「宗教的情操」は政策のなかできわめて否定的に評価され、それは通牒が出される検討段階でも、同時期の教学刷新評議会においても、教育審議会においても共通するものであるということである。山口和孝や鈴木美南子のように「日本精神」や「国民道徳」とこの概念を同一視することは不可能であり、(50) むしろその対立物とさえ考えられていたのである。

この否定は、従来「良識派の抵抗」と誤解されていた吉田熊次による批判の延長線上にあるものであり、この吉田熊次の批判が基本的に文部次官通牒に盛りこまれているのである。吉田熊次の批判は、宗派を超えた「宗教的情操」なるものがそもそも成立しえないという原則論や、宗教教育は官公立学校でなく社会や家庭において行なうという信教の自由の重視や、教育されるべき基本的な価値は宗教によらなくても教育できるという考えによるものである。この理論は、今日の「宗教的情操」論批判にも共通する論点であるが、吉田はこの理論を教育勅語と結合することにより、教育勅語や国民道徳を教育目的とする学校教育を混乱から防衛するために活用したのである。

吉田熊次の「宗教的情操」批判の基本線が、そのまま文部次官通牒に盛りこまれたことは、事態を複雑にしている。つまり文部次官通牒は、従来から肯定的にも否定的にも言われているような「宗教的情操」論の解禁だけではなく、同時にそれを制約するように作られているのである。松浦鎮次郎が『明治以降教育制度発達史』で、一九三三年までとした同書の予定の記述範囲を越えて本通牒を取り上げて、「教育宗教分離の大方針に毫末も変更を加えんとするものに非ざるは勿論である」と連続性を強調したが[51]、付け加えるならば、一貫する「大方針」とは教育勅語を基準とする国民統合をも意味すると言うべきであろう。つまり、この通牒に盛り込まれた「宗教的情操」論の受容と批判的制約というアンビバレントな性格は、単なる矛盾ではなく、「宗教的情操」論を無内容化させつつ教育勅語の奉戴へと雑多な教育論を集約し動員する機能を発揮するようになっているのである。

「宗教的情操」論を文部省の公式見解に含めて行った道筋は、安藤正純や下村寿一らのイニシアティブによるところが大きい。しかし、彼らは教育審議会では孤立するに至っている。もちろん、「宗教的情操」論を支持した教育界や宗教界の輿論については本章は直接対象にできなかったが、それがどこまで大勢の意見であったかも含めて、さらなる研究が必要であろう。ここでは、文部次官通牒で勢いづいた『教育と宗教』誌の推進派たちも、一年たらずで「宙に迷ってゐる有様」と評価を下したことを述べておきたい[52]。留岡清男が通牒を「他愛もない迎合政策」と評価したように[53]、推進派に一時期の幻想を与える効果しかもたなかったのである。

「宗教的情操」論それ自体の今日的な教育学的評価は本章の範囲ではないが、すでにその実効性が多くの論者たちによって否定され、同時に否定されつつ幻想を振りまいたという歴史的経緯を踏まえて議論が行なわれる必要があるであろう。無内容であることが、同時に諸思想の動員を可能にしたのである。

〔後註〕

本章のもとの論文を発表したのち、科学研究費補助金（基盤研究C）による共同研究として、二〇〇七年度から二〇〇九年度に「「宗教的情操」概念の歴史と教育実践に関する基礎的研究」を、伊東毅（武蔵野美術大学）、駒込武（京都大学）、竹内久顕（東京女子大学）、小幡啓靖（上廣倫理財団）、田口和人（桐生大学）、小川智瑞恵（東京大学史史料室＝当時）、田中千賀子（武蔵野美術大学）とともに行った。その成果は、教育史学会第五二回大会シンポジウム「戦後史における〈価値教育〉――宗教教育・道徳教育の過去と現在」において、報告「〈価値教育〉概念の有効性を考える――「宗教的情操」論の歴史と現在」『日本の教育史学』（第五二集、二〇〇九年）として発表した。また、教育実践と関連して「「宗教的情操論」の退潮と「伝統と文化」の可能性」『生活指導』二〇〇九年五月号として発表した。道徳教育と関連しての宗教的情操論の概説と実践的な指摘は、高橋陽一『道徳教育講義』（武蔵野美術大学出版局、二〇〇三年）と『新版道徳教育講義』（武蔵野美術大学出版局、二〇一二年）と伊東毅との共著『道徳科教育講義』（武蔵野美術大学出版局、二〇一七年）の版を重ねたテキストに、「心の教育と宗教教育」として論述した。

本章のもとの論文を引用したものとしては、貝塚茂樹が、宗教的情操論をめぐる議論が「思考停止」になっているという立場から、『戦後教育のなかの道徳・宗教』（文化書房博文社、二〇〇三年）などで、たびたび引用して言及している。また、井上兼一「国民学校における「敬神崇祖」教育――教育審議会の解釈に着目して」『明治聖徳記念学会紀要』（復刊第四七号、二〇一〇年一一月）をはじめ、宗教的情操による教育が戦前戦時期に実施されていたことを研究している。

（1）小幡啓靖「『宗教的情操』の教育に関する一考察」『東京大学教育行政学研究室紀要』第一三号、一九九三年を参照。

（2）通牒の名称については、文部省宗教局『宗教関係法規集』一九四二年では、「宗教的情操ノ涵養ニ関スル留意事項」と名付けているが、通牒発信同日付けの直轄学校長・公私立高等学校専門学校長宛ての通牒では「学校ニ於ケル宗教的情操ノ涵養ニ関スル件ニツキ今般地方長官ニ対シ別紙ノ通依命通牒ヲ発シタルニ付御了知相成度」とあるので（『文部省往復』東京大学史史料所蔵）、この名称を用いた。

（3）文化庁『明治以降宗教制度百年史』一九七〇年、二三九—二四三頁、深川恒喜執筆分。

（4）日本宗教学会編「宗教と教育に関する委員会」編『宗教教育と理論と実際』すぎ出版、一九八五年、一五頁、家塚高志執筆分。

（5）山口和孝「文部省訓令第一二号（一八九九年）と『宗教的情操ノ涵養ニ関スル』文部次官通牒（一九三五年）の歴史的意義について」『国際基督教大学学報ⅠA　教育研究』第二二号、一九七九年三月。

（6）山口和孝「『宗教的情操』教育の概念と史的展開」『季刊科学と思想』第三五号、一九八〇年一月。

（7）鈴木美南子「天皇制下の国民教育と宗教——大正～昭和初期を中心として」伊藤彌彦編『日本近代教育史再考』昭和堂、一九八六年。

（8）久木幸男「訓令一二号の思想と現実（3）」『横浜国立大学教育紀要』第一六号、一九七六年九月、八八頁。

（9）「思想問題で賑わった女学校長会議」『教育週報』第二六号、一九二五年一一月一四日。

（10）岩野真雄編『宗教教育講座』第一四巻、一九二八年。

（11）文部省文書『宗教教育関係資料綴』（野間教育研究所所蔵）所収の「昭和二年一二月調宗教教育ニ就テ」（文部省罫紙、ペン書き、執筆者不明）。

（12）文部省普通学務局『宗教教育協議会議事要項』一九三七年。

（13）「教育代議士戦績」『教育週報』第三五四号、一九三二年二月二七日。安井誠一郎『安藤正純遺稿』安藤正純先生遺徳顕彰会、一九五七年。

（14）安藤正純『政界を歩みつつ』大智書房、一九四三年。

（15）安藤正純「国家の非常時と教家の態度」『教育と宗教』第四巻第一一号、一九三二年一一月。

(16) 木津無庵『全国師範学校五回講演記念遊行録』破塵閣書房、一九三八年九月、一二一―一四頁。
(17) 野島舜三郎「答申を診断する」『仏教』第一巻第八号、一九三五年一二月。長谷川如是閑「宗教的情操の意義と国民教育」同前。
(18) 吉田熊次『我が国民道徳と宗教の関係』敬文館、一九一二年。同書の背景については、山口輝臣「明治末年の宗教と教育――三教会同をめぐって」『東京大学史紀要』第一四号、一九九六年を参照。
(19) 吉田熊次『教育的論理学』弘道館、一九〇九年。
(20) 吉田熊次「教育に於ける宗教心の養成とは何ぞ」『帝国教育』第五三三号、一九二七年一月。
(21) 吉田熊次「教育と宗教の発刊を祝す」『教育と宗教』創刊号、一九二九年五月。
(22) 入沢宗寿「我国に於ける宗教々育の問題」『教育思潮研究』第九巻第四輯、一九三五年一〇月。
(23) 吉田熊次「教育と宗教の本質的関係」『教育思潮研究』第一〇巻第一輯、一九三六年一月。
(24) 入沢宗寿「宗教教育答申案及通牒に就いて」『教育思潮研究』第一〇巻第一輯、一九三六年一月。
(25) 吉田熊次「最近独逸に於ける宗教教授の問題『教育思潮研究』第一〇巻第二輯、一九三六年四月。
(26) 入沢宗寿「我が宗教々育の歴史的考察」『教育思潮研究』第一〇巻第二輯、一九三六年四月。
(27) 入沢宗寿「日本教育史における仏教教化」『教育思潮研究』第一〇巻第三輯、一九三六年四月。
(28) 野島舜三郎「学校における宗教教育を如何にすべきや　答申を診断する」『仏教』第一巻八号、一九三五年一二月。
(29) 安藤正純『政界を歩みつつ』大智書房、一九四三年。
(30) 文部省普通学務局『宗教教育協議会議事要項』一九三七年。
(31) 「教育時事」『教育』第三巻第一一号、一九三五年一一月。
(32) 石川準吉『綜合国策と教育改革案』清水書院、一九六二年、五三五―五三六頁。
(33) 『資料文政審議会　第五集』明星大学出版部、一九八九年、七一〇―七一四頁。
(34) 『教学刷新評議会会議議事録第一輯』一一―一二頁、三〇頁。

(35)『教学刷新評議会会議議事録第一輯』六一頁。
(36)『教学刷新評議会特別委員会議事録第一輯』一二〇—一三三頁。駒込武「吉田熊次の教学刷新構想と教育学認識」『日本諸学振興委員会の研究』東京大学教育学部教育哲学教育史研究室、一九九一年。
(37) 調査にあたっては、戦時下教育学説史研究会での共同作業を使用した。前掲『日本諸学振興委員会の研究』一九九一年を参照。
(38) 浅野孝之『浅野校長時代日誌(四)』成蹊学園史料館所蔵、一九三六年一一月六日条。
(39) 大戸素純「新刊紹介・日本諸学振興委員会報告」『教育と宗教』第九巻第五号、一九三七年五月。
(40)『成蹊学園六十年史』成蹊学園、一九七三年、四一八頁。
(41) 清水康幸・前田一男・水野知智子・米田俊彦『資料教育審議会(総説)』野間教育研究所、第三四集、一九九一年。
(42)『教育審議会諮問第一号特別委員会整理委員会会議録』第四輯、四〇八—四三一頁(以下は宣文堂書院一九七〇年復刻版による)。
(43)『教育審議会諮問第一号特別委員会整理委員会会議録』第四輯、四六五—四六八頁。
(44) 米田俊彦『教育審議会の研究　中等教育改革』野間教育研究所、第三八集、一九九四年、五六一頁。
(45)『教育審議会諮問第一号特別委員会整理委員会会議録』第九輯、三九頁、六八—六九頁。
(46)『教育審議会諮問第一号特別委員会整理委員会会議録』第九輯、三一四—三一九頁。
(47)『教育審議会諮問第一号特別委員会会議録』第四輯、六〇—六一頁。
(48)『宗教教化方策委員会第一回特別委員会会議事録』(文部省)一九四四年。
(49)「宗教教化方策委員会の答申並に「戦時宗教教化活動強化方策要綱」に就いて」『日本諸学』第五号、一九四四年。
(50) これらの諸概念については、本書第9章と第11章と第12章参照。
(51) 教育史編纂会(松浦鎮次郎執筆)『明治以降教育制度発達史』第八巻、教育資料調査会、一九三九年(一九六四年重版)、七三二頁。

(52)「教界のうごき」『教育と宗教』第八巻第一一号、一九三六年一一月。

(53) 留岡清男「『宗教教育答申』の歴史性」『教育』第三巻第一一号、一九三五年一一月。

第11章　日本精神論と芸術学

〔初出〕「芸術学会」「おわりに」駒込武・川村肇・奈須恵子編『戦時下学問の統制と動員――日本諸学振興委員会の研究』東京大学出版会、二〇一一年。

〔要約〕

第11章は、日本の古典や伝統を基盤とする日本精神という概念が、昭和初期から影響を持ち、文部省思想局や教学局が『日本思想叢書』を普及させ、一九三六（昭和一一）年に設置された日本諸学振興委員会は日本精神を規程に掲げたが、一九四四（昭和一九）年に削除されたことを論じたものである。

日本諸学振興委員会の学会の一つである芸術学会は、既存のアカデミズムのなかで文学や法学や経済学と並ぶほどの巨大な領域ではないにもかかわらず単独の学会として構成された。一九三九（昭和一四）年の第一回学会から五回にわたって開催され、日本精神の根拠となるべき日本の芸術や伝統芸能などを報告者が取り上げたが、結局は大陸経由の源泉を論じたり、明治期以後に定着した西洋芸術の意義を認めたりするなど、その意図にかかわらず日本精神論の限界を露呈するものとなった。

はじめに

共通教化の標準としての教育勅語は、大正期には国民道徳論の成立によって、多様な海外の思想や学問をも包摂しうる構造に至っていた。しかしながら、これに包摂が困難となる無政府主義、社会主義、共産主義などの思想が広まるなか、警察や司法による治安維持法による取締だけではなく、文部省が「思想対策」や「思想善導」に乗り出すことになる。まずは「学生思想問題」として把握して、一九二八（昭和三）年一〇月の専門学務局への学生課の設置、翌年七月学生部への昇格をさせた。さらに学生だけではなく教育全般へとターゲットを広げ、一九三四（昭和九）年六月に思想局へ改変し、そして一九三七（昭和一二）年七月に文部省の外局という高い位置づけで教学局が成立する。教学局は、一九四二（昭和一七）年一一月に内局としての文部省教学局へ格下げになるが、教学局を通じて積極的に『日本精神叢書』などの教師や高等教育の学生が読むべき古典解説書を刊行することで、「日本精神」の概念を普及していった。

こうした動向は、争われる場が、言論・思想という広い範囲とともに、本来はその独自性から左右させにくい大学における学問という範囲まで至ったことを意味する。現実に思想問題は高等教育の学生から論じられたが、これが大学の教員にまで範囲が広がっていく。一九三五（昭和一〇）年の天皇機関説事件においては、広く高等文官試験を通じて普及していた美濃部達吉の法学の学説が帝国議会で批判されて、政府がその排除の声明を出すに至った。同年一一月には教学刷新評議会が設置されて教育全般の思想対策が論じられ、翌一九三六（昭和一一）年の二・二六事件の混乱で中断しつつも、九月に文部省思想局は日本諸学振興委員会を立ち上げ、のちに教学局に移管する。この日本諸学振興委員会は、学問領域ごとに大学教員らを報告者に招き、中等学校教員を参加者として動員した学会を組織する。

そして一九三六（昭和一一）年一一月の日本諸学振興委員会教育学会を筆頭に、哲学会、国語国文学会、歴史学会、経済学会、芸術学会、法学会、自然科学会、地理学会が開催され、一九四五（昭和二〇）年に至るまで継続するに至ったのである。

この日本諸学振興委員会をめぐっては私は共同研究に参加してもっぱら刊行物や制度の調査を分担して、戦時下教育学説史研究会『日本諸学振興委員会の研究』として一九九一（平成三）年に発表し(1)、駒込武・川村肇・奈須恵子編『戦時下学問の統制と動員』として二〇一一（平成二三）年に発表したが(2)、ここでは日本精神論と日本諸学振興委員会芸術学会の分析を述べるものである。

第一節　芸術学の日本精神とその矛盾

日本諸学振興委員会芸術学会は、総力戦遂行のために必要とされたはずの芸術の側面があまり登場しない異様な空間である。近年では、芸術をめぐる分野では戦時下研究が盛んとなり、戦争絵画を中心とした戦争美術、ポスターや印刷物のデザイン、戦時体制を支える音楽や様々な娯楽などが、美術史学においても、音楽史学においても研究が進んでいる。しかし同時代において進行したはずのこうした芸術の制作と政策は、いくつかの報告を例外として、ほとんど登場しない。発表のテーマは、もっぱら日本精神の具現化としての過去の日本の芸術への芸術史的関心によって構成されている。この傾向は、「大東亜」の芸術への志向性を主題に掲げた第三回学会以降においても大勢としては継続した。

さらに問題は「芸術」の概念である。帝国大学では一八九三年から「美学」が講じられ、一九一〇年九月からは哲学科中の専修学科としての「美学」、さらに一七年には専修学科名が「美学美術史」となり、一九年には「美学美術史学科」が形成された。この学科の教員と卒業生が日本諸学振興委員会芸術学会の委員と発表者の主力を形成しているのだが、彼らの学問分野は決して「芸術学」の名称ではないのである。現代において芸術という概念は、様々な分野を包括しうる概念として、単純には美術と音楽の包括概念として理解されている。今日の高等学校で美術科と工芸科と音楽科と書道科という科目を包括した芸術科という教科名や、美術学部と音楽学部を有する芸術大学という存在に違和感がない。しかし、同時代においては、国民学校芸能科などの少ない例を除いて、包括的な芸術概念は定着していない。いや、実は現在においてもこれらは概念上の言葉であり、様々な実践と制度にかかわらず、美術と音楽と演劇と建築と文学をすべて包括して理解するなど、至難の業である。この困難な「芸術」、さらには「芸術学」を組織しようとした芸術学会の存在はまさに注目に値する。常任委員・藤懸静也が本学会の範囲として「建築、彫刻、絵画、書、工芸、文学、音楽、演劇、映画等」と列挙しつつ、これを対象とする学問を「美学」と「美術史学」という既存の二分野にわけて東京、京都、東北等の帝大の状況を述べたことは(3)、本学会の広がりとこれに対応しきれないアカデミズムの概念の狭隘さを象徴するものであろう。

もちろん、東京帝大を中心に形成され東京帝室博物館をはじめ官立の博物館や私立大学に広がった美学美術史学の研究者集団と、官立専門学校たる東京美術学校と東京音楽学校を頂点に養成される専門家集団の権威は、伝統的な芸術を鑑定して評価する機能においても、西洋から新しい芸術を移入する機能においても絶大でありつづけた。それらは初等教育や中等教育を通じた学校教育のみならず、メディアと施設を通じて国民一般に影響を与えつづけるものである。

しかしながら、この権威の土台が過去の作品にある以上は、「美学」、ここでいう「芸術学」は、つねに「美術史」・「芸術史」となるのである。この学問にとって不可避である作品性＝歴史性が、一方においては、教学局刊行物『教学叢書』や『日本精神叢書』の主題の、古典作品（つまり国語国文学）に次ぐ「芸術」の位置の高さや、教学局の

『日本文化大観』の編纂事業にも反映する。つまり、日本の芸術は「日本精神」の作品であることが期待されているのである。

ところが、学問たらざるを得ない「芸術学」は、「日本精神」になり得ない作品の背景と本質があれば、この素朴な期待さえも裏切らざるを得ない。そこにこれからみる、日本諸学振興委員会芸術学会の矛盾が存在するのである。

第二節　委員の構成

まずは、日本諸学振興委員会芸術学会の企画にあたった常任委員や臨時委員、専門委員の構成を見てみよう。一九三九年一〇月一八日より四日間にわたって開催された第一回芸術学会に関与する一九三九年度臨時委員一三名のうち三名（東京美術学校長芝田徹心、東京音楽学校長乗杉嘉寿、文部書記官本田弘人）は専門外の役職者であるが、分野別では、美学美術史がすべて東京帝大出身の六名で最多である。美学美術史学科の第一講座担任教授大西克礼と第二講座担任教授藤懸静也と教授二人がともに臨時委員に送り出され、九州帝大教授矢崎美盛と東北帝大教授阿部次郎と美術研究所の矢代幸雄と文部省国宝審査官丸尾彰三郎が続く。残る四名は文学であり、英文学二名が慶應義塾大学教授の西脇順三郎と東京帝大教授の斎藤勇、独文学一名が京都帝大教授の成瀬清、中国文学一名が元東京帝大教授の塩谷温である。この分野に関連する専門の常任委員は、美学美術史では京都帝大教授植田寿蔵、仏文学では早稲田大学教授吉江喬松がいる。帝大と美学美術史の優位は明らかであるが、英・独・仏・中の外国文学が拮抗しており、音楽はかろうじて東京音楽学校長を送りだし、建築、演劇などの他の芸術分野はゼロである。

太平洋戦争の開戦に先立つ四一年一〇月二三日より三日間開催された第二回芸術学会には四一年度の臨時委員一四名が関与する。関係する常任委員では、第一回芸術学会から京都帝大の植田寿蔵が継続して、早稲田大学の吉江喬松が死去して、前回は臨時委員だった東京帝大の藤懸静也が常任委員になって東西両京の帝大教授が占めた。常任委員席を失った早稲田大学だが、第一回芸術学会の演劇分野で活躍した河竹繁俊教授を臨時委員に送りだした。臨時委員では、美学美術史分野の六名のうち東京帝大出身の五名が最多で占める。このうち第一回から留任したのは、東京帝大教授大西克礼、九州帝大教授矢崎美盛、美術研究所の矢代幸雄、文部省国宝鑑査官の丸尾彰三郎である。東京帝大教授藤懸静也が常任委員になり、東北帝大教授阿部次郎は就任しなかった。新たに東京帝大出身の特許局技師で陶磁器研究者の奥田誠一と京都帝大出身で同講師をつとめる源豊宗が加わる。前回は臨時委員がいなかった建築分野でも東京帝大工学部建築学科出身の文部技師の大岡実が臨時委員となった。文学は第一回の四名のうち、英文学の慶應義塾大学教授の西脇順三郎と東京帝大教授の斎藤勇、中国文学の元東京帝大教授の塩谷温が第二回では就任しない。一方で独文学の京都帝大教授の成瀬清は継続して、新たに東北帝大教授の小宮豊隆が就任する。つまり第二回の文学分野の臨時委員二名は独文学が独占する。このほか四名（東京美術学校長沢田源一、東京音楽学校長乗杉嘉寿、文部書記官の本田弘人と久尾啓一）は専門外で委員を務める。

第一回芸術学会の段階と比べると東京帝大の優位は変化しないが、文学分野の没落と同盟国たるドイツの文学の独占が顕著である。また、第一回では臨時委員に入らなかった建築と演劇の分野に一名の臨時委員が就任している。私学から臨時委員を送り出せたのは早稲田大学のみである。

四二年一〇月二一日から二日間の「特別学会」として第三回芸術学会が開催された。前年の学会の一年後であり、関係する常任委員には変化なく、臨時委員も大きな変化はない。美術分野の臨時委員では特許局技師の陶磁研究者・奥田誠一と京都帝大講師の美術史家源豊宗が任命されず、新たに東京帝大教授の児島喜久雄と京城帝大教授として第一回学会発表者であった美術研究所事務取扱田中豊蔵が命じられる。前年まで臨時委員だった美術研究所長矢代幸雄はこの年一月に開戦の詔勅を誤読する事件を起こして六月二九日に所長を辞任しており、臨時委員にも任じられない(4)。

第3回	第4回	第5回
特別学会	通常学会	通常学会
1942年10月21日～22日	1943年6月9日～11日	1944年10月12日～13日
文部省第一会議室	文部省第一会議室	奈良女子高等師範学校
橋田邦彦文部大臣	岡部長景文部大臣	
(1) 大東亜新秩序ノ建設ト芸術及芸術学 (2) 其ノ他芸術及芸術上ノ重要問題	(1) 大東亜ノ文化建設ト芸術及ビ芸術学 (2) 其ノ他芸術及ビ芸術学上ノ重要問題	大東亜ノ文化昂揚ト芸術学
13名	20名	〔10名を予定〕
「約八十名」	480名（参加者366名、傍聴者114名）	〔120名以内〕
発表時間は40分以内、質問討議は1研究ごとに20分以内。 23日に井上侯爵家、根津美術館、宮内省の舞楽の見学。	発表時間は30分以内で実演のあるものは40分以内、質問討議は10分ずつ。 11日に宝生家元、東京音楽学校、12日に東京美術学校と根津美術館見学。	
1942年10月22日 共立講堂 藤野恵教学局長官 植田寿蔵 望月太意之助 花柳寿輔 河竹繁俊	1943年6月10日 共立講堂 岡部長景文部大臣 田中豊蔵 尾上菊五郎	〔中止〕
文部省局教学局編纂『日本諸学研究報告　特輯第八篇（芸術学）』（1943年10月）、同『日本諸学講演集　第六輯芸術学篇』（1943年5月）。	文部省局教学局編纂『日本諸学研究報告　第二十一篇（芸術学）』（1944年11月）、同『日本諸学講演集　第十三輯芸術学篇』（1944年3月）。	〔不詳〕

表 1　日本諸学振興委員会芸術学会開催状況

回	第 1 回	第 2 回
学会種別	通常学会	通常学会
開催期日	1939 年 10 月 18 日～ 21 日	1941 年 10 月 23 日～ 25 日
開催場所	文部省第一会議室	京都帝国大学 第三高等学校
学会挨拶	河原田稼吉文部大臣	藤野恵教学局長官
研究発表主題	「我ガ国家ト芸術」 国体・日本精神ノ本義ニ基キ、広ク内外ノ芸術ノ内容、表現様式、理論及教授ノ実際等ヲ精査シ、我ガ国独自ノ芸術及芸術ニ関スル諸学ノ発展振興ヲ図リ以テ教学ノ刷新ニ資セントス	イ、芸術学ノ基本問題 ロ、我ガ国芸術ノ特色 ハ、国家ト芸術
発表者数	27 名	21 名
出席者数	「約五百名」	「約六百名」
備考	第 3 日目午後に毛利公爵家など、第 4 日目に東京美術学校と東京音楽学校の見学。	発表時間は 30 分以内で実演のあるものは 40 分以内、質問討議は 10 分ずつ。 「学会終了後自由討議」。
公開講演会期日	1939 年 10 月 21 日	1941 年 10 月 23 日
講演会場所	日比谷公会堂	日出会館
講演会挨拶	河原田稼吉文部大臣	藤野恵教学局長官 羽田亨京都帝大総長
講演者	伊東忠太 滝精一 田辺尚雄	藤懸静也 小宮豊隆 木谷蓬吟
報告集	教学局編纂『日本諸学振興委員会研究報告　第六篇（芸術学）』(1940 年 3 月)。	教学局編纂『日本諸学振興委員会研究報告　第十三篇（芸術学）』(1942 年 5 月)。

典拠：学会各回「要項」、『日本諸学』各号。

最終学歴（学部・卒業年）	専門分野／学位（年）「学位論文」	戦前主要役職
早稲田大学・英文科（1905）	仏文学／文学博士（1931）	
京都帝大・文・哲学科（1911）	美学美術史学／文学博士	
東京帝大・文・史学科（国史専修）（1910）	日本美術史／文学博士（1934）「浮世絵起源論」	教刷評委員（1935）、国宝保存会委員、重要美術品等調査委員会委員、『日本文化大観』編纂委員（39）、『国史概説』調査嘱託（41）
東京帝大・文・英文学科（1911）	英文学／文学博士（1929）「Keats' View of Poetry」	
東京帝大・文・哲学科（美学専修）（1913）	美学	
東京帝大・文・独文科（1907）	ドイツ文学／文学博士（1930）	
東京帝大・文・哲学科（1907）	美学	
東京帝大・文・哲学科（1919）	美学美術史学	
東京帝大・文・哲学科（1903）	宗教学	文部省図書局長として教学刷新評議会幹事兼務
東京帝大・文・哲学科（1904）	哲学	
東京帝大・文・英文学科（1915）	美術史家	『日本文化大観』編纂委員（1939）、『国史概説』調査嘱託（41）、『東亜史概説』調査嘱託（42）
東京帝大・文・漢学科（1902）	中国文学／文学博士（1920）「元曲研究」	東方文化学院理事（1941）
慶應義塾大・理財科（1917）	英文学・詩人／文学博士（1949）「古英文学研究序説」	
京都帝大・文・哲学科（1925）		文部省専門学務局学芸課長、科学課長（初代）、科学局企画課長
東京帝大・文・哲学科（美学美術史専修美術史）（1919）	日本彫刻史	

表２　日本諸学振興委員会芸術学会関係委員一覧

名前 生年～没年	日本諸学振興委員会委員 （就任時期）	委員就任時肩書 （→変更肩書）
吉江喬松《たかまつ》 1880～1940	常任委員（1936～39）	元早稲田大学教授
植田寿蔵 1886～1973	常任委員（1937～44）	京都帝国大学教授
藤《ふじ》懸《かけ》静《しず》也《や》 1881～1958	芸術学部臨時委員（1939） →常任委員（41～44）	東京帝国大学教授 （→元教授）
斎藤勇 1887～1982	芸術学部臨時委員（1939）	東京帝国大学教授
大西克礼《よしのり》 1888～1959	芸術学部臨時委員 （1939、41～43） →同専門委員（44）	東京帝国大学教授
成瀬清 1884～1958	芸術学部臨時委員 （1939、41～43） →同専門委員（44）	京都帝国大学教授
阿部次郎 1883～1959	芸術学部臨時委員（1939）	東北帝国大学教授
矢崎美盛《よしもり》 1895～1953	芸術学部臨時委員 （1939、41～43） →同専門委員（44）	九州帝国大学教授
芝田徹心《てつしん》 1879～1950	芸術学部臨時委員（1939）	東京美術学校長
乗杉《のりすぎ》嘉《か》寿《ず》 1878～1947	芸術学部臨時委員 （1939、41～43） →同専門委員（44）	東京音楽学校長
矢代幸雄 1890～1975	芸術学部臨時委員 （1939、41） →同専門委員（44）	美術研究所員
塩谷温《おん》 1878～1962	芸術学部臨時委員（1939）	元東京帝国大学教授
西脇順三郎 1894～1982	芸術学部臨時委員（1939）	慶應義塾大学教授
本田弘人《ひろひと》 1898～1978	芸術学部臨時委員（1939、41）	文部書記官
丸尾彰三郎 1892～1980	芸術学部臨時委員 （1939、41～43） →同専門委員（1944）	文部省国宝鑑査官

東京帝大・文・独文学科（1908）	ドイツ文学	
東京帝大・法・政治学科（1912）		文部省大臣官房秘書課長。浦和高等学校長
東京帝大・文・心理学科（1910）	陶磁研究	
早稲田大学・英文科（1911）	演劇史／文学博士（1943）『歌舞伎史の研究』	
曹洞宗大学（1918）→京都帝大・文・美学美術史学科（1925）	美術史学／文学博士（1961）「大和絵の研究」	
		社会教育局青年教育課長（1941）
東京帝大・工・建築学科（1926）	建築史／工学博士（1942）「興福寺伽藍配置ノ我伽藍制度史上ニ於ケル地位ヲ論ズ」	
東京帝大・文・哲学科（美学専修）（1913）	美術史学	
東京帝大・文・文学科（支那文学専修）（1908）	美術史学	
東京帝大・文・社会学科（1924）	社会学／文学博士（1962）「近代家族の構造分析」	
東京帝大・法・政治学科（1927）		文部省入省（1929）、香川県労務課長（35）、応召（37）、教学局思想課長（40）
東京帝大・法・仏法科（1913）→東京帝大・文学・仏文学科（1916）	フランス文学／文学博士（1930）「ボオドレエルの態度」	
東京帝大・文・国文学科（1923）	国文学、近世演劇研究／文学博士（1945）「歌舞伎劇戯曲構造の研究」	
東京高等師範学校・英語科（1917）	英文学／文学博士（1960）「トマス・グレイの英詩」	
広島高等師範学校・英文科（1911）	英文学	
東京帝大・理・理論物理学科（1907）	音楽史、音響工学	東洋音楽学会会長、精研研修嘱託（1941～）→教学錬成所研修嘱託、『東亜史概説』調査嘱託（42）
東京帝大・医（1910）	歌人	帝国学士院会員（1937）

小宮豊隆《とよたか》 1884～1966	芸術学部臨時委員（1941～43） →同専門委員（44）	東北帝国大学教授
沢田源一 1888～1970	芸術学部臨時委員（1941～43） →同専門委員（44）	東京美術学校長
奥田誠一 1883～1955	芸術学部臨時委員（1941）	特許局技師
河竹繁俊 1889～1967	芸術学部臨時委員（1941～43） →同専門委員（44）	早稲田大学教授
源豊宗《とよむね》 1895～2001	芸術学部臨時委員（1941）	京都帝国大学講師
久尾啓一 ？～？	芸術学部臨時委員（1941）	文部書記官
大岡実 1900～1987	芸術学部臨時委員（1941～43） →同専門委員（44）	文部技師
児島喜久雄 1887～1950	芸術学部臨時委員（1942～43） →同専門委員（44）	東京帝国大学教授
田中豊蔵 1881～1948	芸術学部臨時委員（1942～43） →同専門委員（44）	美術研究所事務取扱
小山隆 1900～1983	芸術学部臨時委員（1942）	文部書記官
劔木亨弘《けんのきとしひろ》 1901～1992	芸術学部臨時委員（1942）	文部書記官
辰野隆《ゆたか》 1888～1964	芸術学部専門委員（1944）	東京帝国大学教授
守随《しゅずい》憲治 1899～1983	芸術学部専門委員（1944）	東京帝国大学助教授
福原麟太郎 1894～1981	芸術学部専門委員（1944）	東京文理科大学教授
竹中利一 ？～1945	芸術学部専門委員（1944）	広島文理科大学教授
田辺尚雄《ひさお》 1883～1984	芸術学部専門委員（1944）	東京帝国大学講師
斎藤茂吉 1882～1953	芸術学部専門委員（1944）	青山脳病院院長

ただし四四年には専門委員に復帰する。田中豊蔵の美術研究所の事務取扱はこの退任を受けてである。専門外では文部書記官の臨時委員では前年の本田弘人と久尾啓一に代わって小山隆と劔木亨弘が任じられている。

四三年六月九日から三日間、第四回芸術学会が開催された。前学会の一年後であり、関係する常任委員には変化はなく臨時委員も文部書記官二名が任じられなくなるが、他は変化がない。翌四四年には臨時委員が専門委員となり一八名へ増強が図られている。矢代幸雄が専門委員に復帰し、田中豊蔵も専門委員を継続する。新たに六名の専門家の委員が任命される。この新委員の分野が極めて特徴的である。フランス文学の東京帝大教授・辰野隆、国文学の歌人・斎藤茂吉、英文学の東京文理科大学教授・福原麟太郎、同じく英文学の広島文理科大学教授・竹中利一と文学四名を拡充し、ドイツ文学二名のみだった委員に、非同盟国の英仏文学が入った。また第一回芸術学会から活躍の目立つ音楽分野の田辺尚雄や、演劇分野では東京帝大助教授の守随憲治が入る。彼らの出身は東京高等師範学校卒の福原と広島高等師範学校卒の竹中以外は東京帝大の卒業である。分野としてはここで文学、音楽、演劇も含めてバランスをとった形態である。これにより、専門委員一八名のうち、東京美術学校長と東京音楽学校長を除く分野は、美学美術史分野が六名、文学分野が六名、演劇分野が二名、音楽分野一名、建築分野一名となった。

第三節　各回学会の発表内容

1　第一回芸術学会（一九三九年）

一九三九年一〇月一八日より四日間にわたって芸術学会と公開講演会が開催された。研究発表二七本のうち、最初の三名（児島喜久雄、折口信夫、金原省吾）は芸術学の理論研究として配列されていると思われるが、内容はそれぞれ美術、演劇、美術を扱っており、そのようにして分類すると美術一六本が圧倒し、演劇五本、音楽三本、建築二本、

表3　日本諸学振興委員会芸術学会の研究発表及び公開講演の分野別状況

回	第1回		第2回		第3回		第4回	
学会種別	通常学会		通常学会		特別学会		通常学会	
開催期日	1939年10月18日～21日		1941年10月23日～25日		1942年10月21日～22日		1943年6月9日～11日	
	研究発表	公開講演	研究発表	公開講演	研究発表	公開講演	研究発表	公開講演
美学等理論(重複)	(3)		(2)	(2)	(3)	(1)		(1)
美術	16	1	9	2	9	1	11	1
音楽	3	1	4		1		3	
演劇	5		3	1	1	1	3	1
建築	2	1	3		1		3	
文学	1		2		1			
合計	27	3	21	3	13	2	20	2

「美学等理論」は取り上げる内容により「美術」以下の項目と重複。「美術」には工芸や書を含む。

文学一本と明らかに委員構成と異なる比率になっている。公開講演会は、建築は東京帝大名誉教授伊東忠太、美術は東京帝大名誉教授滝精一と大御所が並び、次に田辺尚雄が日本音楽を語る。これが終わると東京音楽学校により能の囃子や箏曲、長唄、舞踊が実演される。つまり研究発表と公開講演ともに、演劇と音楽と建築が押し出され、臨時委員がいるはずの外国文学が極端に凋落しているのである。

発表に先立つ文部大臣河原田稼吉の挨拶で、芸術は国民精神を具現化すると述べたが、委員と発表者の多数派たる美術分野の発表では、時局用語の使用は行うのだが、ひたすら専門分野の作品と歴史の解説に終始するものがほとんどであった。発表内容は絵画、彫刻、工芸など多彩であるが、それぞれの分野ごとに東洋や西洋からの美術の移入史が展開される。たとえば、八高教授鼓常良は「世界に冠たる」日本文様がアジアからの移入で「大きな独創性ではない」と種明かしするし、東京美術学校教授多賀谷健吉は明治以来の美術教育は日本画の技法では無理だと論証するし、京城帝大教授田中豊蔵の日本南画は文字通り中国からの移入を説明するのだ。むしろ誰の目にも中国からの移入性の明らかな書道では、帝室博物館鑑査官補の伊東卓治が「支那書道」との違いを力説して「日本精神の作興」を強調することが目立つくらいである。このようにみると、美学美術史分野の消極的な姿勢が目立つようだが、一方では広範な美術分野を広げて動員し、動員された側が専門の立場からの期待を表明する場としても機能している。多賀谷健吉は国民学校芸能科の図画時間の配当増加を力説しているし、東京美術学校教授高村豊周は廃れた蠟型鋳物の技術の復活を力説し、東京美術学校助教授山崎覚太郎は「変り塗」などの漆工芸の価値を論じている。東京美術学校に四一年一月に増設されることになる工芸技術講習所の中心が山崎であり(5)、伝統工芸の国家と産業への貢献を強調して地位上昇を目指す試みと、これらの発表は呼応している。また、戦後に人間国宝となる高村や文化功労者となる山崎のように、美学美術史の理論家ではなく第一線の作家が発表者となっていることは注目しておきたい。

演劇分野では折口信夫の日本芸能と東洋大学教授笹川種郎の近世三味線の発表のほかは、早稲田第一高等学院長野々村戒三の能楽、早稲田大学教授河竹繁俊の歌舞伎、早稲田大学嘱託小寺融吉と早稲田関係者の活躍が目立つ。二八年に早稲田大学の演劇博物館が置かれて三四年に第二代館長となったのが、河竹黙阿弥の娘の養子・河竹繁俊である。河竹は歌舞伎が卑近に見られることを嘆いて能楽と人形浄瑠璃とならべて三大国劇と捉えるように提唱する。芸術学会は、早稲田大学にとっても、歌舞伎にとっても、極めて効果的なアピールの場となったのであり、河竹は四一年に臨時委員となりその後の芸術学会でも活躍する。

音楽分野では、東京帝大助教授颯田琴次が西洋風の発声法を評価し、東京音楽学校教授遠藤宏が伊沢修二以来の西洋音楽の小学校唱歌を擁護するなど、西洋音楽の防衛意識が強く見える。一見これに対立して見えるのが、宮内省式部職楽部楽長の多忠朝の神社音楽の発表である。ここでは神社音楽を「清朗たる音楽」と強調しているが、現実の神社の音楽を「笑止千万」「音楽として聞くにたらぬ」などと貶めて、「式楽制定」という新しい神社音楽を強調するのだから、日本音楽の伝統を否定する改革論なのである。実際に彼は紀元二千六百年式典で「浦安の舞」を発表する。

この音楽分野で最も目立つのは二人の帝大名誉教授の次に、しかも実演という文字通り鳴り物入りで公演した田辺尚雄である。彼は日本音楽が古来、アジアからの移入されたものであることを正直に説明した上で、日本音楽とは「日本国民の歴史に基づいた音楽」だから、「世界の文化を悉く取入れて」「取入れた国よりも遥かに立派なものを作って」いくのだと力説する。この上で「日本精神が分からなければ、日本音楽の本当のことは分からない」と断言するのだから、この論理の中では海外の芸術からの移入性は何の問題もなく日本精神と合致することになるのである。田辺は四一年に国民精神文化研究所の「邦楽研究室」の研究委員となり、四二年には教学叢書として『大東亜と音楽』を執筆し、四三年に芸術学会の臨時委員となる。田辺は東京帝大の理学部物理学科の卒業のため音楽研究では傍流であるが、こうした戦時下の活動を経て、戦後の日本伝統音楽研究の確固たる地位を築くにいたる。

建築分野では成蹊高等学校教授の藤原音松が武蔵小金井の石器時代の住居跡の発見を発表したかったが題目が定められたからとして神社建築を概説し、帝国美術学校教授の堀口捨己が得意分野の茶室の建築を論じている。伊東忠太の公開講演は、「尊厳なる国体」をいいつつ「日本は何時でも、欧米からでも東亜からでも、何処からでも勝手に物質的文化を取入れることが出来ます」と移入性を肯定的に論じる。

文学分野の唯一の発表は、東北帝大教授土居光知の英米文学研究の発表である。彼は英米文学研究が日本文学を豊かにしたとして、「日本精神とは外国文化の優れたものを自由に摂取して、滋養とし、日本的なものに同化して行く精神である」としたのはよいが、勢い余ってか英国精神も同様に「他に学ばざるところなき精神」だとする。

なお、発表者の所属は、各帝国大学が多いことは他の学会と共通だが、芸術分野だけに東京美術学校、東京音楽学校、官立の美術研究所や文部省の専門官が目立つ。私立大学や民間の研究者も含まれているが、早稲田大学の三名は慶應義塾大学の一名に比べても目立っている。

同じくバランスを失するのは私立の各種学校である帝国美術学校が二名も含まれていることである。三番目の発表者になった金原省吾は得意の「線」の理論を説いて報告からは迫力が感じられ、堀口捨己も同様である。二人の発表にあたっては教学局長官から帝国美術学校長宛てに研究発表者として推薦されたので便宜を図るように通牒が出されている。[6]なお同校は第二回芸術学会にも、教授板垣鷹穂を慶應義塾大学講師の肩書きながら送っている。三五年に北吟吉の多摩帝国美術学校との分裂を経験していまだ両学校の間に裁判が継続する同校にとっては、北吟吉の実兄の一輝が二・二六事件に連座したいわば敵失を計算に入れても、専門学校昇格に向けて政府への積極的な接近が望まれる状況であった。[7]帝美側の中心となった金原省吾と、行動を初期から同じくした板垣と堀口が学会に呼ばれたことは、帝美側は大きな期待を持ったはずである。

第一回芸術学会では、日本精神の具現化としての芸術という論理は、実際の発表においては成功していない。移入という歴史的事実をどう説明するかというなかでの混沌が残っている。しかしながら、外国文学を取り残しつつ、美術の様々な分野から、音楽、建築までを芸術の領域に取り込もうとしたことが見える。

2　第二回芸術学会（一九四一年）

一九四一年一〇月二三日から三日間、第二回芸術学会が開催された。京都帝大、第三高等学校、京都市日出会館を会場として、三日間にわたって芸術学会と公開講演会が開催された。研究報告二一本のうち、最初の二名（井島勉、竹内敏雄）が芸術学の理論研究としてそれぞれ美術と文学を扱い、全体を通して分類すると、第一回と同様に美術九本と圧倒し、音楽四本、演劇三本、建築三本、文学二本である。第一回と比べて分野が拡がり、また多様化した委員構成とあいまって、バランスがとれているようにも見えるが、音楽分野が東京音楽学校長一名の臨時委員という構成からみると発表数の上昇が目立つ。公開講演会は、藤野恵教学局長官と羽田亨京都帝大総長の挨拶に続いて、美術史の藤懸静也東京帝大教授と小宮豊隆東北帝大教授と二人の臨時委員が講演し、木谷蓬吟が文楽人形浄瑠璃を説明して

「先代萩」が実演される。発表者では地元の発表者が目立ち、京都帝大二名、京都市立絵画専門学校、第三高等学校、京都府立師範学校（元職）、恩賜京都博物館が各一名と六名の京都勢が目立つ。

発表の色合いでは、アカデミズムや芸術の独自性を堅持する流れと、個別の芸術分野に留まる発表が大勢を占めるが、時局への迎合を強調するものが目立ち始めた。

理論分野では京都帝大講師の井島勉が「芸術は芸術自身の歴史を持つ」と芸術史の独自性を強調し、つづいて戦後に東大教授となる東京帝大助手の竹内敏雄が「個性的法則性に基づいて内面形式を成立させる詩的精神そのものの本質から」文芸学を導出すると独自性を強調する。公開講演会の小宮豊隆も芸術の秘伝を概説して「方便」と批判する伝統批判である。

この一方で、公開講演会の藤懸静也は「日本芸術の特質」として芸術の中心は皇室であり、「共栄圏の文化芸術の指導的立場」を強調して研究よりも時局的な課題が前面に押し出されている。同様の意欲的なものは、中国移入を払拭できない書道について、「日本精神作興の力」として菅原道真を評価して藤原行成を「日本書道の完成」とした京都市立絵画専門学校講師伊藤寿一の発表が目立つ。また、「日本国民劇の諸問題」をタイトルに移動演劇や国策劇を概説して「リアリズム」として「我が国の肇国以来の歴史」を強調した第三高等学校教授山本修二の発表、さらに、「映画の綜合芸術的性格に就いて」と題して映画の芸術性を娯楽性、記録性、審美性をあげて「綜合芸術」と位置づけた慶應義塾大学講師板垣鷹穂の発表が注目される。板垣の報告に日本精神論は強くないが、ともに戦時下における演劇や映画の意義が強調されており、同時代的な芸術の課題を強調している。板垣の肩書きは慶應講師だが、むしろ第一回に活躍した金原省吾や堀口捨己と同様に帝国美術学校創立以来の教授である。板垣は建築などの研究で知られるがこの時期は映画関係の活動をしている(8)。

分野別に見ると、多数派の美術に関する発表では、上記の特徴的な発表以外では、個別の芸術分野の研究内容を力説するものばかりである。戦後に橿原考古学研究所初代所長となる末永雅雄は京都帝大教務嘱託の肩書きで青銅器を、日本女子美術学校講師の上野照夫は密教と仏像を、恩賜京都博物館鑑査員の土居次義は桃山期の障壁画を、それぞれひたすら説明している。また、戦後に武蔵野美術短期大学美術科初代主任教授となる田沢坦は東京女子大学講師の肩書きで鎌倉期の彫刻の中国からの影響を、東洋陶磁研究所員の小山富士夫は鎌倉期の陶磁器の中国からの影響を説明している。このなかで、個別分野事例の研究でありながら意味深長な「崋山初期の作品」というテーマを選んだのは戦後に慶應義塾大学教授となる菅沼貞三である。渡辺崋山二六歳の長崎での西洋画の影響から三十歳半ばまでを「崋山初期」と論じるのだから、いうまでもなく蕃社の獄までを意識して論じていることとなり、そのテーマを明示せずに評価したことに時流への抵抗を感じるのは読み取りすぎだろうか。(9) そういう推測をしたくなるほど時局を超越した発表が多いことが特徴なのである。

音楽分野では、在野の民謡研究家である町田嘉章がひたすら民謡の節回しを、元京都府立師範学校教諭の吉田恒三が仏教起源の声明を、早稲田大学演劇博物館嘱託の小林静夫が能楽の謡曲を説明している。文部省唱歌の作曲者でもある東京音楽学校教授の沢崎定之は国民学校芸能科音楽の唱歌教育を「国民精神の昂揚」と述べるが、内容は唱歌教育の方針の継続を求めるものである。

演劇分野には前記の小林静夫も含むべきかもしれないが、早稲田大学教授の日高只一は神楽の劇としての性格を、九州帝大講師の野上豊一郎は能面の意義を語っている。日高は早稲田で英文学を教え、野上も東京帝大の英文科の卒業者であり英米文学者である。ただし野上は能楽の研究をライフワークとしており、「幾ら誇つても誇りすぎるということはありません」と力説する能面への愛着は大きい。一方で日高の神楽論は概説的で非専門家の議論であることが読み取れる。

建築分野では、臨時委員でもある文部技官大岡実は日本建築の木割を説明して、「東亜共栄圏に指導者として」と述べつつも、中国からの技術移転の傾向を論じて形式への拘泥を批判するアカデミズムを示している。東京美術学校助教授の松田権六は「東西庭園の比較」を論じたが自ら「専門外」と断る。戦後に芸術院会員・人間国宝となる松田は漆の専門家であり、確かに発表内容には専門性が感じられない。戦後に京大教授となる建築家、造神宮司庁嘱託の福山敏男は神社建築を論じるが、建築様式論であり日本精神が留意されない。

文学では竹内敏雄のほかは、京都帝大教務嘱託の河本敦夫が「芸術の公共性と国民文学」を論じるが、極めて日本精神論的なテーマにおいて、「国民文学」は「風俗文学とか、戦争文学、郷土文学とかの」領域を指すのではなく、「普遍性をもつと共に深さをもつた、真実の文芸」だと主張する文芸の独立論と読み取れる。

第二回芸術学会では、研究発表の冒頭でも、公開講演会の冒頭でも藤野恵教学局長官が大いに「日本芸術学」を強調して、臨時委員の藤懸静也などが呼応するが、全体としては個別の芸術のアカデミズムや独自性を揺るがすにはいたっていないと評価ができるだろう。

3　第三回芸術学会（一九四二年）

一九四二年一〇月二一日から二日間、第三回芸術学会は「特別学会」として一〇〇名規模で文部省で開催された。ただし、二日目に共立講堂で開かれた公開講演会は、一二〇〇名程度と大規模である。この第三回では「研究発表主題」が掲げられ、「(一) 大東亜新秩序ノ建設ト芸術及芸術学」「(二) 其ノ他芸術及芸術学上ノ重要問題」となっている。この(一)に明確に沿った「大東亜」関連の発表は一三本のうち四本である。分野では美術分野九本、音楽一本、建築一本、演劇一本、文学一本と極端に美術に偏るが、特別講演会の実演は歌舞伎の音楽と舞踊が占めるので、各一本を出した点も含めてバランスへの配慮がみられる。

今回も、アカデミズムや芸術の独自性を堅持する流れ、個別の芸術分野に留まる発表が大勢を占める一方、時局論の迎合を強調するものが目立ち始めた。

理論分野の発表が最初に続くのが恒例となったが、今回の三人はともに美術分野である。大阪市立美術館学芸員の小林太市郎は日本美術が陶器や浮世絵などを通じて西洋美術に与えた影響を述べるが日本精神論の強調ではない。東北帝大助教授の村田潔はプラトンの芸術論でプラトンの国家論などを論じるが、最初から「西洋芸術史上の問題」がテーマとして与えられたという。九州帝大の矢崎美盛は九州を四つに分けて「地方様式」を論じるので、事実上の「日本芸術」という把握の批判になるのだが、臨時委員だけあって「この学会が中心になつてこの〔地方様式の〕研究施設を持ちたい」とねだることも忘れていない。

美術分野の他の発表をみると、文部省嘱託の藤田経世が手鑑を概説して聖武天皇の宸筆の偽物の多さを批判するのは素直な発表だが、宸筆をめぐって「怪しい」「出鱈目」という言葉が並ぶのは印象的である。恩賜京都博物館鑑査員の神田松之助は「日本人の美しい心」などといいつつ、東南アジア産の陶器を愛玩した侘趣味の話である。東京帝大史料編纂所嘱託の谷信一は、発表冒頭で「私は要項の中に『日本水墨画が如何に何故に日本的であるかといふ所以を、技法と表現の上から説明せんとするものである。』といふ大きな命題を掲げましたが、それは実は筆が少し走り過ぎたので、私にはさういふ才能がありませんので、間接的にさういふことを意味し、又暗示する位のところでありますから、一言お断り申上げます」と撤回して、すぐに「日本美術を生む母体は、過去に於いては常に仏教であつたことは、美術上の常識であります」と言い切って、鎌倉期の宋元の水墨画が禅宗を通じて移入された過程を説明する。「日本水墨画」は「主情的」「主体的」と述べて短く終わるだけであるから、どう考えても発表題目の「日本水墨画の成立」ではなくて、「日本水墨画の不成立」ではないか。このなかで威勢がよいのは、早稲田大学教授の坂崎坦である。「画論に現はれたる日本精神」とタイトルに正面から掲げて「日本の民族精神」としての「純粋の日本画」を主張する。しかし、テーマとなる概念は画論の「六法」という中国の概念で、内容は中国の絵画技法移入史なのだから羊頭狗肉である。美術史分野で学会「研究発表主題（一）」の大東亜関連が二つある。東京帝大助教授の松本栄一はスライドで丁寧に敦煌の壁画や絹本画を語るが、時局論がない。極めて時局的なのは海軍省嘱託の宮武辰夫でフィリピンの民俗芸術を評価し、日本の指導性や対応法などを論じた。ただその内容から感じられるのはタイトルの「大東亜圏の原始芸術と必然性」というとおり、南方に「原始」を探し求めるゴーギャンのような憧れである。

音楽分野は、「かくれんぼ」の作曲者である東京音楽学校教授の下総覚三の日本語のアクセント論であるが、日本語を「最も美しい言葉」という表現に時局への配慮を感じる程度である。

文学分野では、京都帝大助教授・子爵の足利惇氏の「イラーン民族の宗教と伝説」で、アレクサンダー大王の征服がイランにおいて、拝火教では屈辱的な征服として、イスラム教以降では自民族の王の系譜に数えて礼賛して語られるという発表である。征服者の受容論として興味深いのだが、報告者は伝承研究として扱っている。

演劇分野では、早稲田の坪内逍遙の娘婿、日本大学教授の飯塚友一郎が「演劇政策の研究序説」と題して語り、「政策論」が芸術研究の対象であり、「日本の演劇道」の「正しい指導理念」の必要などを強調する。強く時局と政策への貢献を打ち出した点で、従来の早稲田人脈で主張された演劇の地位上昇論をしのいでいるが、「正しい指導理念」を与えるのが芸術の学であり、「芸能人乃至演劇人の身分待遇」の改善まで論及するのだから、同じく演劇の地位上昇の主張とみるべきだろう。

建築分野では、東京工業大学助教授の藤岡通夫がアンコール遺跡を解説する。「私がアンコール遺蹟を観て参りましたのは丁度昨年の皇軍の南部仏印進駐直後のことでありまして」と煙硝臭がするが、内容は一三世紀成立のアンコールワットに対して、アンコールトムの中心のバイヨンが九世紀か一三世紀かをめぐる様式論的な時代推定である。

公開講演会では常任委員である京都帝大教授の植田寿蔵が庭や俳句や絵画の「囲い」のなかにある芸術を論じる。「囲い」のなかで表現される芸術家の心の基準を「芸術的良心」と呼んで、さらに「日本精神が芸術を作る働きとして現れる――それを日本芸術精神と名づけますと――日本芸術精神がこれらの芸術家達の心を通して現れる」と述べる論法は「日本芸術」の主張なのだが、別言すれば芸術家の心は「囲い」のなかでは自由であるという主張ではないか。

公開講演会を鳴り物入りで盛り上げたのは、臨時委員の早稲田大学教授の河竹繁俊であり、そのコーディネート下の望月太意之助と花柳寿輔である。歌舞伎の音楽と舞踊を押し出して引きつけ、さらに歌舞伎の位置づけを高めたといえよう。

4 第四回芸術学会（一九四三年）

第四回芸術学会は一九四三年六月九日から三日間、五〇〇名規模で文部省で開催された。ただし、三日目には共立講堂で公開講演会も開かれた。「研究発表主題」は、「大東亜ノ文化建設ト芸術及ビ芸術学上ノ重要問題」となっている。ただし第一の主題を明確に意識した研究発表は、二〇本のうち三本だけで、朝鮮、「日支」比較、琉球貿易を扱うが、公開講演の一つは「東亜共栄圏の芸術」と題した。分野では美術分野一一本、音楽三本、建築三本、演劇三本と一見バランスがよいが、臨時委員を増員したはずの文学分野は一本もない。

岡部長景文相が挨拶で「文化による共栄圏」のため「我が国文化の光被の下に指導誘掖」するという日本の芸術的指導性を強調して開会する。恒例の理論分野の冒頭発表はなく、事例研究からはじまる。美術分野では、冒頭に文部省国宝鑑査官補の田山信郎が皇紀二千六百年記念事業の宸翰英華という聖武天皇以来の宸筆の調査研究を「日本精神の御発露」と誇るが、ここで示された歴代天皇が筆写した内容はもっぱら仏教や中国典籍の書写である。続く帝室博物館鑑査官の野間清六が埴輪の造型美を論じるが、これは「仏教美術が興隆した飛鳥時代」から論じる日本美術史の枠組みへの批判であるから、直前の宸翰の意義を低めるものとなってしまいかねない。学習院教授の富永惣一はトロイ発掘に先立つシュリーマンの日本旅行記から日本の工芸や識字の高さなどの評価を紹介する。美術研究所嘱託の吉川逸治は中世の最後の審判をモチーフとした図像の変遷という純然たる西洋美術史の発表である。東方文化学院研究員の米沢嘉圃は日本の絵巻物の時間表現の分析で、その起源を中国とインドに求める。京都府嘱託の島田修二郎は室町時代の詩画軸という詩文を題する書斎画に中国の影響を論じた。いうまでもなく、事例研究での日本美術史は、アジアからの起源や影響の受容史として語られてしまうのである。続いて目を引くのは帝室博物館鑑査官の鷹巣豊治の「陶瓷の技術的研究試論」という純然たる柿右衛門・古伊万里の名品の解説であるが、これらが「我が同胞の手によつて、新たに将来された」「大東亜戦の賜」であるとして、中国や南方から接収された文化財であることを誇っていることが注目される。大東亜関連では、開城府立博物館長で朝鮮出身の人物として注目される高裕燮《コユソプ》が朝鮮の石造塔婆の様式変遷史を語る。早稲田大学講師の岡村千曳はイエズス会が中国と日本にもたらした西洋画の発端を論じ、東京美術学校助教授の鎌倉芳太郎が日本の美術品が慶長以前に琉球貿易船により中国さらに西洋へと輸出された経緯を論じる。これらも純然たる事例研究であるが、岡村千曳が最後に「過日開催された聖戦画展覧会」に言及して、鎌倉芳太郎が金箔を多用した輸出品が国内の美術の動向と異なることから「大東亜共栄圏を指導する我々」も外国からの要求に応える必要があると論じるところには、時局への配慮がうかがえる。同様に高野山大学教授の佐和隆研が不動明王の仏像を論じる発表でも、最後に醍醐寺の不動明王図が弘安の役の直後に書かれたことを強調して「不動明王の外敵降伏の性格」を強調したことも時局的である。このように各報告の冒頭や最後に戦争や「大東亜共栄圏」関連の話題を述べようとする努力がうかがえるが、内容自体は純然たる美術史的研究なのである。

音楽分野では、国民精神文化研究所嘱託で東京高等学校教授の岸辺成雄が東西音楽の興隆を論じるのだが、古代の琵琶も、近世の三味線もすべてインド・イランやイスラム圏からの移入であると説明するので、この報告内容と「東亜に光被せしめる」という自らの結論は全く逆である。東京音楽学校教授の城多又兵衛は邦楽の発声は流派でことなるため合唱などのためには西洋の発声法が必要と述べ、「立派な発声法」の必要を強調するが、洋楽の優位の主張であることは変わりない。東京帝大助手の吉川英士は三絃が三味線として日本に定着するところでいかに改良がなされたかを強調して、意識的に「外来の楽器」というイメージを払拭しようと詳細に移入と改良の過程を説明している。

建築分野では東京帝大助教授の関野克が古代以来の建築史を概観して現代の「国民住宅」を文化、自然、社会のバランスをとることを提起する。また九州帝大助教授の永見健一が日本庭園の「半面自然・半面芸術」という性格を強調して、図案的な西洋の庭園との違いを述べて独自の分際だと強調する。これらは現代建築や日本精神論を意識していると読み取れる。一方で慶應義塾大学予科教授の相内武千雄はローマのサンピエトロ寺院の設計変更を詳細に論述しているが、全く時局などは考慮されていない。

演劇分野では、東洋大学教授の若月保治が松平大和守の日記から江戸初期の浄瑠璃を述べる。文献調査的な研究発表でありながら「日本精神」を強調しているが、ただこの実例が幡随院長兵衛の任侠的行動などであるから難しい。臨時委員でもある第一高等学校教授・東京帝大助教授の守随憲治は能の翁から歌舞伎の三番叟への変化を述べて、なんとか「日本演劇の特殊性」から「国を思ふ意味」などを述べようと努力するのだが突飛である。ギリシア・ローマ演劇を研究する学習院大学教授の新関良三は日本演劇が「綜合芸術」として優秀であるとして「大東亜共栄圏」での指導性を強調する。演劇分野は、他と比べて時局的テーマが意識されているが、それがどうも研究発表内容から導き出されずに上滑りする感が強い。

公開講演では二つの講演があり、臨時委員の美術研究所長事務取扱の田中豊蔵が「東亜共栄圏の芸術」と題して講演し、「東亜諸国の共存共栄」や「全アジアに於ける美術の一貫性」と最初は極めて時局的であるが、講演の内容は仏教美術の話となり、つまり美術の一貫性とは仏教美術の影響の大きさになってしまっている。また六代目尾上菊五郎は「芸談」と題して、芸術の苦心談を話しなれた口調で語っている。このなかで、歌舞伎を「綜合芸術」と語るところに、芸術学会を舞台とした歌舞伎の地位上昇への意欲を感じる。

全体として第四回芸術学会では、時局や研究課題への意識は以前よりも強くなっているが、実際には純然たる研究発表を主体とする傾向には変化はないのである。

小　括

これまで四回にわたる芸術学会の内容を、『日本諸学振興委員会研究報告』と『諸学講演集』の該当巻から概観した。このほか、一九四四年一〇月一二日より二日間、奈良女子高等師範学校で第五回芸術学会が開催される準備がされ、「少人数ノ専門家」による公開講演会を含めない研究発表者一〇名、参加者一二〇名以内、傍聴者五〇名以内の予定で準備されたが、報告書などは刊行されておらず、開催の状況は確証できない(10)。

芸術学会の基本をなしているのは、美学及び美術史のアカデミズムである。とりわけ、思弁的な哲学としての美学は、つねに事実の学としての美術史学に担保されざるを得ない。この構造は、過去の歴史研究というだけではなく、現に存在している作品・文化財の評価の学であり、さらには現在制作されている作品の評価の学としても保たれる。この意味において美学及び美術史はその自律的なアカデミズムとしての品質が問われる緊張感を有している。思弁的に「日本芸術」ということは簡単だが、現に存在している作品は、そのあらゆる来歴を問われるのであり、交流史、いや移入史からの説明を鋭く問われざるを得ない。こうした緊張感が、東京帝大文学部美学美術史学科をはじめとして、官立私立の理論研究と制作実践のあらゆる場を網羅している。

常任委員である京都帝大の植田寿蔵が『日本諸学』第一号で、「芸術学は芸術の事実を予想してその上に立つてゐる。芸術の事実は芸術史の事実である」と述べるのはまさにこのことである。ゆえに日本美術の特殊性の強調に対して批判的で、「単にそれらの美の一二の類型のみに着目し、それが我が国の芸術の全部を覆ふ本質であるかのやうに考へるのは誤りである」と指摘し、さらに「欧州の芸術学については殆ど言ふに足る造詣を欠き、そこに到達せられた芸術の理解がいかなるものであるかを知らずして、ひとり自分の考へがそこには未だ知られなかつた我が国特有の理論を形成するものであるかのやうに考へることも警戒せられねばならない」とまで言明するのである[11]。同様の趣旨で、大阪市立美術館学芸員の小林太市郎は、芸術史の方法は「作者、作品」の研究であるとして、「日本芸術史」といった把握を批判する論文が『日本諸学』第四号にも掲載されている[12]。

しかしながら、アカデミズムにおける地位が確立しない分野では、積極的に日本諸学振興委員会芸術学会に寄与して、その地位を得ようとする動きも顕在化する。四回の芸術学会で目立つのは、早稲田大学演劇博物館などの人脈を中心に、演劇の中でも地位の不安定な近世の歌舞伎などの地位上昇を求める動きであり、早稲田大学教授の河竹繁俊を四一年には臨時委員に押し上げる。また日本の近代音楽の代表たる小学校唱歌を主導した東京音楽学校はもっぱら西洋音楽の地位の防衛が主目的となるが、地位の低い東洋音楽は積極的に関わり、田辺尚雄が四四年に専門委員となる[13]。田辺が西洋音楽理論に対抗して、「我々は大東亜建設のために、日本人の見方、日本的な考へ方からする音楽学の建設の必要を認めるものである」と述べ、「個々別々に孤立した大東亜各民族の音楽を寄せ集めただけではいけない。その間に一貫して流れる芸術精神に基づいてこれに体系を与へるのでなくてはならない[14]」と述べるのは、実際には困難なことであろうが、それを繰り返し述べることにより東洋音楽の指導者の姿勢を示している。

このように概観すると、日本諸学振興委員会芸術学会は、戦時下における学問のあり方として、日本精神論の根拠としての日本の芸術作品を解説するという不可欠の機能のために既存のアカデミズムのままに動員されるという保守的な形態を示した例であるとともに、同時に既存のアカデミズムの枠外にある演劇や東洋音楽という新興領域が新たな「芸術」という概念のもとに積極的に時局の課題も含めて関与した例といえるのである。

国体・日本精神と教学刷新

ここまでみてきた日本諸学振興委員会芸術学界および各学会における議論、および『日本諸学』における論考の内容を、国体・日本精神に関係して学問統制の眼目とされた理念に即してまとめると、以下のようになる。

一九三六年に日本諸学振興委員会が設置された当初から喧伝してきた「日本精神」という言葉が、戦局も極まった一九四四年二月にその規程から公式に削除された。これは、一見すると不可思議なことである。各学会での議論の検討をふまえて、ここで改めてその理由について考察することとしたい。

そもそも近代日本の国民統合は、日本国体、すなわち天皇を頂点とする政治体制に国民を思想的にも統合することにあった。教育勅語とその普及がその統合の創成と安定化のプロセスであるとすると、学生思想問題から天皇機関説事件にいたる時期はその安定性を再び取り戻そうとしたプロセスである。一九三六年九月八日の日本諸学振興委員会規程第一条の冒頭の「国体、日本精神ノ本義ニ基キ」という短い言葉には深長な意味が含まれている。教育勅語が「我カ国体」といい、その後も日本国体と称されたように、本来は普通名詞であるべき国体が、すでに「国体」だけで日本国体を指すものと認識されている。しかし、そういう定着がそのまま安定性を意味しないから、『国体の本義』をタイトルとする書籍がこの規程が出される約半年前の四月一五日に伊東延吉のもとで編纂作業を開始されており、翌年三月三〇日の奥付をもって思想局から送り出されるのである(15)。つまり国体の本義に基づくという第一条は、その基づくべき国体を自ら規定する思想局による自作自演的な仕組みをも含みこんでいるのである。

次の問題は「日本精神」である。思想局は教学局に引き継がれる一九三五年八月から『日本精神叢書』を刊行して日本精神を喧伝しつつ、同時にこの概念を批判的な調査対象とも見ていた。同年一一月、思想局が「秘」扱いで刊行した『日本精神論の調査』は、「日本精神」が一九三一年頃から広まったという認識での日本精神論の著作の分析であるが、(16)こうした日本精神調査は教学局の段階でも引き継がれている。(17)戸坂潤の著作もまさに『日本イデオロギー論』と題して三五年に公刊されたのである。

日本精神というものは、日本に古来よりあるべき精神というものが対象となる。しかし、古典研究、歴史研究を国民統合に役立てようという構造自体が矛盾をもたらす。思想局、教学局が刊行した六七冊の『日本精神叢書』とその六〇冊の文庫版の内容も例外ではない。海後宗臣著『翁問答と日本教育論』では、「日本精神論の精粋」として中江藤樹の『翁問答』を評価するが、君主への忠を二の次にして母への孝のために出奔した藤樹の行動は不忠というべきだろうし、もちろん天皇への忠誠は言及されない。(18)加藤仁平著『菅家遺誡　和魂漢才』では、肇国以来の大精神の顕現として「和魂漢才」が指導原理だと述べられつつ、文献学的批判をした加藤が一九二六年に著した『和魂漢才説』のとおり出典の『菅家遺誡』を偽書と断定してしまうので、この言葉の歴史的権威さえ失わせる結果となる。(19)近世の孝中心の思想を忠と矛盾しないように改竄することは困難であり、ある典籍が偽書であると論証した学者に別のことを言わしめるのも困難である。深く古典や歴史を誠実に研究しようとする学問の成果が、そのまま政府が期待する結論にはならないのである。

こうした矛盾は、日本諸学振興委員会の各学会の発表においても次々と起きてくる。近代日本の人文学の成立過程においては、西洋からの学問と国学の影響下で培われた古典研究が合流していくが、両者が最も融合したと見える国語国文学においても単純に古典文学研究や日本語研究が「日本精神」とならないことはいうまでもない。解釈の自由さがある芸術学においてさえ、常に対象となる美術、音楽、建築等々が「日本」オリジナルではないという論証が研究発表で繰り返される。西洋からの学問のディシプリンを強く意識せざるを得ない教育学、哲学、歴史学、経済学、法学、自然科学、地理学においては、日本教育学、日本経済学等々のいわば「日本学」は、国体明徴的な露払いの役割を果たせても大勝負の前には退場せざるを得ない。その勝負で問われるのは、いうまでもなく総力戦における有効性、とりわけ「大東亜戦争」により膨張した新たな占領地をも視野に入れた有効性である。太平洋戦争を前に四〇年六月から日本諸学振興委員会の各学会が趣旨から「日本精神」を外して「東亜乃至世界新秩序」を主題に掲げて、「日本学」的発想から「大東亜」を対象とする転換が進行していく。

また、一九四一年三月の国民学校令をはじめとして、中等学校令、高等学校令、師範教育令には第一条に「皇国ノ道」が掲げられた。この言葉は一見すると「日本精神」に近い強固な思想的統合に見えつつも、教育勅語に矛盾しない範囲ならば広く包括されるこの理念が、さまざまな教育思想を統合するために機能し得た。この勅令上の「皇国ノ道」に先立って、一九三九年一〇月に非公開で行われた文部省の「聖訓ノ述義ニ関スル協議会」では、教育勅語の「斯ノ道」の指示範囲を教育勅語の前半、各徳目全体であると確定して、新しい「皇国ノ道」と明治期の教育勅語の「斯ノ道」を結合する公式解釈となった。この協議会に吉田熊次と和辻哲郎が委員として参加して、さまざまな議論をしつつも新しい概念の登場を受容したことは「日本精神」ならざる国民統合概念の登場の場面として象徴的であった。[20] 大学令にはこの「皇国ノ道」さえ盛り込まれなかったのであるが、「日本精神」とさまざまな「日本学」が席巻しては退場していく日本諸学振興委員会各学会とその印刷物を通じて、同様の効果があったといえよう。

このようにみるならば、一九四四年二月二二日の改正で、日本諸学振興委員会規程第一条の冒頭が、「日本諸学振興委員会ハ国体ノ本義ニ基キ」と改正されて「日本精神」の看板が下ろされたことは、時期的に考えれば遅きに失するほどの当然の結果である。もちろん、アプリオリに「国体」と言い、さらに「国体ノ本義」と言う教学局の土俵に我田引水する論理は変更されていない。

かくして古典を根拠とした「日本精神」が抱えた自己撞着が回避され、同時にさまざまな思想と学問を受け入れるための標準としての「国体ノ本義」が維持された。もちろん「日本精神」が全く言われなくなったのではなく、いわば消極的な判定基準としての意味は保持し続ける。その最低限の保持された学問の基準性を象徴する言葉が、「国体ノ本義」に基づく諸学問である「日本諸学」という概念であるといえよう。

〔後註〕

この章は、戦時下教育学説史研究会『日本諸学振興委員会の研究――戦時下における教育学の転換』（東京大学教育学部教育哲学教育史研究研究室、一九九一年）に掲載した日本精神に関する論考をもとに、駒込武・川村肇・奈須恵子編『戦時下学問の統制と動員――日本諸学振興委員会の研究』（東京大学出版会、二〇一一年）に執筆した日本精神と日本諸学振興委員会芸術学会の分析から再構成したものである。二〇一一年版ではこのほか、教学局や日本諸学振興委員会の機構や刊行物に関する分析を掲載したが、本章の構成から省略した。

一九九一年版の前提は、寺﨑昌男（東京大学＝当時）を研究代表者とする科学研究費補助金（一般研究C）による共同研究「戦時下における教育学の転換と教育学者の組織化過程――日本諸学振興委員会を中心に」であり、木村元（四国学院大学＝当時）、駒込武（日本学術振興会＝当時）のほか、私も含めた大学院学生が参加した。二〇一一年版の前提となるのは、奈須恵子（立教大学）を研究代表者とする科学研究費補助金（基盤研究C）による二〇〇七年度と二〇〇八年度の共同研究「戦時下における学問の統制と動員――日本諸学振興委員会の組織と事業」であり、寺﨑昌男（立教学院調査役）、山本敏子（駒澤大学）、駒込武（京都大学）、木村元（一橋大学）、川村肇（獨協大学）、高橋陽一（武蔵野美術大学）、岩田康之（東京学芸大学）、友野清文（財団法人日本私学教育研究所＝当時）が参加した。『戦時下学問の統制と動員』に対する書評としては、佐藤広美（『教育学研究』日本教育学会、第七九巻第一号、二〇一二年三月）、上久保敏（『日本経済思想史研究』日本経済思想史学会、第一二号、二〇一二年三月）、松浦勉（『植民地教育史研究年報』植民地教育史研究会、第一五号、二〇一二年四月）、昆野伸幸（『日本歴史』吉川弘文館、第七六七号、二〇一二年四月）、米田俊彦（『日本の教育史学』教育史学会、第五五集、二〇一二年一〇月）、谷脇由季子（『大学史研究』大学史研究会、第二五号、二〇一三年一二月）、平田諭治（『UP』東京大学出版会、第四七巻第八号、二〇一八年八月）などがある。

教育勅語の解釈における日本精神論については、教育史学会編『教育勅語の何が問題か』（岩波ブックレット九四七号、二〇一七年）の高橋陽一「第1章　教育勅語の構造と解釈」と岩波書店編集部編『教育勅語と日本社会』（岩波書店、二〇一七年）においても論述した。また、科学研究費補助金（基盤研究C）として二〇一五年度から二〇一八年度に「昭和戦前戦中期における日本精神論の興隆と退潮」をテーマに取り組み、伊東毅（武蔵野美術大学）、駒込武（京都大学）、竹内久顕（東京女子大学）、田口和人（桐生大学）、小幡啓靖（一般社団法人実践倫理宏正会）、小川智瑞恵（東京大学史史料室）、田中千賀子（武蔵野美術大学非常勤講師）、小澤啓（武蔵野美術大学造形研究センター・リサーチフェロー）、齋藤知明（大正大学）が参加した。

〔付記〕本書にかかわる一九九一年度から数年間の共同研究では清水康幸（青山学院女子短期大学）が芸術学会の分析を担当し、本章においてもその成果を活用したことを記して謝意を表する。

（1）戦時下教育学説史研究会『日本諸学振興委員会の研究――戦時下における教育学の転換』東京大学教育学部教育哲学教育史研究室、一九九一年。共著者は、木村元、友野清文、駒込武、川村肇、岩田康之、山本敏子、于展、高橋陽一、奈須恵子、一見真理子。

（2）駒込武・川村肇・奈須恵子編『戦時下学問の統制と動員――日本諸学振興委員会の研究』東京大学出版会、二〇一一年。共著者は、寺﨑昌男、駒込武、川村肇、高橋陽一、岩田康之、奈須恵子、木村元、山本敏子、友野清文。

（3）藤懸静也「美術史学の発達」（『日本諸学』第一号、一九四二年三月）。

（4）一九四二年一月の大詔奉戴日の誤読については、独立行政法人国立文化財機構東京文化財研究所『東京文化財研究所七十五年史資料編』（同所、二〇〇八年）三頁。「美術研究所時報」（『美術研究』美術研究所、第一二六号、一九四二年九月）。

（5）桑原実監修『東京美術学校の歴史』（日本文教出版、一九七七年）二七三―二七四頁。同講習所は沢田源一校長が所長を兼ね、山崎が専任の助教授で嘱託員には高村がいる。

（6）「日本諸学振興委員会第一回芸術学会並同公開講演会開催ニ関スル件」一九三九年八月二九日付発企一六号、教学局長官発帝国美術学校長宛（武蔵野美術大学大学史史料室所蔵）。
（7）小久保明浩「帝国美術学校の創立」（『武蔵野美術大学六〇年史』武蔵野美術大学、一九九一年）。高橋陽一「同盟休校事件と帝国美術学校の分裂」、「戦時下の帝国美術学校」『武蔵野美術大学八〇周年記念誌』武蔵野美術大学、二〇〇九年。
（8）板垣鷹穂『建築』武蔵野美術大学出版局、二〇〇八年復刻版。
（9）菅沼は同一テーマについての連作を前後して発表している。「崋山晩期の作品」（『美術研究』美術研究所、第一〇七号、一九四〇年一一月）。「崋山初期の作品」『美術研究』（美術研究所、第一二九号、一九四三年三月）。「崋山中期の作品」（『美術研究』美術研究所、第一三二号、一九四三年一一月）。
（10）開催通知は「日本諸学振興委員会昭和十九年度芸術学会開催ニ関スル件」一九四四年九月五日付発教一六六号、文部次官発東京帝国大学総長宛など東大「文部往復」による。継続的に美術界の状況を報告してきた国立博物館『日本美術年鑑昭和十九・二十・二十一年版』一九四九年にも該当記事がない。
（11）植田寿蔵「芸術学の課題」（『日本諸学』第一号、一九四二年三月）。
（12）小林太市郎「芸術史の方法に就いて」（『日本諸学』第四号、一九四三年一〇月）。
（13）田辺尚雄は、一九四一年から国民精神文化研究所の邦楽研究室に勤め、教学錬成所にも継続して勤め、日本文化講義などにも関与する。『続田辺尚雄自叙伝（大正・昭和篇）』（邦楽社、一九八二年）。
（14）田辺尚雄「大東亜音楽学の建設」（『日本諸学』第四号、一九四三年一〇月）。
（15）土屋忠雄「「国体の本義」の編纂過程」（『関東教育学会紀要』第五号、一九七八年一一月）。
（16）文部省思想局『思想調査資料特輯　日本精神論の調査』（一九三五年一一月）。
（17）石井勗関係文書には次の二つがある。〔教学局〕「日本精神ニ関スル諸説ノ現状調査（前篇）」（一九三九年三月）。〔教学局企画部企画課〕「日本精神に関する諸説の現状　調査図書目録」（一九三八年一〇月）。
（18）海後宗臣『翁問答と日本教育論』（思想局配布版（A5判）第一〇冊、一九三六年。教学局文庫版第八冊、一九四〇年）。

（19）加藤仁平『菅家遺誡　和魂漢才』（教学局市販版（Ａ５判）第四〇冊。教学局文庫版第三六冊、一九四〇年）。

（20）本書第12章参照。

第12章　「皇国ノ道」概念の機能と矛盾

〔初出〕「「皇国ノ道」概念の機能と矛盾――吉田熊次教育学と教育勅語解釈の転変」『日本教育史研究』第一六号、一九九七年八月、一―二三頁。

〔要約〕第12章は、共通教化の標準としての教育勅語が、国民道徳、宗教的情操、日本精神などに関係して解釈されたなか、戦時下において「皇国ノ道」を教育勅語の「斯ノ道」とする結合が行われた過程を解明するものである。

「皇国ノ道」という概念について、国民道徳論に依拠してアカデミズムの自由さを許容する解釈に立っていた吉田熊次は批判的立場を取っていた。しかし、第二期国定修身科教科書と異なって「斯ノ道」を海外で通用させるという拡張的な解釈を許容するなかで、自らの教育勅語解釈をも変更していく。また「皇国ノ道」は、国民学校令のみならず、教育審議会の答申を通じて広範な学校教育に及び、中学校令、高等学校令、師範教育令などに盛り込まれていく。この一方で、「皇国ノ道」の理解は、日本精神のような特別な古典や伝統から切り離されているため、広範な思想と学問を包摂する概念として機能したのである。

はじめに――概念としての「皇国ノ道」

近代日本の社会と学校を通じて徹底された国家的理念、とくにその道徳的な目的を表現する概念は、どのように形成され、どのような機能と矛盾をもったのであろうか。「国民道徳」、「日本精神」、「皇国ノ道」などの言葉は、今日では、戦後に解禁された「天皇制」という分析概念をあてはめて解釈されている。しかし、その言葉の歴史的文脈における意味と社会的機能の分析が軽視され、そこに含まれた矛盾への内在的分析とはなりえていないのではないだろうか。「皇国ノ道」という概念を、当時の複雑な言説のなかで意味を読み解くことにより、内在的な機能と矛盾を検証することが、本章の目的である。

先行する「国民道徳」と「日本精神」について筆者は次のように論じてきた。一九〇九（明治四二）年ごろから公式の場に姿をあらわす「国民道徳」は、大正期に極めて一般的な言葉となり、高等学校令や中学校令の第一条にも盛りこまれて法制的な力を持つ概念となった。しかしこの概念は、中等教育レベルの教育を舞台とし、学習者から自ら考える「研究」を前提とする概念でもあり、それゆえに時として井上哲次郎不敬事件をはじめ、不敬な「国民道徳」さえ現れる事態が惹起するのである(1)。この矛盾は、一九三一（昭和六）年ごろから喧伝された「日本精神」という概念にも通じる。文部省思想局・教学局は概念の流布のため『日本精神叢書』をはじめとする宣伝物を一流の学者に執筆させたが、古典の権威をもって根拠づけをしようとすれば、たえず学問的な文献批判から内在的に制約を受ける結果となったのである(2)。

一九四一年の国民学校令の第一条をはじめとして、「国民道徳」に文字どおり法制的に取って代わったのが、この章で扱う「皇国ノ道」という概念である。「皇国ノ道」とは、教育勅語にある「斯ノ道」であるというのが、繰り返し現れる文部省の公式見解である。従来は、この表面的な解釈に依拠し、それ以上の内実が十分に検討されていない。たとえば、戸田金一は『昭和戦争期の国民学校』の「序」で(3)、国民学校の教育を『皇国ノ道』教育」と表現して「皇国ノ道」に注目し、第Ⅱ章を「『皇国ノ道』の歩み」にあて、この概念の分析を試みているように思える。しかし、「皇国ノ道」概念の導入過程は、教育審議会の答申を述べるのみで審議過程などには言及していない。そして「皇国ノ道」という言葉の説明も、公式解釈たる『国民学校教則案説明要領』に依拠し、教育勅語の「斯ノ道」であるとする公式見解を述べている。この言葉の説明としては、「日本とかわが国と書いてよいところを、わざわざ皇国、時にスメラミクニとの発音さえ伴って、の用語がなされる。また教育勅語の趣旨に基づいて、といってよい箇所を、あえて皇国の道と表現しなければならない。こういう時代の特徴をしめすことばにファシズムがある。」と述べるが、これでは「皇国ノ道」の概念の独自性は説明されず、それに込められた各種のニュアンスもファシズムという時代背景のみとなってしまう。

また、久保義三は、戦時下教育史研究に対して「皇国ノ道」の概念が「本格的に究明されるべきではなかったろうか」と提起し(4)、その後の著書『昭和教育史』上巻は、国民学校令制定過程の問題としてこのテーマにとりくんでいる(5)。久保は、教育審議会議事録や枢密院委員会録などの公文書を分析し、「皇国ノ道」の概念の政策過程の問題をはじめて正面からとりあげた。結論として述べられた、「国民学校教育の思想は、異質の思想の断片が、無責任に癒着し合い、個人と全体、科学と神話、自発性と服従などが無雑作に結合し」たという評価について、「皇国ノ道」概念の基本的性格を言い表したものとして賛同したい。ただし、「皇国ノ道」の概念自体については、教育勅語の「斯ノ道」であるという公式解釈の確認にとどまり、当時の公式解釈をめぐる葛藤や矛盾まで検討が進まなかったことについては、検討の余地を残しているものと考える。

「皇国ノ道」が教育勅語の「斯ノ道」だという公式解釈を紹介するだけでは、なぜ「皇国ノ道」があえてこの時期に従来の諸概念を押し分けて前面に登場したかという説明にはならない。また、非合理的側面をいうだけでは、なぜこの概念が力をもったのかという疑問は解決されない。すでに力をもっていた「国民道徳」概念や、直前に流布していた「日本精神」概念に対して、その機能の差異をみることで「皇国ノ道」がなぜ力をもったのかも理解できるのであろう。ゆえにこの章は、「皇国ノ道」の公式解釈の裏にある動揺と反撥を検討することにより、「皇国ノ道」概念それ自体の意味と機能を明らかにすることを目的とする。

ここでは、「皇国ノ道」の概念を捉えるために、法制的な資料とともに、代表的な教育学者・吉田熊次の教育学を軸として検討する。熊次は、一九〇四（明治三七）年に女子高等師範学校教授兼東京高等師範学校教授となり、一九〇七年には東京帝大助教授、一九一六年には教授となった。いわば東京帝大の教育学の代表者となり、教科書の調査委員や臨時教育会議の幹事として活躍するとともに、膨大な講演とその出版により多くの教員に影響を与え、文部省教員検定試験の委員としての地位はその著作の流布に力を添えた。「国民道徳」論の解説者としてもまた、その影響力は広く認められる。「国民道徳」論の代表者であり熊次の岳父でもある井上哲次郎が、不敬事件によって一九二六年に公職を追われてからも、熊次はその代表的地位を保ち続けたのである。

当時の教育勅語解釈や「国民道徳」論の第一人者といえる教育学者・吉田熊次が、「皇国ノ道」の登場にいかなる動揺と受容を示したかを検討することは、彼一人の教育思想史的な変化にとどまらず、「国民道徳」や「日本精神」と「皇国ノ道」概念との違いを検討する典型を示すものとなるだろう。

第一節　吉田熊次の「国民道徳」論

まずは吉田熊次の教育学における「国民道徳」論と教育勅語の位置について検討する。彼は、「社会的教育学」の首唱者として登場する。一九〇三（明治三六）年の帝国教育会講習会での講義は、翌年に『社会的教育学』として発行されるが、[6] ここで「教育の目的は一言を以ていへば社会的人物を作るにある。」と述べている。つまり経験的事実としての社会が教育目的論で問題にされ、この筋では「社会精神」は直接には入り込めないと明言される。また熊次は「社会的教育学は世界的の思想で国家を無視する」という非難に対して、「社会と云ひまする中には種々なる段階があるのでありまして」と国家を社会の一つのレベルに措定し、そのなかの「社会的関係の最も完全なる形」と位置付けることで批判をかわしている。全体を通して国家の位置付けはこれだけであり、国体はもちろん、一般的な国家自体の位置付けが不明確に相対化されているのである。もちろん、平田諭治が指摘するように、一九〇三年からの熊次の留学中の教育勅語普及の動きに注目することはできよう。[7] それにもかかわらず、熊次の本領たる教育学の体系の中には、国体論的な論議が位置を占めていないのである。この性格は、一九〇八年に講演されたものを、翌年に発行した大部の主著『系統的教育学』でも同じである。[8] この第四章「教育の目的」において社会的教育学の立場からの個人主義批判と国家を論じているにもかかわらず、国体論や忠孝論は出てこないのである。

この「社会的教育学」に教育勅語が明瞭に結合されるのが、一九〇九年の東亜協会での夏期講習会をもとに翌年に発行された『教育的倫理学』である。[9] ここでは、「我が国の国民道徳と我が国の道徳教育とは何を基礎として居るかと云へば言ふ迄もなく教育に関する勅語であります。而して教育に関する勅語の中の道徳思想は何を本として居るかと申しますれば、本邦の歴史及び伝説を根拠として居るのであります。」と、まだ登場して間もない「国民道徳」概念と教育勅語を正面に据えた。注目すべきことは、「勅語の解釈は学者及び教育者の自由であるのみならず、勅語其ものも独断的に命令せられたるものとは思はれない」と述べて、「国民道徳」論を不変の教条としてではなく、解釈などの研究的な行為と不可分のものとして強調していることである。それゆえ、教育勅語の意義自体が、自明のものではなく、説明されるべきものとして現れる。すなわち、「習慣として伝つた道徳は善なる要素が多いと云ふことを理論上断定し得ると思ふ」という前提で、「我国の国民道徳は伝説的の道徳であるが故に現今の倫理学説の上より考へて見て、価値の無いものであるかの如く思ふ人が有るならば、それは根本的に道徳に関する見解を間違へて居る人と私は断言します。」と言う。この論理は、「伝説的道徳」としての忠孝を西洋の倫理学から守った言説であるが、きわめて防衛的に思える。道徳の基本的舞台は社会的教育学と同じく「社会」に求められ、その肯定的論拠はよい習慣は伝承されるといった自然淘汰的な議論にしか求められない。またその優位は、「善なる要素が多い」と表現されるように相対的であり、たえず比較の対象たる他の倫理を必要とするのである。

さらに時期を下って、一九三三（昭和八）年の帝国教育会夏期講習会の速記などによる『教育学説と我が国民精神』で彼は、個々の教育学説を批評し、国民精神との適合性を判断基準として学説の移入を試みている。「将来の教育学」を述べて、「謂はゞ独逸の教育学と米国の教育学を打つて一丸となし、其所に新しい教育学を建設」すると折衷的輸入的な立場を明らかにし、前述の『教育的倫理学』と同じく比較論的な論理で組み立てられている。(10)

また一九三五年の帝国教育会夏期講習会での講演をもとにした『教育目的論』でも、「家族的国家主義」の教育目的を普遍的だと結論しながら、「家族的国家主義の教育学説といふものは、世界共通の教育理論を正直に説き示すものと言ふべきであります。換言すれば英米でも独逸でもかゝる教育学説を本とし、それに特殊的歴史事情を加味して初めて教育の目的を完全に達成し得べきであります。」(11)というように、普遍的なものを前提にした歴史性として日本の国民精神を理解する立場を示している。

このように、世界に共通しうると彼が考える普遍的な価値と、日本の歴史性を反映した特殊性を区別する論法は、教育勅語解釈においても端的に反映される。教育勅語の「斯ノ道」が何をさすかについては、多くの説があった。それは小山常実の表現に従えば、中外に施して悖らない、つまり外国にも通用すると宣言された「斯ノ道」の指示内容が、「父母ニ孝ニ」以下の徳目だけでなく「天壌無窮ノ皇運ヲ扶翼スヘシ」という明瞭に日本の皇室への貢献をさす部分までを含むとする「大日本主義」と、含まないとみる「小日本主義」に分けられる。[12] そして、一九一一年以降に使用される国定第二期の修身教科書以降は「小日本主義」の解釈が公式解釈となるのである。

熊次は、この教科書編纂に委員として参加し、みずからも次のような解釈を一九一八年に示している。[13]

「父母ニ孝ニ」から何処までが斯の道であるか。国定修身書に於ては「一旦緩急アレハ義勇公ニ奉シ」迄としてあると思ふ。此の解釈には深き意味の存するものと思ふのであります。何となれば我が国民道徳は「父母ニ孝ニ」以下「一旦緩急アレハ義勇公ニ奉シ」と云ふ迄で一通り完結するのである。「以テ天壌無窮ノ皇運ヲ扶翼スヘシ」と云ふのは其の目的とも結果とも見るべきであるといふことは前に説明した通りであります。

この皇運扶翼の位置付けは、「我が国民道徳の各徳目を恪守すれば其結果として天壌無窮の皇運を扶翼するに至るのであります」とも表現され、諸徳目の「目的」や「結果」として皇運の扶翼を位置付けているのである。吉田熊次の教育学における「国民道徳」論は、日本の国体を至上とするような安定性を保持していない。あらゆる社会に普遍的な倫理や教育学の模索と、それを前提にした歴史的な特殊性の問題として、つまり日本と外国を比較しうる問題として、普遍と特殊は区分して議論される。これがまさに教育勅語の「斯ノ道」に該当する徳目からの皇運扶翼をあえて除外し、そのうえで「結果」や「目的」として「皇運扶翼」への一段階を踏んで流しこむ論理と照応するのである。かかる論理構造のもと、自らの学問と教育勅語を融和させ、学問との折衷が可能な「国民道徳」論としての吉田熊次の教育学が打ち立てられたことを確認することができる。

第二節　聖訓の述義に関する協議会での解釈変更

一九三九（昭和一四）年一〇月に文部省に設置された「聖訓ノ述義ニ関スル協議会」は、高名な人文系学者と文部官僚で構成され、「青少年学徒ニ賜ハリタル勅語」と「教育ニ関スル勅語」の解釈について、同一二月一二日まで七回の討議を行なった。その報告書は秘密扱いとなったが、文部省自身が公式に二つの勅語の字句の解釈までも確定したものとして、注目すべきものである。(14)

「斯ノ道」の解釈は一一月二八日の第五回協議会で問題となり、第二回国定修身教科書の立場を当時の委員である吉田熊次と森岡常蔵（東京文理科大学長）が説明することになる。

吉田　記憶を申し上げる。「斯ノ道」は「古今ニ通シテ謬ラス中外ニ施シテ悖ラス」である。而して天壌無窮の皇運扶翼といふことは外国には通じない。勅語の各綱目は皇運扶翼に帰一するのだから、実質に於ては天壌無窮の皇運扶翼が「斯ノ道」が入るわけだが、それ自身の徳を考へると、そこには入らんといふ論があった。そして「斯ノ道」が全体を受けるとの説もあつたが、結局当時の委員会では、教科書のやうになつた。個人としては全体でもよいのだが、教科書では全体でないことになつた。

つまり、皇運扶翼という部分は中外という普遍性に妥当しないから「斯ノ道」の指示する徳目の範囲から外すという解釈が、公式解釈だったのである。和辻哲郎もこの解釈を支持して、「外国に持つて行つてもその国の立場で国運扶翼になる」と遺訓の意味を限定しようとした。しかし、「爾臣民」から「扶翼スヘシ」までを含めて徳目を皇運扶翼に結合する立場を、諸橋轍次、宇野哲人、亘理章三郎が表明し、道は当為規範で事実の説明でないから矛盾しないと解釈した。さらに範囲を広めて勅語の始めの「我カ皇祖皇宗」から含めるのだという立場を、すなわち徳目のみならず神話的根拠までも含めるという立場を、近藤寿治、久松潜一、小川義章、井上喚三、紀平正美、友枝高彦、といった教学刷新の推進者たる文部官僚と学者たちが表明する。つまり、協議会内に三つの解釈が並立する事態となった。ところが、一二月五日の第六回協議会では、吉田熊次が他の二つの立場を折衷した提案を行なう。つまり「そこで私は『斯ノ道』は『父母ニ孝ニ』より『扶翼スヘシ』迄を受けるとして、尚附け加へて、天壌無窮の皇運を扶翼することは皇祖皇宗の大御心を奉体する所以であり、国体の精華を発揚する所以であるとしたら、前節全体を受けることになりはしないかと思ふ。」という解釈である。これに森岡も賛成する。しかし、議論はおさまらず、「爾臣民」以下のみを指示するとみる立場から、従来の詔勅も事実と教訓を区別していると亘理が説明し、和辻は紀平が勅語と神勅を混同していると批判した。一方、前段全体を指示するとみる立場からは、小西重直が生きた大御心が事実だと反論し、紀平も範囲が狭いと天壌無窮の神勅も修理固成の詔も入らなくなると批判し、山田孝雄、友枝高彦もこの立場を取り続けた。これを収拾するために会長の林博太郎が吉田案の線で紀平に同意を求めるが、紀平、小西、山田が反撥した。

熊次自身は、ここで他の二つの立場を踏まえた折衷的な態度をとっているのだが、「斯ノ道」を教育勅語から離れて「斯道」一般にする立場には、「斯道という語にかゝるのはいけない。水戸学などでは斯道は誠となるし、勅語を離れたイデオロギーを当てはめるやうになる」と反撥している。さらに、従来の語句釈義を変更する意味について、山田孝雄と次のように激論する。

吉田　語句釈義の原案をなぜ変へたか。ピッタリと生徒に来るやうにいかぬといけない。或は斯の道は惟神の道だと言へばピッタリ来るであらうが、それでは困るし、皇国の道だけではわからん。

山田　皇国の道は惟神の道ですよ。

吉田　いろいろあるでせう。

山田　それや《〔ママ〕》その人の解釈のしやうによる。前に示されたのが惟神だといへばそれに違ひない、日本の道なら惟神より外にない。

解釈変更に絡んで教育勅語に「斯道」や「惟神」などの雑多なイデオロギーを盛りこもうという立場を、解釈に混乱を持込もうとするものとして批判するのが、熊次の一貫した立場なのである。ここで突然「皇国の道」という言葉が出てくるのは、次節でみるように教育審議会答申などが前提となっていると思われる。会議はさらに混迷し、勅語解釈を変えるために会議を開いたのだと友枝が述べて、熊次が変更は前提ではないと反撥するなどの一幕があるが、結局は会長が引き受けて「前節を通じてお示しになつた皇国の道であつて、直接には『父母ニ孝ニ』以下『天壌無窮ノ皇運ヲ扶翼スヘシ』までを指す。」という熊次の折衷案が公式解釈となるのである。

議論は、アカデミズムの代表者と、山田・小西らの応援を受ける教学刷新のイデオローグの対立の様相を呈している。吉田熊次は従来の解釈を放棄しながらも、他の二説を調和させることで、解決をはかる。自らの立場は「私は公の席上で話をする時には、文部省の主意はかうだが、私一己の意見はかうだとして『天壌無窮ノ皇運ヲ扶翼スヘシ』迄含めるがいゝと申してゐる」と一貫性を主張する。これはかなりに強弁であるが、たしかにすでにみた『我が国民道徳』における「目的」「結果」としての「皇運扶翼」という議論と整合性を持つ。従来の公式解釈の放棄とは、外国に於いても皇運の扶翼が通用するという結論をもたらすものであり、普遍と特殊を考慮する彼の国民道徳論と教育学にとって大きな衝撃を与えるものである。しかし熊次はこの場で、自ら変更のイニシアチブをとることで、前節の文章全てを含みこむことで雑多な解釈をそのまま盛りこもうとする立場を牽制し、みずからの一貫性をなんとか保ちえたのである。

その後の、彼の教育勅語解説書をみてみよう。先にみた一九一八年の『我が国民道徳』は、その後も版を組直して『教育勅語釈義』として再版され[15]、一九三六年の「我が国体と教育勅語」[16]や一九三八年の「明治以降詔勅謹解」[17]でも従来の解釈をとっている。しかし、聖訓の述義に関する協議会ののち、一九四〇年に『教育勅語釈義』の増訂第八版が発行されると、九月二二日付けの「増補の辞」で、協議会での公式解釈の変更に言及し、自身は「目的」や「結果」として皇運扶翼を従来から位置付けてきており、本文は改訂していないが、後に文部省から発行するものを参考にしてほしいと表明している[18]。そして、同年一〇月に文部省から発行された『教学叢書』のなかで熊次は「教育勅語

と我が国の教育」と題する論文をよせ、次のように述べている。(19)

勅語の基本徳目が忠孝であることは能く知られてゐるが、其の内容実質の如何なるものであるかが、十分に究明されて居らぬ。元来忠孝といふ熟語は支那に起つたものであることは弁を俟たざるところであるが、支那思想に於ける忠孝と勅語に示された忠孝即ち我が国に於ける忠孝とは其の内容実質に於て大いに異なるものがある。勅語に示されたる忠の本義は『天壌無窮ノ皇運ヲ扶翼』することにある。

この部分は、皇運扶翼が日本独自のものであるという位置を与えられ、従来の忠孝に普遍的意味を与えていた「国民道徳」論への自己批判となっている。このように、吉田熊次の教育勅語解釈は、「協議会」の影響を受けて大きく変わり、忠孝の日本的特殊性を肯定的に主張することに力点が置かれるようになるが、みずから協議会の場で公言した一貫性は、基本的に保持されているのである。

第三節　「皇国ノ道」の導入

「皇国ノ道」という言葉が法令にどのように入ってくるか、そしてその公式解釈はどうなっているかを概観したい。管見によれば、「皇国ノ道」が教育法令に現れるもっとも早い例は、教学刷新の流れを受けた一九三七（昭和一二）年三月二七日の文部省訓令第七号の高等学校高等科教授要目の「修身科教授要目」の以下の箇所であると考える。

教授方針

修身科ニ於テハ教育ニ関スル勅語ノ趣旨ヲ体シテ我ガ国体ノ本義ヲ闡明シ以テ皇国ノ道ニ徹セシメ其ノ実践躬行ニ力メシムベシ

ところが、同日付けの「師範学校教授要目中修身、公民科、教育、国語漢文、歴史及地理ノ要目改正」（訓令八号）、

「中学校教授要目中修身、公民科、国語漢文、歴史及地理ノ改正」（訓令九号）、「高等女学校及実科高等女学校教授要目中改正」（訓令一〇号）、「実業学校教授要目」（訓令一一号）には「皇国ノ臣民タルノ自覚」などの表現はあるが、「皇国ノ道」という言葉はない。文部省専門学務局「高等学校高等科改正教授要目の趣旨」でも[20]、「我が国体の本義を闡明して皇国の道に徹せしむることに常に意を用ひ」という形で並列的に述べられて特別な概念として解説されていない。管見の限りでは、この教授要目での用例は、必ずしも意識的に注目されていないようである。

この概念が議論の俎上にのぼるのは、一九三七年一二月に設置された教育審議会の答申をめぐる場においてである[21]。討議で「皇国ノ道」が登場するのは、青年学校を扱った初等教育の審議である。一九三八年六月二四日の整理委員会（初等第三回）で、文部次官伊東延吉より青年学校令の第一条や修身及公民科とに関連して、前掲の高等学校高等科の教授要目と『国体の本義』に出てくる言葉として「皇国ノ道」が説明された。さらに六月二九日の整理委員会（初等第四回）では、佐々井信太郎が修身及公民科の名称を「皇道科」などに変更してはどうかという形で議論を引継ぎ、七月六日の整理委員会（初等第六回）でも名称変更が議論されることになる。ここでは特別委員長の田所美治が教育勅語の「斯ノ道」という言葉を引いて「皇道」を説明するなど後の公式解釈に近い発言もあったが、議事としては各種の名称を委員が出し合って散漫な討議に終っている。

次に、初等教育の国民学校についての答申案の審議をみてみよう。一九三八年七月一日の整理委員会（初等第五回）の幹事試案では、国民学校の目的の記述では、「一、国民学校ニ於テハ国民ノ基礎的錬成ヲナシ、国民実修学校ニ於テハ実務ヲ主眼トシ国民ヲ錬成ス」とあって、「皇国ノ道」は含まれていない。七月六日の特別委員会（初等第一八回）の幹事試案においても同じである。しかし、七月二九日の整理委員会（初等第一一回）での口頭で読上げられた幹事試案において、次のように「皇国ノ道」という言葉が現れる。

一　国民学校ニ於テハ基礎的錬成ヲ成ス為教育ヲ全般ニ亙リテ皇国ノ道ニ統合帰一セシメ、其ノ修練ヲ重ンジ、従来動モスレ

バ分離的ニ取扱ハレタル知識ノ綜合ト具体化並ニ実行トノ合致ヲ図ルコト

一　皇国ノ道ノ修練ニ付テハ躾、嗜ミヲ重視シ、訓練ヲ尊重スルト共ニ各教科ノ知識的教授ノ振作、体位ノ向上、情操ノ陶治等ニ力ヲ用ヒ優秀ナル大国民ヲ造ルニ努ムルコト

さらに、九月二八日の整理委員会（初等第一八回）の口頭朗読の「国民学校ニ関スル要綱」でも「皇国ノ道」の表現が引継がれている。この試案が逐条審議され、「皇国ノ道」という表現自体に議論がなされた、議論では、田中穂積や関口八重吉から「皇道」としたほうがよいという意見がだされ、森岡常蔵は「皇国臣民ノ道」が本来の表現だとしている。特別委員長の田所美治は「委員長ニ伺ツテ置キマスガ総会デモ問題ガアルダラウト思ヒマス、此ノ『道』ト云フノハ教育勅語ノ『斯ノ道』デセウナ、教育勅語ニ御説キニナツテ居ルノガ『皇国ノ道』デセウ」と質問し、整理委員長の林博太郎が「サウデス」と述べて、田所は「ソレデ一貫シマスナ」と相槌をうっている。この解釈に佐々井信太郎が異議があるがとりあえず次の審議に入ってほしいと述べて、それ以上の議論がなされないまま、一〇月五日の整理委員会（初等第一九回）で「教育ヲ全般ニ亙リテ皇国ノ道ニ帰一セシメ」という文言を含む答申案が確定することになった。

実際の答申をみてみよう(22)。国民学校の議論に先立って検討された一九三八年七月一五日の第九回総会の「青年学校教育義務制実施ニ関スル件」では「皇国ノ道」という言葉がない。しかし、国民学校以降の答申は「皇国ノ道」が盛り込まれ、田所特別委員長報告にもこの言葉が登場し、次々と各種答申にこの言葉が含まれてくるようになる。ただし、報告などには「皇国ノ道」の語句説明的な解釈はなかった。

一九三八年一二月八日「国民学校、師範学校及ビ幼稚園ニ関スル件答申」

前文　「皇国ノ道ノ修練」二箇所

国民学校　「皇国ノ道ニ帰一」

師範学校　「皇国ノ道ノ修練」
幼稚園　　該当表現なし
一九三九年九月一四日「中等教育ニ関スル件答申」
前文　　「皇国ノ道ヲ修メ」
中等学校　該当表現なし（「国体ノ本義ニ則リ」とある）
高等学校　「皇国ノ道ヲ修メシメ」
一九四〇年九月一九日「高等教育ニ関スル件答申」
前文　　該当表現なし
大学　　「皇国ノ道ニ基キテ」
専門学校　「皇国ノ道ヲ体シテ」
中等学校教員、高等学校教員及師範学校教員の養成　「皇国ノ道ノ修練」
一九四一年六月一六日「「社会教育に関する件」」
前文　　「皇国ノ道ヲ修メシムル」
社会教育　「皇国ノ道ヲ修メ」
青年団　「皇国ノ道ニ則リ」
成人教育　「皇国ノ道ニ則リ」
家庭教育　「皇国ノ道ニ則リ」
文化施設　「皇国ノ道ニ則リ」
一九四一年六月一六日「「各種学校その他の事項に関する件」」
前文　　該当表現なし
各種学校　「皇国ノ道ニ基キテ」

私立学校ほか　該当表現なし

一九四一年一〇月一三日「［教育行政および財政に関する件］」

該当表現なし（「国体ノ本義ニ基ツク」とある）

さらに教育審議会の答申を受けて、「国民学校令」や付随する規則類の審議がすすめられ、文部省の国民学校教科調査委員会は「国民学校教則案」を一九四〇年三月に決定している。これについての報道では、「国民学校令第一条」も同時に発表され、「国民学校ハ皇国ノ道ニ則リ国民ニ必須ナル普通教育ヲ施シ皇国臣民タルノ基礎的錬成ヲ為スヲ以テ本旨トス」となっている。(23)

また、その後の国民学校令案の審議については、簿冊『国民学校令』により、追うことができる。(24)ここに綴りこまれた法令案のうち、もっとも早い「（昭和一五、四、六）国民学校令」には、第一条が含まれていないが、「（昭和一五、六、八）国民学校令」にはタイプ印刷の原案に、次のように傍線部にペンで〈　〉内の修正と補注がなされている。

第一章　目的

第一条　国民学校ハ皇国ノ道〈ペン：皇国、「教育勅語ノ趣旨ニ基イテ」、教育勅語（斯ノ道）〉ニ則リテ〈ペン：最後迄カヽル文言ナリト〉普通教育ヲ施シ国民ノ基礎的錬成ヲ為スヲ以テ本旨トス

この書込みで「皇国ノ道」を「教育勅語ノ趣旨ニ基イテ」と直す意見があったことがわかる。しかし、続く「（昭和一五、一〇、二五）国民学校令」では、第一条は「皇国ノ道」のままであり、「（昭和一五、一〇、二五）国民学校令」でも、「第一条　国民学校ハ皇国ノ道ニ則リテ〈鉛筆：初等〉普通教育ヲ施シ国民ノ基礎的錬成ヲ為スヲ以テ本旨〈赤鉛筆：目的〉トス」と修正されたのみである。

こうした訂正のうえ、勅令案への審議は久保義三が前掲『昭和教育史』で注目している枢密院での審議へと移る。(25)即ち、一九四〇年一二月二六日に、近衛文麿首相により枢密院へ「小学校令改正ノ件」として提案され、一九四一年

一月二四日には枢密院第一回審議委員会が開かれる。審議委員会は五回開催され、二月一四日には第三条と第四条が部分修正されて、二月一九日には天皇臨席で枢密院会議が開かれて上奏され、二月二〇日に閣議決定され、同日付けで天皇による裁可がなされ、三月三一日付けで公布された。この審議の中で、「皇国ノ道」についての討議が行なわれたのは、二月五日の第三回審査委員会の次の議論である。

石塚委員ヨリ国民学校令第一条ニ関シ「皇国ノ道」ト所謂「皇道」トノ相違ニ付質問アリ橋田文部大臣ヨリ前者ハ教育勅語中ノ「斯ノ道」ヲ意味シ皇国ノ語ハ仁孝天皇学習所創立遺書及明治天皇輔導直言ヲ百官有司ニ求ムル詔書中ニ存スル旨後者ハ明治天皇ノ御詔勅中ニ散見セラレ陛下親ラ大御業大政ヲ指シテ用ヒラルル語ノ如ク拝察スル旨ノ答弁アリ

ここでも、「皇国ノ道」が教育勅語の「斯ノ道」であるという説明がなされている。この枢密院での説明と並行して、文部省が国民学校教則案の事前の説明のために行なった出版物でも、同じような解釈を示している。(26)

一、「皇国ノ道ニ則リテ」教育を行ふことが国民学校に於ける最高原則であることは既に述べた所である。こゝに「皇国ノ道」とは教育に関する［闕字］勅語に昭示し給へる「斯ノ道」を指す。この万古不易、永遠に生々発展しつゝ、一にして一切である皇国の道に則ることによつてのみ始めて忠良なる皇国臣民は育成し得られる。〔中略〕

従つて「斯ノ道」は以上にお示しになつた国体の精華と臣民の守るべき道全体を指すのであつて我々臣民の側から言へば直接には「父母ニ孝ニ」以下「天壌無窮ノ皇運ヲ扶翼スヘシ」と示し給へる臣民の守るべき道を指すのである。特に肇国の精神を奉体して皇運を扶翼し奉る精神と実践こそ其中心をなすもので「斯ノ道」とは端的に言へば皇運扶翼の道と解すべきである。

ここでは、教育勅語の「斯ノ道」の関連だけでなく、聖訓の述義に関する協議会での公式解釈の確定を受けて、「斯ノ道」が前節全体を受けつつ直接には皇運扶翼までの諸徳目を指示するという解釈が述べられている。つまり一見従来の教育勅語と連続するように見えながら、皇運の扶翼が諸外国にも普遍的だと考える新解釈による説明がなされていることに注目したい。

さて、枢密院以前の議論では「皇国ノ道」を「教育勅語ノ趣旨ニ基イテ」と変更する考えもだされていたが、一九四〇年夏に文部省主催の全国八か所の国民学校講習会での質疑応答集が、林博太郎指導下に文部省普通学務局掛長乙黒武雄の校閲で出版されており、この問題がとりあげられている。(27)

問　何故にはつきりと「教育勅語の御趣旨に則り」としなかつたのか。

答　この「皇国ノ道ニ則リテ」といふのは、初めは教育に関する勅語の旨趣に基きてといふ風にやらうといふやうな考へ方があつた。所が勅令に勅語といふ言葉を使つた例がない。そこで教育に関する勅語の旨趣に基きて教育を施すといふのが一番はつきりとしていゝのだけれども、さういふ例がないところから、それに代ふるに――といふと語弊があるかも知れぬが、今のやうになつたのである。

問　それならば修身の方には何故「教育ニ関スル勅語ノ旨趣ニ基キテ」と出てゐるのか。

答　この方は施行規則であるから言へる訳だ。前のは勅令だからである。

つまり、勅令である国民学校令において、法令でない勅語を上位法令のように使うことはできないという見解である。

実際の法令においては、「国民学校令」（一九四一年三月一日勅令第一四八号）では第一条で「国民学校ハ皇国ノ道ニ則リテ初等普通教育ヲ施シ国民ノ基礎的錬成ヲ為スヲ以テ目的トス」と表記され、「国民学校令施行規則」（一九四一年三月一四日文部省令第四号）では「第一条　国民学校ニ於テハ国民学校令第一条ノ旨趣ニ基キ左記ノ事項ニ留意シテ児童ヲ教育スベシ　一　教育ニ関スル勅語ノ旨趣ヲ奉体シテ教育ノ全般ニ亙リ皇国ノ道ヲ修練セシメ特ニ国体ニ対スル信念ヲ深カラシムベシ」と表現されている。また国民学校以外では、「中等学校令」（一九四三年一月二一日勅令第三六号）の第一条で「中等学校ハ皇国ノ道ニ則リテ高等普通教育ヲ施シ国民ノ錬成ヲ為スヲ以テ目的トス」、「中学校規程」（一九四三年三月二日文部省令第二号）では「第一条　中学校ニ於テハ教育ニ関スル勅語ノ旨趣ヲ奉体シ中等学校令ノ本旨ニ基キ左記ノ事項ニ留意シテ児童ヲ教育スベシ　一　教育ノ全般ニ亙リテ皇国ノ道ヲ修練セシメ特ニ国体ニ対スル信念ヲ深メ至誠尽忠ノ精神ニ徹セシムベシ」と表記され、「高等学校令改正」（一九四三年一月二〇日勅令第三八号）では「第一条　高等学校ハ皇国ノ道ニ則リテ男子ニ精深ナル程度ニ於テ高等普通教育ヲ施シ国家有用ノ人物ヲ錬成シ大学教育ノ基礎タラシムルヲ目的トス」、師範教育令改正（一九四三年三月八日勅令第一〇九号）では「第一条　師範学校ハ皇国ノ道ニ則リテ国民学校教員タルベキ者ノ錬成ヲ為スヲ以テ目的トス」となっている。すなわち「皇国ノ道ニ則リテ」という表現が、国民学校から高等学校までの学校の目的規定に盛りこまれたことになるのである。

なお、文部省による一九三七（昭和一二）年の『国体の本義』と一九四一年の『臣民の道』は、前者が最後に「皇国の道」という表現を使い、後者は「臣民の道」を「皇国臣民の道」と本文で表現している。こうした表現が「皇国ノ道」概念が法令に盛り込まれる審議に影響を与えることは、言うまでもない。しかし、国民学校令以前には「皇国ノ道」という表現それ自体への着目はあまりみられず、多く出版された『国体の本義』の解説書でもこの語句を特別に解説していないということもまた事実である。[28] 注目した例としては、国民学校令施行に前後した解説書に「【皇国の道】は、教育に関する勅語に示されたる【斯ノ道】である。昭和十六年より実施される国民学校の教育方針が、『皇国ノ道ニ則リテ普通教育ヲ施シ国民ノ基礎的錬成ヲ為スコト』となる筈である。」と解説しているものがみられる程度である。[29]

こうした法令制定の過程と一般への説明を概観すると、「皇国ノ道」という言葉は、同時代の当事者にとって不明瞭な概念だったことがわかる。「斯ノ道」との連結は、教育審議会においてすでになされているが、それ以上の規定はついに現れず、疑問と異論を積載したまま世に送り出されているといえる。

第四節　吉田熊次による批判

「皇国ノ道」を含む国民学校令の案が出されているとき、吉田熊次はこれに反論の論陣をはった。この年、熊次は六七歳で、一九三四（昭和九）年に東京帝国大学を退職して名誉教授であったとはいえ、国民精神文化研究所研究部長や日本諸学振興委員会常任委員と、公式のイデオロギー機関の要職を占めている。

問題の論文は、「教育勅語と国民学校教則案」と題するもので、「教育勅語渙発五十周年」の特集企画で一三本の論文をあつめた『教育研究』一九四〇年一〇月号の筆頭に掲げられた(30)。さらに、文部省検定試験受験雑誌である『教育修身研究』に要旨が掲載され(31)、一九四一年には「国民学校教育と皇国の道」と改題されて『国民学校教育論』の第二章に収録された(32)。

ここでの議論は、一九四〇年三月一日の国民学校教科調査委員会第二回総会決定案の国民学校令第一条が、「第一条　国民学校ハ皇国ノ道ニ則リ国民ニ必須ナル普通教育ヲ施シ皇国臣民タルノ基礎的錬成ヲ為スヲ以テ本旨トス」となり、国民学校令施行規則案でも、教育勅語は国民科修身の説明にしか出てこないことを前提にすすめられている。熊次はこれを、「由々敷大事」とよび、文部当局は「皇国ノ道」とは「教育勅語に示されてある道」と解しているというがなぜ、第一条に規定しないのかを問い、これが「これ私の極めて遺憾とする所」だという。

ここでの問題は、単に教育勅語が軽視されているということだけではなく、それに「皇国ノ道」が取って代わっていることへの批判なのである。「皇国ノ道」は「非常に感じの好い詞」だが「それが何を意味するかが明白でない」という。それゆえ、「教育の目的を的確に示さざる欠点」があるのである。そして今年の国民道徳要領の試験問題の「皇国の道とは何ぞ」の問いも「その答案には茫漠として的確なる内容が示されていないのが非常に多かつた」と実際の例を述べるが、この文部省検定試験の国民道徳要領の問題については次節で検討しよう。

そして、教育勅語に示された道が「皇国ノ道」と限定された時には「其の内容は極めて明白となる」として、教育勅語との関係の明確化を求め、そのほか施行規則案に不整合な表現が多いが、「教育勅語を基本とする精神が徹底すれば、かくの如き不統一が自ら除去せられ、教育全体の帰一する所が明確となって、其の効果の上に及ぼす影響も極めて大なるものがあると考へる次第である。」と述べるのである。

さらに議論は、「日本精神」批判へとすすみ、「皇国ノ道」を狭隘に解釈して、「排他的独善主義」や「知育を軽視又は蔑視したり」、「日本精神論者」が「直ちに自己流の教育観が是認せられたとする恐れなしと為ない。」と述べ、さらに新教育批判へも向かい、綜合教授について「合科教授の教育思潮的背景をなすものは個人主義・自由主義的世界観・人生観であって、先年——全世界に流行した所謂新教育運動の一翼をなすものである」と述べ、「然るに従来より自由主義・個人主義的教育思潮を鼓吹し来れる、所謂新教育運動者は、国民学校案の上述の如き間隙に乗じて積年の自己主張を全国的に宣伝せんとする形勢の存することは大いに警戒を要する大事件であると思ふ。」と警戒している。

なお、『国民学校教育論』に収録された時には、熊次自身が次のような一文を末尾に追加している。「現行『国民学校施行規則』にありては第一条第二項に『教育ニ関スル勅語ノ旨趣ヲ奉体シテ』の文句を挿入することに草案を訂正して発令されて居るのは私が本邦教育界の為に最も悦ぶ所であります」と。

国民学校令に「皇国ノ道」があっても教育勅語がないことへの熊次の批判は極めて強いものがある。それは「皇国ノ道」という概念自体の曖昧さへの批判とともに、それに乗じた思想的な混乱を予期している。しかし、この問題の解決を教育勅語との連続の明確化に求めており、この姿勢が、『国民学校論』収録時の加筆で消極的ながら自ら受容を示すことにつながっている。

第五節　様々な受容

前節で熊次が問題にした文部省の教員検定試験における「皇国ノ道」の出題について、まず見てみたい。熊次は、一九〇八（明治四一）年六月二三日に教員検定委員会臨時委員となり、毎年更新のうえ、一九一九（大正八）年九月三一日よりは教育検定委員会委員として継続的にその位置を占めることになる。この文部省による検定試験（文検）は、高等師範学校や大学・専門学校での中等教員の養成から外れた傍系の資格獲得の機会ではあったが、その受験者の裾野は広く、また有名な委員たちの出版物が参考書として持て囃されることとあいまって、教育界に大きな影響力をもったことが寺﨑昌男らの研究によっても注目されている。[33] 問題の一九四〇年の第七二回の試験での委員の配置は次のようになる。[34]

文検国民道徳要領試験委員
吉田熊次／紀平正美／森岡常蔵／宇野哲人／亘理章三郎
文検教育大意試験委員
吉田熊次／乙竹岩造／倉橋惣三／森岡常蔵
文検中等教員教育科試験委員
小林澄兄／原田実／吉田熊次／乙竹岩造／森岡常蔵／倉橋惣三

錚々たる委員の多くが、聖訓の述義に関する協議会の委員と重なっていることも確認できる。[35] そして、四月一九日午前九時から三時間の試験となった国民道徳要領の出題は次のようなものであった。

一、教育ニ関スル勅語中ノ『克ク忠ニ克ク孝ニ』ノ意義ヲ説明シ且忠ト孝トノ関係ヲ論ゼヨ

ニ、青少年学徒ニ賜ハリタル勅語中ノ『各其ノ本分ヲ恪守シ』ヲ謹解セヨ
三、皇国ノ道トハ何ゾヤ
四、国民道徳ノ見地ヨリ時艱克服ノ要道ヲ述べヨ

また「修身科」の試験では、一九四〇年の第七三回試験で「三、皇道トハ何ゾ」が出題され、翌年の第七五回試験では「三、皇国ノ道ヲ説明セヨ」が出題されている。

第七三回修身科についての受験雑誌の解答をみると、天壌無窮の神勅の引用のみで解答して、教育勅語が出てこない。(36) また、第七五回修身科の試験についても、天壌無窮の神勅の線で解説し、皇道と臣道との関係に言及しているが、教育勅語が出てこないものがみられる。(37) つまり、「皇国ノ道」とは教育勅語の「斯ノ道」であるという文部省の公式見解が検定試験受験雑誌の編集者にさえ理解されていないという状況がわかるのである。

しかし、受験雑誌編集者のなかには、この試験を冷静な目でみるものがいた。第七五回修身科の試験を分析する興味深い座談会を以下に引用してみよう。(38)

第三問　皇国の道を説明せよ
富田「この問題は前に模擬試験の問題として提出した事があるので本誌の同誌諸君にとつては必ずしも新しい問題とは言へない（註　昭和十五年八月号に課題同十月号に選評発表）」
M「私は最近発表せられた戦陣訓や臣民の道等にもふれて、結局皇国の道とは日本臣民の実践すべき道であると解しました」
平良「これは臣民の道とも解していゝと思ひますね」
富田「さういふ見方もあるが、もつと広く解して皇国の道の中に君道と臣道とがあり、この両者が一体となつて形成されてゐる日本の国家理想といふ様なものもその中に含めて考へる方がいゝのではないですか」
岡野「国民学校令に於ける皇国の道とは教育勅語の『斯ノ道』であると註解が加へられてゐますから、かうした所から書き起こしてもまとまると思ふ」

富田「国民学校令の皇国の道も成文化するまでは色々問題になつた様に聞いてゐるが、あれは八紘一宇の国家理想を具現した言葉である。而も其の国家理想は教育勅語の『斯ノ道』が古今に通して謬らず中外に施して悖らぬ程の普遍妥当な道である如く、日本の国家理想たる八紘一宇の精神も偏狭なる島国的国家的利己主義でない事勿論でせう」

島「この問題は色々書き方があらうと思ふし、又自らの立場をはつきりさせて一つのシステムを持つてゐて書けばどんな書き方でも一通りまとまりのつく答案となると思ふが、委員の説に沿つて書く方が一番無難と思ふ。何といつても近頃のかうした新説には、教育や公民の世界のやうな、はつきりした概念規定がないからしかたがない」

平良「いつたい近頃、かうした文章の流行は、時代の真の要求をうらぎつて益々盛んになるやうである。はつきり規定されない概念の横行程困つたものはありませぬ。文部省で『斯の道』と規定したら、それに帰一すればいゝのですが、なかなかさう簡単に行かぬところに、此の世界の禍根があると思ふ」

富田「然し、これは恐らく大部分の人が、結局に於てゴールインしてゐると想像されるではありません？」

平良「もちろん、誰にも書けてゐると思ふ。ことにどうしたコースをとつても、結局、先づ落ちつくところに落ちつくと思ふから、大体の要点さへつかんでゐれば、勝負は表現力だけで定まる。文章のうまい文字の上手な人は大いに得をしますね」

彼らは、解釈が混乱していることを極めてリアルに認識している。そして公式解釈が決まるなら従えばいいという受験のテクニックを述べながら、結局混乱した状態の時には勝負は文章力や文字の上手さで決まるという、皮肉な結論に至っているのである。ともかく、文部省解釈か天壌無窮の神勅などを中心とした解釈かで混乱を来しており、のちの解答でも「斯ノ道」だと表現しながら天壌無窮の神勅を優先して解答するものも見られる[39]。こうした状態はまさに吉田熊次が述べたとおりの状況であり、文検の解答の混乱、さらに教育現場の教員の解釈の混乱を推定させる。しかし、その一方で、「勝負は表現力だけで定まる」と断言されるほどの曖昧さが認識され、そのことが同時に「皇国ノ道」概念のもつ包容性として受容されているのである。

一方、さきに吉田熊次が警戒した新教育の流れの人々も、積極的に国民学校体制と「皇国ノ道」を受容して実践に取り込もうとした。一九四〇年四月四日に、小原国芳ら玉川学園関係者が長田新や小西重直や伊藤忠治（広島文理大助手）らと行なった座談会では、「皇国ノ道」概念の理解の難しさが述べられた上で、彼らの「皇国ノ道」概念理解が次のように吐露されている。(40)

長田博士　意見のある者が黙して語らず、盲蛇に怖ぢぬ奴が書くでは困る。一つ玉川で敢然とやるんだね。

小原園長　ゼヒ玉川教育研究所の大事な仕事の一つに致します。何しろ、皇室論は非常に六かしいですね。土肥原さんの「皇道の真精神」は実にハツキリして居ますね。日本精神論には牽強附会なイカサマな本が多いし、困りますね。やはり藤井健治郎先生の「国民道徳論」なぞ《(ママ)》には公平な健実な説き方をした本ではないでせうか。

伊藤氏　「斯ノ道」を箇条であげてはならないと思ひます。無限なものだと思ふんです。先程小西先生のいはれた火も水も包含せねばならぬのです。

長田博士　いゝ考だ。生成発展して行くものがなくてはならぬから、漠然と皇国の道とした事は矢張りいゝ事だね。

木村元によると「皇国の道と国民学校の全教育が一体観の上に立つという国民学校制度構想者議論を共有していた」ことが長田の独自の錬成論を公の場で展開できた前提であるという。(41)さらに前掲の言説を読めば、その前提たる「皇国ノ道」概念自体が、長田新自身によって極めて茫漠と解釈されていることがわかる。「無限なものだ」「火も水も包含せねばならぬ」という「漠然」さは、その「漠然」さゆえに長田に受け入れられているのである。吉田熊次が国民学校令の綜合教授への志向に新教育の活性化を危惧したことはすでに述べたが、そうした教授方法変更だけでなく、「皇国ノ道」概念の曖昧な包容性が様々な思惑をもつ新教育関係者を戦時下教育へと取込むことを可能とする前提を提供したのだと言えよう。

後には吉田熊次も、次第に「皇国ノ道」を自らの著書に含みこんでいくようになる。彼は先にみた一九一〇年の『教育倫理学』を改訂して、『教育的皇道倫理学』として一九四三年八月の改定序文を付して翌年に刊行した。(42)

初版は、第三章の「忠孝の倫理学的基礎」で伝説を根拠として忠孝を冒頭に提示したが、この一九四四年版では、多くの文章を加筆し、冒頭に「皇国の道」を掲げて、さらに国産みの神話や天照大神を登場させ、普通名詞の国家に対して「我が国体にありては全然その趣きを異にする」として諸外国と質的に異なるものとして日本が提示されている。そして「皇国の道」の要素として忠孝が提示されて、既存の文脈に流し込まれる。孝の普遍性などが主張された文脈に引続き、再び日本の孝が国体に淵源するがゆえに質的に異なると強調されている。

この限りにおいては、普遍性と特殊性の間を逡巡した熊次の「国民道徳」論と教育学は見る影もなく放棄されているのだが、それにもかかわらず彼は冒頭に教育勅語を軸とした連続を強調しており、自らの理論的一貫性を保持しようとしていることがわかる。つまり「皇国ノ道」概念は、批判者たる吉田熊次にも、受容の道を提供したのである。

おわりに

吉田熊次は教学刷新評議会で「経世家的見地」から「或ル一ツノ立場カラスル一ツノ観方ノミ是ガ国体観念デアルト云フヤウナ」議論を排して、学問的な再編を念頭にいれて最大公約数的な教育勅語に依拠する国体観念を主張した。(43)しかし外国に共通する学問と倫理と、日本歴史性・特殊性の両方に架橋することで構成されてきた吉田熊次の教育学における「国民道徳」論は、戦時下の日本的特殊性の強調の前に、自説を変更しつつ一貫性を保つ防衛的姿勢へと変更せざるを得なくなってきた。熊次にとって「皇国ノ道」は、教育勅語の軽視と混乱を招く極めて危険なものとみられたのである。

「皇国ノ道」とは教育勅語の「斯ノ道」であるという公式解釈は、一見には従来の教育勅語との連続性をもつもののように見えるが、そこには「斯ノ道」の解釈の変更による従来の解釈からの飛躍が根底に存在するのである。それは一九三九年の聖訓の述義に関する協議会で用意された新たな教育勅語の公式解釈、すなわち普遍性を主張する「斯ノ道」に「皇運ヲ扶翼スヘシ」を含みこませて、日本の国体をそのまま諸外国に通用できるのだということを強調する解釈を前提とするものであった。些細に見える指示語の範囲の変更が周到に用意されることで、「皇国ノ道」は膨張する総力戦体制下の新しい指標たり得たのである。

同時に、実際の「皇国ノ道」概念の機能は、単なる日本的特殊性の強調ではなかった。「皇国ノ道」は多くの人々にとって疑問の対象であったが、その不明瞭な性格ゆえに、諸思想と諸学問を、あるいは雑多な思惑を、長田新のいうように「漠然」と包み込むことによってその機能を発揮したのである。文検受験関係者が「大体の要点さへつかんでゐれば、勝負は表現力だけで定まる」と述べたのは、まさに「皇国ノ道」の包括性を示した言葉であろう。「国民道徳」論のもった学問的研究的性格からも、「日本精神」論のもった文献的制約からも、自由を確保しているのである。

このように「皇国ノ道」概念は、一方で公式解釈として新たに改変された「斯ノ道」を掲げ、他方で疑問と当惑を示す各種の動向をそのまま含みこむという矛盾した性格をもっている。その矛盾は従来の「国民道徳」や「日本精神」では包みこめないような諸思想と諸学問を統合して動員するという方向へと機能したのである。もちろん「皇国ノ道」概念のもつ包括性は、決してその本来的自由さや普遍性を示すものではない。従来の国民統合よりも、一層広範でかつ強力な動員を求めたシステムのなかで、多種多様の思想と学問を統合するための共通教化の標準として機能したという意味において示された包括性なのである。

〔後註〕

本章のもとの論文が『日本教育史研究』に掲載されたとき、同時に小股憲明と森川輝紀による長文コメントが掲載されて、得るところが多かった。本章の目的は、一九四一(昭和一六)年の国民学校令の第一条の「皇国ノ道」と教育勅語の「斯ノ道」との関係の解明にあり、この点を教育史学会編『教育勅語の何が問題か』(岩波ブックレット九四七号、二〇一七年)の高橋陽一「第1章　教育勅語の構造と解釈」と岩波書店編集部編『教育勅語と日本社会』(岩波書店、二〇一七年)においても論述した。この勅令が一九四七(昭和二二)年の学校教育法の公布・施行まで有効であった点から、この第一条の問題を指摘した米田俊彦のコメントは貴重である(辻本雅史監修・米田俊彦編著『論集　現代日本の教育史　第一巻　教育改革』日本図書センター、二〇一三年)。このほか、この論文は、国民学校令と教育勅語の関係を示すものとして、小野雅章「教育勅語の内容と実施過程」日本教育学会教育勅語問題ワーキンググループ編『教育勅語と学校教育』(世織書房、二〇一八年)などに、吉田熊次教育学との関係で、森田尚人「若き日の吉田熊次――社会的教育学と国民道徳論と」小笠原道雄・田中毎実・森田尚人・矢野智司『日本教育学の系譜』(勁草書房、二〇一四年)に引用された。

〔注〕

(1) 本書第9章参照。なおこの論文の大東文化学院内紛説に対して、佐藤秀夫編『続・現代史資料　8教育　御真影と教育勅語』みすず書房、一九九四年と、駒込武『植民地帝国日本の文化統合』岩波書店、一九九六年が批判的検討を行なっている。

(2) 高橋陽一「「日本精神」概念の発想形式」戦時下教育学説史研究会『日本諸学振興委員会の研究』一九九一年。

(3) 戸田金一『昭和戦争期の国民学校』吉川弘文館、一九九三年。その後に一般読者向けに刊行された戸田金一『国民学校皇国の道』吉川弘文館、一九九七年においても、書名に皇国の道を表示しているが従来の論点が継続されている。

（4）久保義三「『皇国民』はどう形成されてきたか」『季刊教育法』一九八七年秋号。これは寺﨑昌男・戦時下教育研究会編『総力戦体制と教育』東京大学出版会、一九八七年への書評である。
（5）久保義三『昭和教育史　上』東信堂、一九九四年、二八九―三一二頁。
（6）吉田熊次『社会的教育学講義』一九〇四年、一五六―一五八頁、一六九―一七二頁。
（7）平田諭治『教育勅語国際関係史の研究』風間書房、一九九七年。
（8）吉田熊次『系統的教育学』一九〇九年。
（9）吉田熊次『教育的倫理学』一九一〇年、四六―四九頁、六四―六五頁。
（10）吉田熊次『教育学説と我が国民精神』一九三三年、一五六頁。
（11）吉田熊次『教育目的論』一九三八年、二二八頁。
（12）小山常実『天皇機関説と国民教育』アカデミア出版会、一九八九年。なお、この書が後述の聖訓の述義に関する協議会の開催の時期を約十年早く誤算したために教育勅語解釈の転換の時期を一九三〇年とした問題については、高橋陽一「書評　小山常実『天皇機関説と国民教育』を読んで」『日本教育史研究』第一〇号、一九九一年を参照されたい。
（13）吉田熊次『我が国民道徳』一九一八年、三二九―三三〇頁。
（14）文部省『秘　聖訓ノ述義ニ関スル協議会報告』一九四〇年。
（15）吉田熊次『教育勅語釈義』一九三〇年。
（16）吉田熊次「我が国体と教育勅語」文部省『憲法教育資料』一九三六年。
（17）吉田熊次「明治以降詔勅謹解」文部省『国体の本義解説叢書』一九三八年。
（18）吉田熊次『教育勅語釈義』増訂第八版、一九四〇年。
（19）吉田熊次「教育勅語と我が国の教育」文部省『教学叢書』第九輯、一九四〇年一〇月、三〇頁。
（20）文部省専門学務局「高等学校高等科改正教授要目の趣旨」『文部時報』第五八五号、一九三七年五月二一日。
（21）以下の教育審議会の引用は『教育審議会議事録』各輯（宣文堂復刻版、一九七〇年）によるが、調査にあたっては清水康幸、前田一男、水野真知子、米田俊彦各氏の野間教育研究所における研究会に書記として参加することで多くの示唆をうけたものであることを記して感謝を表したい。

(22) 清水康幸ほか『資料教育審議会（総説）』（野間教育研究所紀要第三四集）、一九九一年。

(23) 『教育週報』第七七四号、一九四〇年三月一六日。『教育研究』第五一一号、一九四〇年四月。

(24) 簿冊『国民学校令』は東京大学教育学部図書室所蔵四巻本の一つで、原所蔵者は不明だが各種法令の審議過程の文書を綴り込んだものである。

(25) 国立公文書館所蔵文書より。『枢密院御下附案』（2A／15-16／枢A118）、『枢密院委員会録』（2A／15-17／枢B26）、『枢密院筆記』（2A／15-10／枢D864）、『枢密院審査報告』（2A／15-17／枢C51）、『枢密院上奏』（2A／16-2／枢H6）、『公文類纂』（2A／12／類2523）。

(26) 日本放送協会編『文部省　国民学校教則案説明要領及解説』一九四〇年、一〇二―一〇三頁。

(27) 「国民学校教則に関する質疑応答録」永田与三郎編『国民学校原義』一九四一年、二三六頁。

(28) 孫田秀春・原房孝『国体の本義解説大成』一九四〇年、保坂弘司『国体の本義精講』一九三九年（一九四一年第三版）。

(29) 磯野清『国体の本義詳説』一九四一年（一九四四年第五版）。

(30) 吉田熊次「教育勅語と国民学校教則案」『教育研究』第五一九号、一九四〇年一〇月。

(31) 吉田熊次「教育勅語と国民学校教則案」『教育修身研究』第一二二号（一九四一年二月）・第一二三号（一九四一年三月）。

(32) 吉田熊次『国民学校教育論』一九四一年。

(33) 寺﨑昌男・「文検」研究会編『「文検」の研究――文部省教員検定試験と戦前教育学』学文社、一九九七年。なお同書の榑松かほるの吉田熊次の分析に注目したい。

(34) 「文検中等教育試験委員名鑑」『文検受験生』第一二巻第一号、一九四〇年一月。なお、一九四〇年現在の『文部省職員録』などでは、吉田熊次は教育検定委員会内では高等学校教員の試験を担当する第一部常任委員であったことが記載されているが、出題などは中等教員の分野にも関係したものと思われる。

(35)『文検受験生』第一二巻第七号、一九四〇年七月。
(36)松永一夫「修身科昭和十五年度試験問題解答」『教育修身研究』第一二四号、一九四一年四月。
(37)編輯部「修身科予備試験問題実際答案公開」『教育修身研究』第一三二号、一九四一年一一月。
(38)受験者・編輯部「修身科本年度予備試験問題研究座談会」『教育修身研究』第一三一号、一九四一年一〇月。
(39)『教育修身研究』第一六〇号、一九四四年二月。
(40)小原国芳『国民学校研究叢書Ⅱ　皇国の道と教育』一九四〇年、二九〇―二九一頁。
(41)木村元「自由教育派の教育学と国民学校論――長田新の教育学における『教授』と『錬成』」『日本の教育史学』第三三集、一九九〇年。
(42)吉田熊次『教育的皇道倫理学』一九四四年。
(43)駒込武「吉田熊次の教学刷新構想と教育学認識」前掲『日本諸学振興委員会の研究』一九九一年。

あとがき

どうして、あれだけ異口同音に、教育勅語は称えられたのだろうか。この問いについて、日本人の心情などを述べ、奥深いことを言ったつもりの言説が多い。最近の教育勅語の再登場でも似たような説明をする研究者がいる。いやしくも教育を研究するのならば、まず日本人とは何か、心情とは何かをきちんと立証して説明しなければ、反証不可能な自己満足になってしまうことを自覚すべきである。

もう一つのありがちな説明に、「天皇制」の暴力性を挙げて、廃仏毀釈、治安維持法、戦時下体制までを次々とならべていく論法がある。これは確かに立証的であるのだが、強制力の説明にはなっても、受容や支持の説明としては不十分である。

こうした現象の説明に「共通教化」という概念を用いるのが、本書の提起である。この発想は、学部学生のときに印度哲学を学んで、中観派の龍樹による二諦説に触れたことにはじまる。宗教的真理を二重に構成する、つまり勝義諦 paramārtha-satya と世俗諦 saṃvṛti-satya を区別して、宗教内部の価値を保持しつつ、外部の価値を取り入れる構造は、中世日本の仏法と王法の区別をはじめとして多くのバリエーションをもって現象する。キリストの「神のものは神に、カエサルのものはカエサルに」という格言も、また同様である。

こうした関心から東京大学教育学部卒業論文では「明治期宗教者による教育勅語解釈の展開」を課題とし、大学院で故入江宏氏（栃木大学名誉教授）のアドバイスで下総草莽の国学者・鈴木雅之に取り組み、本書第4章の論文を発表して共通教化の析出を論じた。これを敷衍する形で、第1章の論文で分析概念としての共通教化を提起したという経緯である。

したがって本書は、初発の動機として宗教的真理の二重性という問題を明らかにするという課題を持っているのだが、いわば機能的現象としての教育と教化の区分、および共通教化という側面から論考をまとめたことになる。ゆえに、本書第2章で言及したような孟子を学んだ天照大神という神話的世界や、中国古代の儒教と西洋近代の倫理を前提とした教育勅語という内容自体の解明に向かうべき課題が残されているが、まずはこの段階でひとつにまとめるべきであると考えて、本書を編んだ次第である。

こうした未完の課題を持つが故に、各論文はできる限り発表当初の構成を残して最小限の手直しにとどめつつ、新たな要約と論文発表後の後註を加えるというスタイルを採った。そうは言いながら、一つの書籍としてまとめるために、通して読めるよう本文と原注の加除などの整理はした。

本書が対象としたテーマについては、視野を広げるならば多くの論考が発表されており、後註で書き尽くせない研究業績があることも事実である。もっとも衝撃的だったのは、本書校正中の一月三一日に萩原真美氏（お茶の水女子大学大学院）が博士論文の公開審査に臨み、戦後占領期の琉球の理念である「沖縄の道」が、本書第12章で論じた「皇国ノ道」を踏まえて対抗したものであるという新発見を発表したことである。この分析は改めて萩原氏が論文にされることを待って議論したいので、ここで述べるにとどめておく。

一九九一（平成三）年から発表してきた諸論文の研究指導者は、寺﨑昌男氏（東京大学名誉教授）であり、本書刊行においても重ねて教示をいただいた。寺﨑氏のもとに集う諸先輩方にも大変なご指導をいただき、とりわけ学生のころから現在までお世話になった米田俊彦氏（お茶の水女子大学教授）、川村肇氏（獨協大学教授）、駒込武氏（京都大学教授）をはじめとする諸先輩に感謝を述べたい。また故久木幸男氏（横浜国立大学名誉教授）に指導を仰ぎ、現在に至るまでご家族の許しを得て、久木自主ゼミ（教育と歴史研究会）で学び続けている。当初からの研究会幹事である高山有紀氏（新島学園短期大学教授）と渡辺典子氏（武蔵野美術大学非常勤講師）、そして湯川嘉津美氏（上智大学教授）の名をここで特に記しておきたい。大学院生時代からはじめた教育と宗教研究会のメンバーにも、永年にわたって教示を得てきた。また武蔵野美術大学では、同僚の教授である大坪圭輔氏、伊東毅氏、三澤一実氏が日常的に教育と研究を支えてくれたことに感謝したい。

本書の刊行を支えてくれた最大の協力者は、粘り強く編集をしていただいた東京大学出版会の後藤健介氏である。また、刊行助成を受けるために武蔵野美術大学研究支援センターの細川明子氏から協力を得た。原稿の整理は髙田正美氏（武蔵野美術大学教職資料閲覧室元スタッフ）に尽力をいただき、校正には田中千賀子氏（教職課程非常勤講師）と赤羽麻希氏（教職資料閲覧室元スタッフ）の助力を受けた。本書刊行に前後する刊行計画の調整には、木村公子氏（武蔵野美術大学出版局編集長）の援助を受けた。

本書の刊行にあたっては平成三〇年度科学研究費助成事業（科学研究費補助金・研究成果公開促進費）「学術図書」により助成を受けたことを付記する。

高橋陽一

二〇一九（平成三一）年二月一一日

人名索引
（神名を含む）

あ 行

か 行

さ 行

た　行

な 行

は 行

ま　行

や 行

ら 行

わ 行

事項索引

あ 行

か 行

さ　行

た　行

な　行

は　行

ま　行

や　行

ら　行

わ　行

著者略歴

1963（昭和 38）年　兵庫県神戸市生まれ
1988（昭和 63）年 3 月　東京大学教育学部教育学科卒業
1993（平成 5）年 3 月　東京大学大学院教育学研究科博士後期課程単位取得退学
1997（平成 9）年 4 月　武蔵野美術大学専任講師着任、助教授を経て、教授（現在に至る）

主要著書

『道徳教育講義』（2003 年）、『美術と福祉とワークショップ』（2009 年）、『造形ワークショップを支える』（2012 年）、『新しい教育通義』（2018 年）、『ファシリテーションの技法』（以上、武蔵野美術大学出版局、2019 年）、『くわしすぎる教育勅語』（太郎次郎社エディタス、2019 年）ほか。共著書に『近代日本における知の配分と国民統合』（第一法規出版、1993 年）、『習志野市史』（習志野市役所、1994 年）、『東京大学の学徒動員・学徒出陣』（東京大学出版会、1998 年）、『教育史研究の最前線』（日本図書センター、2007 年）、『戦時下学問の統制と動員』（東京大学出版会、2011 年）、『教育勅語の何が問題か』（岩波ブックレット、2017 年）、『教育勅語と日本社会』（岩波書店、2017 年）、『道徳科教育講義』（武蔵野美術大学出版局、2017 年）ほか。

共通教化と教育勅語

2019 年 2 月 21 日　初　版

［検印廃止］

著　者　高橋陽一《たかはしよういち》

発行所　一般財団法人　東京大学出版会
代表者　吉見俊哉
153-0041 東京都目黒区駒場 4-5-29
http://www.utp.or.jp/
電話 03-6407-1069　Fax 03-6407-1991
振替 00160-6-59964

印刷所　株式会社精興社
製本所　誠製本株式会社

© 2019　Yoichi TAKAHASHI
ISBN 978-4-13-056228-7　Printed in Japan

JCOPY〈出版者著作権管理機構 委託出版物〉
本書の無断複写は著作権法上での例外を除き禁じられています．複写される場合は，そのつど事前に，出版者著作権管理機構（電話 03-5244-5088，FAX03-5244-5089，e-mail: info@jcopy.or.jp）の許諾を得てください．

駒込武・川村肇・奈須恵子 編
戦時下学問の統制と動員
日本諸学振興委員会の研究
A5 一二〇〇〇円

寺崎昌男・戦時下教育研究会 編
総力戦体制と教育
皇国民「錬成」の理念と実践
A5 七〇〇〇円

斉藤利彦 編
学校文化の史的探究
中等諸学校の『校友会雑誌』を手がかりとして
A5 八八〇〇円

小野雅章 著
御真影と学校
「奉護」の変容
A5 六八〇〇円

土方苑子 編
各種学校の歴史的研究
明治東京・私立学校の原風景
A5 六〇〇〇円

池田雅則 著
私塾の近代
越後・長善館と民の近代教育の原風景
A5 九八〇〇円

川村肇・荒井明夫 編
就学告諭と近代教育の形成
勧奨の論理と学校創設
A5 一二〇〇〇円

ここに表示された価格は本体価格です．御購入の際には消費税が加算されますので御了承下さい．